图书在版编目（CIP）数据

华夏与四裔 / 翦伯赞著 . -- 北京：中国文史出版
社，2018.6
（文史存典系列丛书 . 史学卷）
ISBN 978-7-5205-0181-1

Ⅰ . ①华… Ⅱ . ①翦… Ⅲ . ①古代民族—民族历史—
研究—中国 Ⅳ . ① K289

中国版本图书馆 CIP 数据核字（2018）第 053670 号

出 品 人：刘未鸣		责任编辑：窦忠如　刘华夏	
策 划 人：窦忠如		责任校对：程铁柱	
装帧设计：润一文化		实习编辑：孟凡龙　王　丰	

出版发行：中国文史出版社

社　　址：北京市西城区太平桥大街 23 号　　邮编：100811
电　　话：010—66173572　66168268　66192736（发行部）
传　　真：010—66192703
印　　装：廊坊市海涛印刷有限公司
经　　销：全国新华书店
开　　本：720 毫米 ×889 毫米　1/16
印　　张：21
字　　数：270 千字
版　　次：2018 年 7 月北京第 1 版
印　　次：2018 年 7 月第 1 次印刷
定　　价：92.00 元

《文史存典系列丛书》学术顾问委员会

（按照姓氏笔画排序）

出版说明

　　中华民族历史悠久，文化源远流长，各个领域都熠熠闪光，文史著述灿若星辰。遗憾的是，"五四"以降，中华传统文化被弃之如敝屣，西风一度压倒东风。"求木之长者，必固其根本；欲流之远者，必浚其泉源。"中华优秀传统文化是中华民族的精神命脉，也是我们在激荡的世界文化中站稳脚跟的坚实根基。因此，国人需要文化自觉的意识与文化自尊的态度，更需要文化精神的自强与文化自信的彰显。有鉴于此，我社以第五编辑室为班底，在社领导的统筹安排下，在兄弟编辑室的通力合作下，在文化大家与学术巨擘的倾力襄助下，耗时十三个月，在浩如烟海的近代经典文史著述中，将这些文史大家的代表作、经典等遴选结集出版，取名《文史存典系列丛书》（拟10卷），每卷成立编委会，特邀该领域具有标志性、旗帜性的学术文化名家为主编。

　　"横空盘硬语，妥帖力排奡。"经典不是抽象的符号，而是一篇一篇具体的文章，有筋骨、有道德、有温度，更有学术传承的崇高价值。此次推出第一辑五卷，包括文物卷、考古卷、文化卷、建筑卷、史学卷。文物卷特请谢辰生先生为主编，透过王国维、傅增湘、朱家溍等诸位先生的笔端，撷取时光中的吉光片羽，欣赏人类宝贵的历史文化遗产；考古卷特请刘庆柱先生为主编，选取梁思永、董作宾、曾昭燏先生等诸位考古学家的作品，将历史与当下凝在笔端，化作一条纽带，让我们可以触摸时空的温度；文化卷特请冯骥才先生为主编，胡适、陈梦家、林语堂等诸位先生的笔锋所指之处，让内心深处发出自我叩问，于夜阑人静处回响；建筑卷特请吴良镛先生为主编，选取梁思成、林徽因、刘敦桢等诸位哲匠的作品，遍览亭台、楼榭、古城墙，感叹传统建筑工艺的"尺蠖规矩"；史学卷特请李学勤先生为主编，跟随梁启超、陈寅恪、傅斯年等诸位史学大家的笔尖游走在历史的长河中，来一番对悠悠岁月的探源。

需要说明的是，限于我们编辑的学识，加之时间紧促等缘故，遴选的文章未必尽如人意，编选体例未必尽符规律，编校质量未必毫无差错，但是谨慎、认真、细致与用心是我们编辑恪守的宗旨，故此敬请方家不吝指谬。

中国文史出版社

2018年4月16日

目 录

夏族的起源与史前之鄂尔多斯

一　鄂尔多斯是夏族起源之地

在中国旧石器时代中期，乃至晚期，今日鄂尔多斯之西南及陕甘之北部一带，曾经是中国蒙昧时代的文化摇篮之地。考古学的发现，证明居住在这里的人群，曾经创造了相当于西欧奥瑞那初期乃至上溯至莫斯特期的旧石器时代文化。虽然在这里尚未发现旧石器时代晚期的文化，然而我以为这是考古学上的缺失，不能以此而遂谓鄂尔多斯系的文化之中绝也。

鄂尔多斯西南，在今日已为一片沙漠之地；但据德日进、桑志华二氏于鄂尔多斯地质之论文中所云，则位于黄土上之沙砾阶段，乃黄土发生以后重要侵蚀之结果。[①]在旧石器时代，此间固为一沃野千里之草原也。又据传说所示，直至有史以后的时代，鄂尔多斯尚有一大湖之存在。此大湖，《穆天子传》卷一和卷四称之为漆泽、渗泽、或澡泽。《山海经》卷十二《海内北经》称之为"从极之渊。……一曰中极之渊。"《淮南子·地形训》称之为海泽。《水经注》卷三称之为沙陵湖。《水道提纲》卷五称之为黛山湖。《嘉庆重修一统志》卷五四三称之为青山湖。以上各书所指，不论其为同指一湖之名，抑或各有所指，要之，鄂尔多斯在古代之有湖沼存在，想系事实。依据今日之地理形势看来，鄂尔多斯北有阴山，西有贺兰山，形成一天然之障壁。在冰河时代，此等山脉所排泄之水量，必非黄河所能容受，因之汇而为湖，潴而为泽，实有可能。今日残留于沙漠中之若干小沼，尚能指示古代湖泽之遗址，而令吾人得以想像当时鄂尔多斯草原之地面上的光景。

鄂尔多斯在旧石器时代既有湖沼布其原野，复有黄河绕其周围，更有阴山屏其西北，山环水抱，沃野千里，其为鱼蛤之所繁殖，禽兽之所孳息，而为太古时代人类之乐园，盖可想而知。据安特生《甘肃考古记》中所云："（在鄂尔多斯）与石器同得之物，为哺乳类及鸟类之化石。前者如犀、象、马、骆驼、野牛、水鹿、羚羊、鬣狗及獾之属；后者则仅有鸵鸟一种。"[②]据同书所云：此等古生物化石之一部，"似自黄土下层理分明之岩石中所得，其一部则来自黄土层之本身。"[③]类皆洪积层之亡种，而为当时人类资以生存之食料也。

鄂尔多斯在旧石器时代之有人类，已为考古学的发现所证实。唯

---

① 安特生（J.G.Andersson）：《甘肃考古记》，乐森珣译，转述。载《地质专报》甲种第5号农商部地质调查所，1925年6月，北京印本，第28页。

② 安特生：《甘肃考古记》，第27页。

③ 安特生：《甘肃考古记》，第27页。

此间的旧石器时代人类与甘肃及山西、河南之新石器时代的人类，有无直接的血统关系，则至今尚无人论及。大多数学者如安特生、加尔格林（Karlgren）、阿恩（T.J.Arne）等皆惑于中国人种西来之偏见，竟谓甘肃、山西、河南之新石器时代人种与鄂尔多斯毫无关系，而系来自中亚。其理由则以鄂尔多斯所发现之旧石器时代文化遗物，属于旧石器时代中期之末，与甘肃、山西、河南之新石器时代文化，尚缺少中间之一环。同时，又以甘肃、山西、河南出土之彩陶与安诺及苏萨的彩陶颇有类似之点。因此，阿恩遂作出如次之结论："要之，安特生博士所发现，不啻消除东西文化之独立而确定李希霍芬氏（Richthofen）中国民族西来之旧说也。"[1]果如阿恩之说，则唯有设想生存于鄂尔多斯之旧石器时代的人种，到这一时代之末，完全陷于死灭，方能圆满其主张。否则此种人种必有其后裔，而其后裔又必分布于鄂尔多斯之周围。因而甘肃、陕西、山西、河南一带之新石器时代的人种之来源，吾人应求之于鄂尔多斯而不应求之于遥远之中亚也。

甘肃史前的文化是属于夏族的文化，这是安特生所承认的。安氏在其《甘肃考古记》中说："吾人若信阿恩博士所定仰韶期中部之年代，开始于纪元前三千年，则甘肃考古所得各期，当起于纪元前三千五百年，而终于纪元前千七百年也。"[2]又云："设甘肃文化期之末叶，当在纪元前千七百年。此种假定，使吾人察及中国半神话之上古史，适与此际相值，盖夏朝勃兴时也。"[3]同时，关于河南史前文化，阿恩推定"殆甚近于纪元前三千年"。[4]此外山西的史前文化又与河南出土者属于同一时代，故甘肃、河南、山西之新石器时代的文化遗物，皆为夏族之所

① 阿尔纳（T.J.Arne，又译作阿恩）：《河南石器时代之着色陶器》，乐森珥译，载《古生物志》丁种第1号第2册，农商部地质调查所，1925年，北京印本，第26页。

② 安特生：《甘肃考古记》，第23页。

③ 安特生：《甘肃考古记》，第24页。

④ 阿尔纳：《河南石器时代之着色陶器》，第25页。

遗，此则似无可疑者也。现在的问题，乃在夏族的文化与鄂尔多斯的旧石器文化有无承袭的关系，从而推定夏族的人种，是否为鄂尔多斯旧石器时代人种之后裔。

根据若干考古学及传说的资料，吾人以为不仅夏族的文化出发于鄂尔多斯，即其人种，亦来自鄂尔多斯也。

第一，鄂尔多斯旧石器时代人种并未绝灭。论者多以鄂尔多斯至今尚未发现旧石器时代晚期的遗物，遂怀疑这种人种的继续生存。实际上在这里到新石器时代，还有人类继续生存。安特生《甘肃考古记》有云："同在鄂尔多斯为德日进、桑志华二氏发现旧石器时代器物之处，亦得研磨之石斧及单色之陶器等，距地面并不甚远。据二氏所述，此等器物，亦似属仰韶期。"[①]这种发现，证明了直至新石器时代之初，鄂尔多斯的自然环境，尚能保证人类之生存，因而在旧石器时代之末，决不致有人种完全绝灭之事。而且由于这种新石器时代的遗物，发现于旧石器时代的遗址之中，又证明这种新石器时代的遗物之创造者，与旧石器时代的文化遗物之创造者，其居住地址尚无若干变动。如果吾人不设想此种新石器时代的人类，系于鄂尔多斯人种绝灭之后来自遥远之中亚，则推定其为鄂尔多斯旧石器时代的人种之遗裔，并无丝毫牵强之处也。

第二，中国新石器时代的人种并非西来。直至现在，吾人于鄂尔多斯虽尚未发现人类头骨，因而无从资以与甘肃及河南等处的新石器时代人类肉体型作比较的观察，从而考察其有无血统的关系。但是甘肃及河南等处的新石器时代人类遗骨，则大有发现。依据步达生研究的结果，他以为"这骨骸所代表的历史以前的甘肃居民大多数是原形支那派的，不是加尔格伦教授拟议的土耳其种。"[②]同时又说："仰韶、沙锅屯居民

---

① 安特生：《甘肃考古记》，第34页。

② 步达生（Davidson Black）：《甘肃史前人种说略》，李济译，载《地质专报》甲种第5号，农商部地质调查所，1925年6月，北京印本，第50页。

之体质与历史前甘肃居民之体质亦相似，因为三组人之体质均似现代华北人，即所谓亚洲嫡派人种也。"①步氏所谓亚洲嫡派人种，系意指蒙古种，以此而别于其他黄色之亚洲人也。鄂尔多斯的旧石器时代人种之属于蒙古种，盖无可疑。果如步氏之说，则夏族之出于鄂尔多斯人种，实有人类学上之根据。同时，证之传说，亦复相合。《史记》匈奴列传云："匈奴，其先祖夏后氏之苗裔也，曰淳维。"匈奴为蒙古人种之嫡派，已无可争议，而与夏后氏有血统关系，则夏族之为蒙古人种又得一旁证。

　　第三，甘肃、河南的新石器文化遗物富有东方式的特征。甘肃、河南新石器时代的遗物与史前中亚文化固有相同之点，如彩陶；但亦有中国式的特征，如陶鬲、陶鼎、石镰、豕骨等。吾人似不应强调其相同之点，无视其相异之点，而资以附会中国人种之西来。诚然，陶鬲陶鼎在西方史前文化遗物中亦曾有之，吾人亦可谓其来自西方，唯若谓其来自西方，则甘肃之所出，应早于河南。但据安氏自己所云："河南仰韶遗址中，如不召寨及其未产彩色陶器之遗址，鬲属之器物，极为普遍。而河南陶鬲最完整之品，均自此等遗址得之，但似较仰韶村之遗址为古。"②反之，"甘肃之情形与河南异，于齐家、仰韶、马厂三早期中，鬲之踪迹究无所见。同时鼎器亦极稀少，或竟不遇。……惟至甘肃远古文化之第四期，鬲之发见，则渐丰富，而第五第六二期，则特式之鬲，极为寻常矣。……是则鬲器自山西、河南交界处之发源地，向西北缓缓传播，而流入甘肃中部，盖实可信之事也。"③此外如半月式及长方式石镰之属，人民有养豕之事，有特殊埋葬之习惯，安氏亦承认为中国史前之嫡派文化。据加尔格林所云："甘肃长方式石镰之存在，家豕之畜养

---

① 步达生：《甘肃史前人种说略》，第49页。
② 安特生：《甘肃考古记》，第41—42页。
③ 安特生：《甘肃考古记》，第42页。

及葬埋之习惯等事，此种文化上之迁移，实由河南而至甘肃，与安博士之所述者恰相反也。"①即以以上所指各点而论，甘肃、河南之新石器文化亦非全部由西方而来。

第四，彩陶不能认为甘肃、河南史前人种外来的绝对证据。论者往往以彩陶之分布系由中亚、新疆、甘肃、河南、山西、山东以达于辽东半岛，而中亚之彩陶又最古远，于是由此而推论彩陶之创造者，亦系同一人种。此种人种，出发于中亚，由西而东以达于中国。以时代计算，此种人种之来到中国西北乃至中原，正当中国传说中夏代勃兴之时，因而认定夏族的人种乃来自中亚。吾人以为陶器之发明，乃人类定住生活之表征，任何人种，只要达到定住生活的阶段，皆能发明陶器。至以由单色陶器发展到彩色陶器，更为一定之历史的步骤。因之，吾人对于彩陶文化创造者之间，谓其有某种文化的影响则可，谓其有人种关系则未免过于牵强。且当人类发明彩陶器之时，已达到相对定住的阶段。同时，其流浪性即不甚大。如谓在彩陶发明以后，尚有人类带着彩陶文化万里流浪，由中亚以入于中国之腹部，则势有所不能。如谓此种人种在旧石器时代之末，即开始向中国移徙，则彩陶又尚未发明。因之二说者皆未能通。而且据阿恩的意见，中国仰韶期的文化相当于苏萨、安诺第一纪第二纪的文化。②如此，则中国与中亚的彩陶文化之开始几乎同时。若谓仰韶期的彩陶系由苏萨或安诺缓缓传播而来，则其间并无足够之时间，使彩陶文化之传播者从中亚走到中国之黄河流域。最近考古学的发现，证明了彩陶并非中亚的特产，在中国广东的海丰，在香港的舶辽洲均发现了彩陶，虽与甘肃、河南所产者稍异，其为彩陶则一也。由此而知中国的彩陶，不一定是由中亚传播而来，只能谓其有着某种相互之影响，至于因此而谓中国人种亦与中亚之彩陶创造者有关则更为牵强

---

① 安特生：《甘肃考古记》，第38页。

② 安特生：《甘肃考古记》，第22页。

附会矣。

　　根据以上各点，吾人以为传说中之夏族决非由中亚而来，在未有新的旧石器时代遗址发现以前，吾人以为鄂尔多斯实为夏族人种出发之地。关于这一点，从传说中，亦可找到许多旁证。《尚书》云："帝（舜）釐下土方，设居，方别生分类。"①《诗经·商颂》云："洪水芒芒，禹敷下土方。"这种传说，皆暗示舜、禹与土方有关系。按土方常见甲骨文，如《殷虚书契菁华》二叶有云："土方征（正）于我（沚方）东鄙"。同书六叶云："土方牧我（蚁方）田十人。"据郭沫若氏考证，土方为与殷同时的一种族之名，其地在殷之西北，"盖在今山西北部或包头附近也。"②禹在传说中为夏族的始祖，据近人考释"尧"、"姚"、"虞"，亦为夏之音转，因之，所谓唐、虞、夏并非朝代之名，而为同一夏族之别称。传说中舜、禹皆出于土方，即夏族来自鄂尔多斯之证。

　　《淮南子·修务训》云："禹之为水，以身解于阳纡之阿。"按阳纡山名，《穆天子传》有"至于阳纡之山，河伯无夷之所都居。"《山海经》称之曰阳汙。该书《海内北经》云："阳汙之山，河出其中。"《水经注》称之曰阳山。该书卷三《河水注》云："河水自临河县东迳阳山南。"前者谓河出其中，后者谓河经其南。而《汉书音义》则谓"阳山在河北，阴山在河南。"则阳山与阴山系隔河而峙。又《嘉庆重修一统志》云："阳山，……蒙古名洪戈尔；阴山……蒙古名噶札尔山。"③以今日之地名考证之，则此二山皆在鄂尔多斯之北，并为阴山之脉。因之禹祷阳纡所暗示之历史内容，即夏族原居鄂尔多斯西北阴山之南麓也。

---

① 《尚书·舜典》后附亡书序。见（清）阮元《十三经注疏》所收《尚书正义》卷三。
② 郭沫若：《卜辞通纂》，科学出版社，1983年，第440页。
③ 《嘉庆重修一统志》卷五四二《乌喇特》。

二 东夏与西夏都出发于鄂尔多斯

夏族之离开鄂尔多斯而开始其新的迁徙，当在旧石器时代之末。根据地质学的考察，当冰河退去之际，鄂尔多斯的地层曾有一度变化，不但湖泽水源之减少而归于涸竭，而且在原来沃土之上，渐次覆以沙砾层。由此变化而引致之结果，即原始人类资以生活的鱼蛤与植物之减少。同时因冰河退去而引致气候条件之变化，又使过去生存于冰河期之古生物群，或退向北极，或陷于死灭。因此之故，此曾为人类乐园之地，现在已渐次不利于人类之生存。在自然条件改变的情形之下，于是居住于此之夏族，遂不得不舍弃其故乡，而寻找其新生活根据地。

夏族的迁徙并非向着一个方向，而是向着黄河的上游与下游同时移动，即一部分溯黄河而上，西徙甘肃，一部分沿黄河而下，东徙中原。同时夏族的迁徙，亦非尽族而行，除徙向甘肃及中原者而外，尚有一部分夏族始终停留于其故乡。

其东徙中原者，后来称之为"东夏"，又称"华夏"，或称"时夏"。其西徙甘肃者，后来称之为"西夏"，又称"蛮夏"。其始终停留鄂尔多斯者，后来称之为"大夏"。东夏者所以别于西夏，华夏或时夏者所以别于蛮夏，而大夏者则又所以别于东夏与西夏，为夏族的美称，亦夏族的总称。吾人因此而知史前甘肃与中原的人种，都是鄂尔多斯系的人种之支蔓，故都有夏族之称。其有东西之别者，则因其所处的地域不同；其有华蛮之分者，则因其后来文化发展上已有差异。实际上，无论东夏与西夏或华夏与蛮夏，都是大夏的苗裔，亦即都是鄂尔多斯系的人种。

东夏之族，在山西、河南交界处的汾河河谷与黄河河谷，曾经有过长期的定住，甚至西展到陕西的渭河流域。所以山西西南，古有"夏

虚"或"大夏"之称，河南伊洛一带，相传曾为"有夏之居"。而陕西
酆、镐之间则曾为鲧封，又有禹绩。证之近年来考古学的发现，如在今
日山西夏县的西阴村，万泉县的荆村，在河南渑池县的仰韶村及不召
寨、河阴县的秦王寨及池沟寨等处均发见新石器时代的文化遗址。此等
遗址的文化遗存，据安特生氏研究的结果，大概属于仰韶期的时代，而
不召寨的高领薄肉之陶鬲，且属于齐家期之遗物。据此，则山西、河南
交界处一带，在新石器时代初期，即已有史前人类生存活动之迹，而传
说所示，并非毫无根据。

　　西夏之族在甘肃西南、青海东北一带的黄河河谷、洮河河谷、西
宁河谷、青海沿岸一带曾有长期的定住。在新石器时代晚期，且有一部
分族类，西徙于今日之镇番一带。所以陇西一带，古代亦有大夏之称。
而洮水附近，且有大夏川。证之近来安特生氏在甘肃西南一带之丰富的
新石器文化的发现，则以上传说，又非凭空臆造。安氏在宁定县的齐家
坪、王家沟、瓦罐嘴、半山，在西宁县的朱家寨，在乐都县的马厂沿，
在洮沙县的辛店，在临洮县的寺洼山、卡窑，在镇番县的沙井等处，
均发现新石器时代的遗址。安氏把以上各文化遗址中所发现之史前遗
物，依其发达的程度而划分为齐家、仰韶、马厂、辛店、寺洼、沙井六
期。这六期文化，虽然其间也还有空白，但大致上已能再现中国新石器
文化之发展的全过程。其所代表的时代，据安氏云："当起于纪元前
三千五百年，而终于纪元前千七百年。"[①]正相当于中国传说中之夏的时
代。由此吾人又知甘肃西南一带，在整个新石器时代，均有史前人类的
居住。依据时代的推断，此类史前人类之为夏族又实无可疑。

　　夏族之一部分直到新石器时代尚继续居住于鄂尔多斯，现在已由德
日进、桑志华二氏于鄂尔多斯旧石器时代遗址中所发现的磨制石斧及陶

---

① 安特生：《甘肃考古记》，第23页。

片所证实。此种史前遗物当然为残留于故乡之夏族所创造，而此种新石器文化之创造者，或即殷代之土方、吕方等族的祖先。

总上所述，吾人由此可以想像，在纪元前三千年乃至三千五百年以前，以鄂尔多斯为出发点的夏族文明，已分布于山西、河南交界处一带与甘肃西南乃至西北一带。他们在黄河的上游与下游，东西辉映，展开了一种平行的发展。

其在甘肃西南一带者，则于贵德盆地中之黄河河谷、西宁河谷及洮河河谷等地，开始了定住的村落生活，组成了许多以畜牧种植为生的氏族。据安氏云："考远古殖民，多喜就此佳丽之河谷，……盖彼时河谷中林木畅茂，禽兽繁多，而畜牧种植等事，亦可得极良好之机会也。"①

同时在青海东北一带的海岸也组成许多以渔业为生的氏族，因为在史前青海的水量与今日无多差异，故亦为适宜于史前人类生存之地。

此外在镇番以西之今日的沙漠地带中，也布满了西夏之族，因为今日镇番以西的沙漠，乃发生于古址之后，在史前，镇番以西，固为一美丽的草原。

其东徙者，则在今日山西西南一带的汾河河谷开始定住，从西阴村的遗址看来，这里在史前亦为适宜于畜牧种植之地，因为除遗址的西南有高出地面三四尺的岩壁而外，皆为可耕之地。同时，在河南西北的黄河河谷，也组成了许多农业氏族，他们在倾斜极微的平原上，建立了村落。唯残留于故乡的一部分夏族，则其发展，似渐趋衰微，这大概是由于那里的自然环境之逐渐恶化的原因。

吾人由此而知史前的甘肃西南与山西、河南交界处一带，实为史前夏族文化两大根据之地，亦即中国文化两大出发之点。

论者或以为河南、山西的史前文化及甘肃的史前文化与鄂尔多斯无

---

① 安特生：《甘肃考古记》，第5页。

关，因而证明其不是渊源于鄂尔多斯，亦即不是属于夏族所有。但吾人根据现有的考古学资料及文献上的传说，尚可以追寻此两大文化巨流迁徙之迹，而其出发点，则皆在鄂尔多斯。

关于东夏之迁徙，近来已有考古学的发现。阿恩氏在其所著《河南石器时代之着色陶器》的序言上说："据安博士之报告，着色陶器亦出自山西保德州、陕西府谷县。"①同时据卫聚贤氏《中国考古小史》中报告山西万泉县荆村，亦发现新石器时代遗址多处。按保德州在山西西北，府谷县在陕西东北，此两地皆临黄河，而且隔河相望于黄河南曲之处。若当时的人类沿黄河而南下，则此两地，实为必经之处。又万泉县正当汾河与黄河汇流之处，若当时人类沿汾河而折入山西西南，又为必经之处。现在在这些地方，都发现了新石器时代的遗物，则不啻于鄂尔多斯旧石器文化与山西、河南新石器文化之间发现一相互关联的标志，而示吾人以山西、河南新石器文化之来自鄂尔多斯实为信而有征。在万泉县，尤其保德州与府谷县的遗存，毫无可疑，必为夏族东徙途程中之所遗，吾人于此，又知当夏族进入山西、河南之前，于山、陕分界之黄河两岸，曾经有一个长时期的勾留。

除考古学的发现以外，中国古代的传说，也暗示这种迁徙的内容。在传说中，禹出于土方，祷于阳纾，已为许多学者所论述，但传说中之禹的都城却在山西西南，《史记》正义云："（禹）都平阳，或在安邑，或在晋城。"②《国语》韦昭注云："禹都阳城，伊洛所近。"③是禹原住鄂尔多斯，以后迁于山西。余以为舜亦如此。《尚书·舜典》后附亡书序云："帝釐下土方。"是舜亦出于鄂尔多斯，但是传说中之

---

① 阿尔纳（T.J.Arne亦译作阿恩）：《河南石器时代之着色陶器》，乐森珛译，载《古生物志》丁种第1号第2册。1925年农商部地质调查所北京印本，第3页。

② 泷川龟太郎：《史记会注考证》卷二《夏本纪》。

③ 《国语》卷一《周语上》韦氏注，《士礼居丛书》本。

舜的都城也在山西西南。《竹书笺注》云："舜都蒲坂。"①尧出于何
处，虽未说明，但从其与舜、禹的关系看来，其所出之地，也当不能相
去甚远，故亦当在土方，然而传说中之尧的都城也在山西西南。《竹
书笺注》云："（尧）都平阳。"②是尧、舜也是由鄂尔多斯以迁于山
西。《孟子》离娄篇上有一段话，尤能明示舜之迁徙。他说："舜生于
诸冯，迁于负夏，卒于鸣条，东夷之人也。"余以为孟子之说，恰恰相
反。盖这里所谓诸冯，乃河伯'冯夷'之'冯'，其所以冠以'诸'字
者，亦犹夏之称诸夏，示其族类之多而已。这里所谓'负夏'乃'有
夏'之讹。'诸冯'之族，在鄂尔多斯，而'有夏'之居，则在山西、
河南交界之处，由鄂尔多斯以迁于山西、河南交界之处，是由西而东，
故舜当为西夷之人，而非东夷之人。总之，在传说中之尧舜禹的时代，
正是夏族东迁之时，他们由鄂尔多斯迁到山西西南，又由山西西南渡河
而南奠居于河南西北。传说中禹凿龙门，辟伊阙，甸吕梁的故事，都是
暗示夏族南渡的内容。

　　西夏迁徙之迹在鄂尔多斯与甘肃西南之间，虽尚无考古学的发现，
但亦有此种传说。《穆天子传》云："爰有温谷乐都，河宗氏之所游
居。"③按同书谓河宗氏原住阳纡之山或燕然之山，而阳纡之山或燕然
之山，实即今日之阴山，是河宗氏原居固在阴山附近。但是据考证，温
谷或系今日西宁附近之热水泉，而乐都则今仍昔名，在湟水流域。此两
地皆在今日之青海境内，而又皆为河宗氏之所游居。是河宗氏游居的范
围，北自阴山而南达于青海。我以为这一传说，正暗示夏族西迁的历史
内容。证之今日西宁有朱家寨的史前遗址发现，乐都有马厂沿的史前遗
址发现，是为有力之印证。同时在晋时的陇西郡的大夏县，尚有禹的传

① 　《竹书统笺》卷二，第13页，光绪三年，浙江书局，《廿二子全书》本。
② 　同上书，第2页。
③ 　《汉魏丛书》收《穆天子传》卷一，第4页。

说。《晋书地道记》云："（大夏）县有禹庙，禹所出也。"在汉代兰州附近，尚有大夏故城，及大夏河。凡此，皆足以证明在鄂尔多斯与甘肃西南之间，曾为夏族居住之地，从而又证明甘肃的史前文化，实渊源于鄂尔多斯，而决非来自中亚。

论者又或以为史前的甘肃文化与河南、山西的文化之间，稍有差异，而遂谓此两种文化的创造者不是出自同一人种，彼等以为前者或为中国人种，而后者则为土耳其人种。吾人对于此种主张，未敢苟同。吾人以为河南、山西的史前文化与甘肃的史前文化之间，有着某种差异确系事实，其最显著者，如在山西、河南的遗址中，陶鬲的发现，极为普遍，而此类陶鬲之创造，亦较早于甘肃。反之，在甘肃出土的彩陶，又较山西、河南更为丰富，其花纹之繁复，色彩之匀调又远胜于河南。但是在晚期的甘肃文化中，亦有河南、山西式的陶鬲，而甘肃彩陶上之花纹如直线、曲线、弧形、S形、螺形、带纹、三角纹、格纹、布纹、绳印纹、圆及半圆等，在河南出土的彩陶上亦有之；所不同者，唯河南出土的彩陶，缺乏动物花彩而已。但此等动物花纹之出现是在属辛店期及其以后的彩陶，而此种晚期的彩陶，在河南、山西均尚未发现，因而不能肯定河南的晚期彩陶，无此花纹。由此而知甘肃史前文化与河南、山西的史前文化之差异，并非根本的差异而仅为时间前后上所发生之差异。若即根据此种差异而遂谓此两处文化各为一族，并从而推论其人种亦不同源，则理由殊欠充分。

在相反的方面，甘肃的史前文化与河南的史前文化，其相同之点亦复甚多。如河南出土物中的半月形及长方形的石镰之属，河南史前人民有豢豕之事，有葬埋的习惯，凡此，皆为河南史前文化之诸特征，亦即安特生氏所谓嫡派中国文化之诸特征，而此诸特征均同样存在于甘肃之史前文化中。

吾人以是而知史前甘肃与河南文化之间，其相同之点甚多，而相异之点甚少。此种相异之点，乃由于夏族东西分驰以后，因地理上的隔离而引致之结果。此种差异并不致使吾人对于此两地的文化发生各成一族的观感，从而发生各为一个人种所创造之推论。反之，吾人从此两地的文化之异同中，只能看出同一文化系统之两种变型，从而此两地的文化创造者，只是同一人种之分支。假如步达生氏对于中国新石器时代人种研究的结论不错，则甘肃与河南的史前人种皆系与现在华北人种相似之亚洲嫡派人种，亦即出发于鄂尔多斯的蒙古高原系的人种。所以吾人以为不仅东夏与西夏的新石器文化，同是从鄂尔多斯旧石器文化中发展出来，而且东夏与西夏的人种，亦同是夏族的苗裔。

（重庆《中山文化季刊》一卷一期，重庆中山文化教育馆1943年4月桂林出版）

诸夏的分布与鼎鬲文化

一　诸夏之居与仰韶文化遗址

东夏的遗址，今日所发现者为数极少，且均属于仰韶时期以前者，至仰韶以后之遗址，则至今尚无所发现。此种考古学上的缺失，最易使人误会东夏之族在仰韶时期以后即尽族西徙于甘肃。盖仰韶以后的文化，皆发现于甘肃也。

唯吾人从考古学的发现与夏代传说之相互印证中，察知东夏之族不但未曾中断其发展，而且经过仰韶以前之发育滋长，到仰韶以后，其族类逐渐繁衍，而分化为许多氏族。此等氏族在中国典籍上称之为诸夏之族。诸夏之族在传说中之夏代的中叶，即带着仰韶文化沿黄河而东下，分布于河南中部及山东半岛一带，成为中国新石器时代中原文化的主人。

到新石器时代的晚期，亦即相当于传说中之"夏桀"的时代，由于殷族的西渐，驱散了诸夏之族占领了中原。于是诸夏之族除一大部分以杞、鄫为中心而仍然散布中原与殷族混合以外，其余则或由苏、皖而徙江、浙，是为后来之吴、越。或由豫西而徙于鄂西，是为后来之荆、楚。或由原路而退回西北，是为后来之鬼方。

在仰韶时代的前后，东夏之族与西夏之族确有接触，这从鼎鬲文化之由河南传播于甘肃已经获得确证。但吾人并不能因此而遂谓东夏之族尽族西徙，而只能说东夏之族与西夏之族有着文化的乃至血统的交流之事实。

以吾人之研究，东夏之族分布甚广，固不仅限于山西、河南一隅之地。其族类所布，实已东至于海，西及甘肃，北至山西中部，南达长江流域。在其迁徙过程中，曾与史前渤海系诸氏族发生冲突，亦曾与南太平洋系的史前诸氏族发生接触，所以禹征三苗，启伐有扈，皆非完全无根之说。

诸夏之族，在山西、河南交界处一带曾有长期之住留，吾人可由仰韶遗址分布与有关夏族的传说获得证明。

山西夏县西阴村曾发现仰韶遗址，而传说中尧、舜、禹的都城都在这个遗址的附近。《尚书·五子之歌》云："维彼陶唐，有此冀方。"《竹书纪年》云：禹"居冀"。《竹书纪年》笺注引《世纪》云："尧都平阳，舜都蒲坂，禹都安邑，相去不盈二百里，皆在冀州。"[1]又《帝王世纪》云："禹都平阳，或在安邑、或在晋阳。"[2]据《郡县志》云：

---

① （清）徐文靖：《竹书纪年统笺》卷三，光绪三年，浙江书局，《廿二子全书》本。

② （清）徐文靖：《竹书纪年统笺》卷三，光绪三年，浙江书局，《廿二子全书》本。

"安邑故城在陕州夏县东北十五里。"①安邑既在夏县，而尧、舜的都城又与安邑相去不盈二百里，则传说中之尧、舜、禹时代安邑附近，亦即西阴村仰韶遗址附近，已有诸夏的分布。

其次渑池县曾发现仰韶遗址两处，而在传说中渑池县有夏后皋之墓。《左传》僖公三十二年传云："殽有二陵焉，其南陵，夏后皋之墓也。其北陵，文王之所避风雨也。"《后汉书·郡国志》谓："渑池……有二殽"，而《清一统志》又谓"渑池故城在今县城西"。故《左传》所谓"殽有二陵"之殽，当即在今日渑池县仰韶遗址附近。此间在春秋时即有夏的传说，足证仰韶村所发现之史前遗物属于夏族。此外包围于仰韶遗址，尚有许多传说。如：

在渑池之西的陕州有莘国的遗址，据《世本》云"莘，姒姓，夏禹之后。"②

在更西则有崇国，而崇为"鲧"封。《国语·周语》称"鲧"曰"有崇伯鲧"。

又有丰国，而丰有禹绩。《诗经·文王有声》云："丰水东注，维禹之绩。"

渑池之南，则嵩山有夏后启的传说。《汉书·武帝纪》云："朕用事华山，至于中岳，……见夏后启母石。"

在渑池之东，则伊洛有太康的传说。《尚书·五子之歌》云："太康尸位……畋于有洛之表，十旬弗返……厥弟五人，御其母以从，畋于洛之汭。"

洛阳附近有夏族的故城。《史记》正义引《括地志》云："相州滏

---

① （清）徐文靖：《竹书纪年统笺》卷三，光绪三年，浙江书局，《廿二子全书》本。

② 《世本·姓氏篇》，《汉魏丛书》本。

阳县西南五十里有九侯城，亦名鬼侯城，盖殷时九侯城也。"①按殷时鬼方，即夏族的遗裔，故殷时的九侯城，实即鬼侯城，亦即夏之故城。

最后在河阴县仰韶遗址的周围，亦有夏族传说。按河阴县在伊洛以东，此间正是夏族东徙之根据地。夏族与渤海系史前诸氏族初期的冲突，大概都发生在这一带。《尚书》中曾有启与有扈之战的传说。②王国维谓有扈所在，即今怀庆府原武县。③又传说中又曾有太康被拒于有穷后羿的故事。《尚书·五子之歌》云："有穷后羿，……距（太康）于河。"《左传》襄公四年传云："昔有夏之方衰也，后羿自鉏迁于穷石，因夏民以代夏政。"据此，则太康与有穷氏相拒之处，必为穷石附近之黄河沿岸。穷石在何处，无从考证，但在鉏之西则无可疑。鉏之所在，据《史记》正义引《括地志》云："故鉏城，在滑州卫城县东十里。"正在河阴县史前遗址之东北，故当地之有夏民可因，夏政可代，实与考古学的发现相符合。

二 传说中的诸夏之族

安特生根据其对河南仰韶遗物的研究，谓中国的鼎鬲文化孕育于山西、陕西、河南交界处之黄河河谷，此种鼎鬲文化实为东夏文化之特征。《甘肃考古记》云：

"河南仰韶遗址中，如不召寨及其未产彩色陶器之遗址，鬲属之器物，极为普遍。而河南陶鬲最完整之品，均自此等遗址得之。但似较仰韶之遗址为古。"④

---

① 泷川龟太郎：《史记会注考证》卷三《殷本纪》。

② 《尚书·甘誓》。

③ 王国维：《殷虚卜辞中所见地名考》，载《海宁王静安先生遗书》收《观堂别集》卷一。

④ 安特生（J.G.Andersson）：《甘肃考古记》，乐森玮译，载《地质专报》甲种第5号。农商部地质调查所，1925年6月，北京印本，第41—42页。

　　鼎鬲文化在甘肃则在马厂期以后，始逐渐发展。《甘肃考古记》云：

　　"甘肃之情形与河南异，于齐家、仰韶、马厂三早期中，鬲之踪迹无所见。同时鼎器亦极稀少或竟不遇。……惟至甘肃远古文化之第四期（即辛店期）鬲之发见，则渐丰富，而第五第六两期（即寺洼期与沙井期）则特式之鬲，极为寻常矣。"①

　　因此安特生判定："鬲器自山西、河南交界之发源地，向西北缓缓传播，而流入甘肃之中部，盖实可信之事也。"②但吾人依据传说所示，此种作为东夏文化之特征的鼎鬲文化，不仅缓缓向西北传播，同时亦缓缓向东方传播而流入河南东部及山东半岛一带。

　　《史记》夏本纪谓诸夏之族有缯氏。《国语》作鄫，《左传》亦作鄫。《国语》谓鄫为夏后。③《左传》谓鄫应祀相。鄫为夏族，当无可疑。

　　余以为鄫之命名，与仰韶式之鬲器有关。鄫字《说文解字》云："䰜，鬻属，从鬲，曾声。"④又作"甑、甗也，从瓦，曾声。"⑤曾字既从鬲从瓦，而又为鬻属，故为鬲陶之一种。

　　又曾字金文书法不一，如父子巳尊作𤿌，辛未父癸尊作𤿌，宝尊作𤿌，但皆有足有一耳，而器形则或为尖底或为圆底。唯金文所示者仅二足，但实际上决无二足可以立置之器，故必为三足一耳之器。此种简略，为金文之惯例。在金文中，兽形皆作两足，如兕癸鼎之𤿌。鸟形皆作一足，如亚父盉之𤿌，故三足器之作两足，亦为常有之事。如甲鼎之

──────────

①　安特生：《甘肃考古记》，第42页。
②　安特生：《甘肃考古记》，第42页。
③　《国语》卷三《周语下》。
④　许慎：《说文解字》卷三下"鬲"。同治十二年孙星衍校刻本。
⑤　同上书，卷十二下"瓦部"。同治十二年孙星衍校刻本。

鼎作 ⋎ 即其一例。

按河南仰韶所出陶鬲，皆系三足一耳（甘肃陶鬲间有两耳者），与曾之形式，正相符合，故曾字应从邑作鄫，《史记》从系作缯，乃为后来之讹误。吾人以是而知鄫氏，乃负有此种仰韶式鬲属文化之氏族。

据《左传》所载，春秋时有两个鄫国，其一在河南西部，《左传》哀公四年传云："楚人既克夷虎，乃谋北方……致方城之外于缯关。"缯既在楚的方城之北，故当在河南西部。又僖公十九年云："邾文公用鄫子于次雎之社，欲以属东夷。"《史记》正义引《括地志》云："缯县在沂州承县，古侯国。"承县，即今日山东峄县，在春秋时正在东夷范围之内。是山东境内，亦有一鄫国。后来学者以为此两鄫不同族，而以河南之鄫为诸姬之后，山东之鄫为诸夏之余。余以为此两鄫即一鄫之分布，其所以分居于河南与山东者，正说明此种具有鬲属文化的氏族由仰韶遗址附近东徙于山东，而其余裔则仍留居原地的事实。

其次，《左传》上有鬲氏、过氏、戈氏，皆与少康中兴的传说有关。《左传》襄公四年传云：

"（当寒浞灭后羿后，）靡奔有鬲氏。浞因羿室，生浇及豷，恃其谗慝诈伪，而不德于民。使浇用师，灭斟灌及斟寻氏。处浇于过，处豷于戈，靡自有鬲氏，收二国之烬以灭浞而立少康。少康灭浇于过，后杼灭豷于戈，有穷由是遂亡。"

从这一传说中，吾人可以窥知有鬲氏曾为夏的遗臣靡之所奔，又曾为夏后少康之所藉以自立，其为夏族，似无可疑。至于过、戈，则为寒、夏两族必争之地，寒族得之而夏衰，夏族复之而寒亡。据《左传》哀公元年传云："（少康）使女艾谍浇，使季杼诱豷，遂灭过戈，复禹之绩，祀夏配天，不失旧物。"则过、戈亦为夏之旧物，故夏灭过、戈，谓之"复禹之绩"。有鬲氏与过、戈之为夏族，证之他们与东夏文化的关系亦复相合。

　　有鬲氏的得名，徐中舒氏曾指出与仰韶式鬲器有关。至于过氏得名，徐氏亦谓与鬲有关，盖以过字偏旁从呙，而呙乃鬲形体之讹变。徐氏又引据《史记》集解释《滑稽列传》中"炙毂过"之说曰："《别录》云：'过字作輠。'輠者，车之盛膏器也，炙之虽尽，犹有余流。"因而以为过之为器，有耳如鬲然，而以系于车上者也。[①]余以为过之用于车，以为盛膏之器，乃系后来之事，在史前时代当为盛器，其形或如鬲，盖鬲之变形也。故过之与鬲，亦犹鄶之与鬲，虽同为鬲属，而皆为变形。因而过氏与鬲氏，虽同为负有鬲属文化之氏族，但非如徐氏所云过氏即有鬲氏，而系各为一族也。

　　《史记·夏本纪》诸夏之族有"有男氏"。《史纪考证》谓："有男氏《路史国名纪》曰：'《世本》之有男氏，《潜夫》作南，《周书》之有南也。'"按南字甲骨文有二十余种书法，如![南][南][南]等，金文亦有各种书法，如![南]（盂鼎）、![南]（射南![南]）、![南]（兮甲盘）、![南]（散盘）。《说文解字》作![南]。郭沫若氏谓南为乐器之名。卜辞中曾有"![羊]于祖辛八南九南于祖辛"及"一羊一南"之语，郭氏谓即《小雅》中"以雅以南"之意。余以为南在后来，或为乐器，而在史前时代则为陶制盛器。南之为乐器恐系由陶制盛器脱化而出者也。从南字之形体看来，盖为一有盖之陶鬲也。故余以为有南氏之得名，亦与鬲属文化有关。

　　又诸夏之族有韦氏，《诗经·商颂》云："韦顾既伐。"按韦字《说文解字》亦作鄩，注云"秦名土釜曰鄩，从鬲午声。"据此，则韦氏得名，亦与仰韶式鬲器有关。

　　诸夏之族有昆吾。《说文解字》谓"壶，昆吾，圜器也。"[②]据此则

---

①　徐中舒：《再论小屯与仰韶》，载《安阳发掘报告》1931年第3期，国立中央研究院历史语言研究所刊本，第537—539页。

②　许慎：《说文解字》卷十下"壶部"。同治十二年孙星衍校刻本。

昆吾为壶之复音。篆书作 🏺，其形乃一长颈高领之瓶。据安特生报告，在仰韶以前之齐家期遗址中曾发现一种类似安佛拉（Amphora）的薄肉高领瓶。[①]则所谓昆吾之得名，或即与此种薄肉高领瓶有关。

东夏的特征文化，除鬲器以外，戈亦为特征之一。证之传说，此种戈的文化，实有与鬲的文化同时东播之迹。

《史记·夏本纪》谓诸夏之族有斟戈氏。《左传》谓戈氏与过氏同为夏之旧物。余以为斟戈氏即戈氏，其得名则与仰韶式之戈有关。但徐中舒氏谓戈与过、鬲古同为见母字，故得相通，因以为戈氏即过氏之音转。[②]余以为徐氏此说殊嫌牵强，盖戈与鬲，同为仰韶文化之特征，鬲为当时人类日用必需之器皿，而戈则为当时人类战斗之工具。此二者，对于史前人类生活，实具有同样之重要性，故当鬲的文化东播之时，戈的文化亦必同时东播。所以在山东一带，有鬲氏，亦有戈氏，而此正所以表示鬲属文化与戈属文化同时东播之事实。吾人固不必因迁就鬲的文化之东播，而否认戈的文化之东播，并从而以一音之转，而谓戈氏即过氏也。盖当时诸夏之族以戈得名者，尚有载氏。《孟子·滕文公下》曰："汤始征，自葛载。"按载字甲骨文作 𢦏，从戈 ✡ 音，故当与戈有关。据王国维考证，汤始征之"载"即《春秋》隐公九年"伐载"之"载"，其地在今河南归德府考城县。[③]由此又证明戈的文化，亦系由河南而东播于山东。

除此以外，养豕之事亦为仰韶文化特征之一，此种习惯亦传播于东方。夏族中之韦氏，《竹书纪年》亦称豕韦。《左传》上之斟灌氏，灌字如系貜字之误，则斟灌氏的得名，亦与野豕有关，又夏族中有"有

---

① 安特生：《甘肃考古记》，第9页。

② 徐中舒：《再论小屯与仰韶》，载《安阳发掘报告》，1931年3期，第538—539页。

③ 王国维：《殷虚卜辞中所见地名考》。《海宁王静安先生遗书》收《观堂别集》卷一，第17—18页。

仍氏"为相后婚之母族。据《左传》昭公二十八年传云"昔有仍氏生女黰黑而甚美，光可以鉴，名曰玄妻。乐正后夔取之，生伯封，实有豕心……谓之封豕。"是有仍氏亦有与豕之关系，由此以观，则夏人养豕之风，亦东播于山东矣。

三　吴越为诸夏之族

关于吴族的渊源有各种传说，《史记》吴太伯世家云：

> 吴太伯，太伯弟仲雍，皆周太王之子而王季历之兄也。季历贤而有圣子昌，太王欲立季历以及昌，于是太伯、仲雍二人乃奔荆蛮，文身断发，示不可用，以避季历。季历果立，是为王季，而昌为文王，太伯之奔荆蛮，自号句吴。

《吴越春秋》卷一《吴太伯传》云：

> 吴之前君太伯者，后稷之苗裔也。……古公病，二人（太伯、仲雍）托名采药于衡山，遂之荆蛮，断发文身，为夷狄之服，示不可用。古公卒，太伯、仲雍归赴丧毕，还荆蛮国，民君而事之，自号句吴。

此种传说皆系有孝弟的插画，显系封建时代学者之附会。但是剥开这些传说的穿插仍可以看出吴族系由北而南迁的事实。此种传说，若与夏族南迁的传说相印证，则吾人可以看出吴族实即夏族之一分支。

《竹书纪年》谓后相曾征淮夷，是后相时夏族的一部分已与渤海系诸种族杂处于淮河流域。证之《左传》僖公十五年所云："楚人伐徐，徐即诸夏故也。"则直至春秋时代,徐淮一带的氏族,还有诸夏之称。夏族之由徐淮继续南徙以至于吴越,大约在新石器时代的晚期。传说中皆谓桀败于汤以后,南向逃亡。《淮南子·主术训》云:"汤革车三百乘,困之(桀)鸣条,禽之焦门。"同书《本经训》又云:"汤以革车三百乘,伐桀于南巢,放之夏台。"同书又云:"汤败桀于历山,与妹嬉同舟浮江,奔于南巢之山而死。"①《荀子·解蔽篇》亦云:"桀死于亭山。"按以上的地名,据学者考证,皆在安徽。如焦门即今日巢县。南巢、夏台皆在巢县东北。而亭山且在和县。据此,则桀之逃亡,乃系由山西经徐淮以达于皖北之长江沿岸,而且还有与妹嬉同舟浮江的传说。此种传说实即暗示夏族南迁吴越的历史事实。

卫聚贤氏在其所著《吴越考古汇志》中报告,近年来在江苏、浙江一带已发现新石器时代的遗址多处。其在江苏境内者有南京附近的栖霞山、常州的奄城、金山卫的戚家屯、苏州的石湖。这些遗址中均曾发现石斧、石锛、石刀、石镞、石锤、石瑗及大批具有几何花纹的陶器,②可惜卫氏的报告既未附图片,而说明亦甚简单,对于各种石器之制作技术及形式以及几何花纹的图案均无说明。但据卫氏报告,在栖霞山遗址曾发现几何花纹的陶片三百余片,由此足征在新石器时代,江苏一带实有人类生存活动之迹。

或有人说此种生存于长江下游之人种,可能是南太平洋系人种,亦可能是渤海系人种。但据卫氏报告,在栖霞山遗址曾"有红色含砂质的粗陶及鼎腿出土",则是此种新石器文化创造者,乃系一种具有鬲器文化的人种,而吴族之为诸夏之裔,于此又得一实证。

又据郭沫若氏《卜辞通纂》序言云:

---

① 泷川龟太郎:《史记会注考证》卷二《夏本纪》"正义"转引。
② 卫聚贤:《吴越考古汇志》,载《说文月刊》第一卷,第3期,1939年上海印本,第10—74页。

　　其（帝乙）二十祀，曾远赴上齤，征讨蘆、林、爂爵等国，经时半载有余。上齤者余疑即上虞，其地距殷京甚远，据余由四个断片合成之一整骨，知其路程在四旬以上，是知殷时疆域，似已越长江而南。

　　不论上齤是否即今日之上虞，而此一记载之证明殷族曾远征距京都东南三千里外之地则为事实。而其地则正相当于今日江浙一带，亦即古吴越故址。从这里，吾人又知吴越种族为殷族未到达长江下游以前之先住人种，故吴越人种决非渤海系人种（自然在后来亦与渤海系人种混合）。吴越人种既为殷以前之先住种族，而非殷族，同时又为一种具有鬲器文化的种族，故亦非南太平洋系人种（其地也有南太平洋系人种错居），其为夏族遗裔实无可疑。

　　余以为吴族即传说中的“有虞氏”之支裔，因古吴虞两字相通，金文中有虍头与无虍头字多通用。如师酉簋铭文中之“王在吴”，即王在虞也。《管子·小匡篇》中之“西服流沙西虞”亦作西吴。《史记·吴太伯世家》谓武王封周章于吴，又“封周章之弟虞仲于周之北夏故虚”是谓北虞。北虞亦作北吴。按虞字，《说文解字》作鷹，从虍，吴声。虞字从虎形而吴音，吴字从虎声而去虎形，故余以为吴、虞同为一字之误变，而吴与虞同为一族也。考传说中谓虞氏原居山西，其后渐有徙至河南者。此河南之虞，曾为少康据以为中兴之地。长江下流之吴，或即河南之虞之南迁者也。据《史记·吴太伯世家》云：“自太伯作吴，五世而武王克殷，封其后为二：其一虞在中国，其一吴在蛮夷。十二世而晋灭中国之虞。中国之虞灭而蛮夷之吴兴。”故司马迁曰：“余读《春秋》古文，乃知中国之虞与荆蛮句吴，兄弟也。”[①]

---

①　《史记》卷三十一《吴太伯世家》，中华书局校点本，1959年北京版，第1475页。

越为夏族，古亦有此传说。《史记·越王勾践世家》云：

> 越王勾践，其先禹之苗裔：而夏后帝少康之庶子也。封于会稽，以奉守禹之祀。文身断发，披草莱而邑焉。

《吴越春秋》云："禹……周行天下，归还大越，登茅山以朝四方群臣，……封有功，爵有德。……禹以下六世而得帝少康。少康恐禹祭之绝，乃封其庶子于越，号曰无余。"①故同书云：

> 越之前君无余者，夏后之末封也。②

又《越绝书》卷八外传《记地传》亦云：

> 昔者，越之先君无余，乃禹之世，别封于越，以守禹冢。

以上诸传说皆明示越族与夏族的关系，而谓越之祖先为夏禹之末封。余以为越族与吴族乃系近亲的兄弟之族，其南迁长江下游当系同时。不过当其到达长江下游以后，其中之一分支，更向南徙，分布于今日之浙江乃至福建北部，而自称曰越。到后来其徙入福建者，又称闽越，实际上闽越又是吴族的分支之分支，《史记·东越列传》云："闽越王无诸，及越东海王摇者，其先皆越王勾践之后也。"

据卫聚贤氏报告，在越之故虚，亦有新石器遗物发现，如在湖州的钱山漾，在杭州的古荡及良渚，皆曾发现石器及陶器。卫氏谓在浙江的遗址中曾发现一种石钺及黑陶文字，而此种石钺在黄河流域从未

---

① （汉）赵晔：《吴越春秋》卷四《越王无余外传》。《汉魏丛书》本。
② （汉）赵晔：《吴越春秋》卷四《越王无余外传》。《汉魏丛书》本。

发现。在于黑陶上的文字，亦与殷契不同，因而怀疑古代的越族既非夏族，又非殷族，而系与南太平洋人种有关。[①]黑陶为渤海系文化的特征（详见《论史前殷族》一文）。如黑陶上的文字，亦为殷契同一体裁，则越族的文化，从而人种必与殷族有关。惜卫氏对于此种黑陶文字，并未拓印，亦未举例，因而令吾人无从考察。但是关于石钺，卫氏谓系一种附以长柄而使用之石器，此种石器，皆方形作长而锐其一端。果如卫氏所云，则此种石器与仰韶遗物中之长方形的石镰颇相类似，所不同者，不过所谓石钺乃附有长柄之石镰而已。此种石钺，乃越人用以披草莱之工具，以后亦演化而为武器。吾人以为鼎鬲文化既已传播于江苏，则长方形石镰之传播于浙江，并不足奇。因而吾人以越之得名，必与此种石钺有关。正如有鬲氏，有戈氏之得名与鬲及戈有关相同。故余疑越亦夏族也。

四　楚为诸夏之族

楚为夏族，传说甚多。《史记·楚世家》云：

> 楚之先出自帝颛顼高阳。高阳者，黄帝之孙，昌意之子也。高阳生称，称生卷章，卷章生重黎，重黎为帝喾高辛氏居火正，甚有功，能光融天下，帝喾命曰祝融。共工氏作乱，帝喾使重黎诛之而不尽，帝乃以庚寅日诛重黎，而以其弟吴回为重黎后，复居火正，为祝融。吴回生陆终。陆终生子六人，坼剖而产焉。其长一曰昆吾，二曰参胡，三曰彭祖，四曰会人，五曰曹姓，六曰季连。……昆吾氏，夏之时尝为侯伯。桀之时汤灭之。彭祖氏，殷之时尝为侯

---

① 卫聚贤：《吴越考古汇志》，载《说文月刊》第一卷，第三期，1939年，上海刊本，第74—77页。

伯，殷之末世灭彭祖氏。季连生附沮，附沮生穴熊，其后中微，或
在中国，或在蛮夷，弗能纪其世。周文王之时，季连之苗裔曰鬻
熊。鬻熊子事文王，蚤卒。其子曰熊丽。熊丽生熊狂，熊狂生熊
绎。熊绎当周成王时，举文、武勤劳之后嗣，而封熊绎于楚蛮，封
以子男之田，姓芈氏，居丹阳。

《国语》郑语云：

> 荆子熊严生子四人：伯霜、仲雪、叔熊、季绅。叔熊逃难于濮
> 而蛮。季绅是立。……（四人者皆）重黎之后也。夫黎为高辛氏火
> 正……故命之曰祝融。……祝融亦能昭显天地之光明，以生柔嘉材
> 者也。其后八姓，于周未有侯伯。佐制物于前代者，昆吾为夏伯
> 矣，大彭、豕韦为商伯矣。当周未有。己姓昆吾、苏、顾、温、
> 董。董姓，鬷夷、豢龙，则夏灭之矣。彭姓，彭祖、豕韦诸稽，则
> 商之灭矣。秃姓，舟人，则周灭之矣。妘姓，邬、郐、路、偪阳，
> 曹姓邹、莒，皆为采卫，或在王室，或在夷狄，莫之数也；而又无
> 令闻，必不兴矣。斟姓无后。融之兴者，其在芈姓乎！芈姓夔越，
> 不足命也。蛮芈蛮矣，唯荆实有昭德，若周衰，其必兴矣。

以上两种传说，皆详述楚之世系，自其种族的来源以至其种族的分
化，虽小有差异，而大致相同。吾人于以上传说中，实可以看出楚为夏
后之若干印迹。

《史记》与《国语》皆谓祝融为楚之远祖，同时又谓祝融之后，其
后中微，或灭于商，或灭于周。此外则或散在中国，或徙于蛮夷，既无
以纪其祀，亦不足称数。祝融之后，唯鬻熊一支，实有昭德，故能兴于
荆楚。鬻熊芈姓，故国语云："融之兴者，其在芈姓乎。"吾人由此而

知祝融为楚之远祖，而鬻熊则为楚之近宗。所以楚族把祝融与鬻熊当作种族之神，而奉祀于祭坛，其有不祀者，则同族必起而让之。《左传》僖公二十六年传曾有"夔子不祀祝融与鬻熊，楚人让之"的记载。可见祝融与鬻熊者，乃属于楚族的一切氏族之共同祖先，因而楚族又有融族之称。

祝融得名，《史记》谓系"光融天下"之意，《国语》谓系"昭显天地之光明"者之美称，此皆出发于"火正"之附会。余以为祝融得名与鬲有关。因为融字从鬲从虫，故融族者，即鬲族之一。《国语》周语云："昔夏之兴也，融降于崇山。"是夏亦与融有关，而所谓"融"者，实为一切具有鼎鬲文化的氏族之原始的图腾。楚既以融为祖，即表明楚族亦为以鼎鬲文化为特征的夏族之一分支。证之融之后，有以圜器得名之昆吾，有以醩得名之鄶（《史记·楚世家》谓楚之六族中有会人，会人即曾人，亦即鄶人）。有以韗得名之韦，有以豆得名之彭祖（即《国语》中之大彭）。即可了然于夏族后来之分化与鼎鬲文化之演变实有不可分离之关系。

至于"鬻熊"，余以为即"祝融"一音之转，故鬻熊即祝融。按融字从鬲，鬻字亦从鬲。前者鬲从虫：而后者则鬲从米。前者鬲无耳，而后者则有两耳。但"融"与"鬻"之同为三足器，则无可疑。"融"字转为"鬻"，与鬲之附耳有关，同时亦与稻之种植有关。从字的构成上看来，融为烹调肉食之具，鬻为烹调稻米之器。按稻原为马来半岛之一种野生植物。后来由南太平洋系种氏族带至长江流域，以后南迁荆楚的夏族习而种之，以为主要食品。证之融族中之秃、苏、季（即季连）诸族名，皆从禾字，足证楚族与禾有关，因而"融"之变而为"鬻"，正可以表示具有鬲器文化的夏族，在其南徙荆楚以后，因生活资料之改变所发生之结果。

荆楚一带虽至今尚未发现仰韶式的鬲器，但据传说所载，在古代曾发现过磨制石斧。《旧唐书》卷十《肃宗纪》云："楚州刺史崔侁献……雷公石斧，长四寸，阔二寸，无孔，细致如青玉。"余以为所谓雷公石斧，实即新石器时代之磨制石斧，偶因雷风冲洗而出，故古人以为雷公石斧。据《旧唐书》所述，此种石斧长四寸阔二寸，作长方形。据吾人所知，今日所发现之南太平洋系新石器文化中之石斧，皆作爪形或梯形，而仰韶式的石斧，则皆作长方形，因而余疑唐代在楚州所发现之雷公石斧，即仰韶式的石斧，亦即为夏族之文化遗物。唯仰韶式石斧多钻有孔，或用以穿绳，或用以附柄。而此云："无孔"似有未合。但从其"细致如青玉"一语看来，则知此种用以作斧之石质，实甚坚硬，其硬度甚至使当时人类无法钻孔。而当时生活于荆楚一带森林区域的夏族，他们随山刊木，斩除荆棘，又必须用坚硬之石质作成石斧，始能开辟此原始之荒原，或者这就是仰韶式有孔的石斧，一到楚州即变为无孔的原因？总之，随着鬲器文化之南播荆楚，仰韶式石斧，实亦有同时南播的可能，此种可能，吾人在今日不过姑妄言之，以俟将来考古学的发现之证明。

或有人谓楚为南太平洋系人种，与古之蛮族或今日之西南诸落后种族同种，但余以为楚族与蛮族在文化上乃至人种上之混合则有之，谓其出于蛮族，则余不敢同意。因楚与蛮之间界限分明。如《国语·郑语》云："叔熊逃难于濮而蛮。"则是楚人以濮人为蛮。又《史记·楚世家》云："吾先鬻熊……始开濮地而有之。"则是在楚人入据荆楚之前，荆楚原为濮人之居，而楚人之定住荆楚，乃系驱濮人而占有其地。所以《左传》文公十六年传谓："庸人帅群蛮以叛楚，麇人率百濮聚于选，将伐楚。"此正说明楚族在南徙荆楚以后，尚与百濮、群蛮发生不断的冲突，故余以为楚非蛮族。

或有人曰，楚为殷族。但是据卜辞及《诗经·商颂》所载，楚族又确为殷族到达荆楚以前之先住种族。《商颂》云："挞彼殷武，奋伐荆楚，深入其阻。"是殷族曾有挞伐荆楚之事。如荆楚无先住种族，则殷族又何必大张挞伐？又据卜辞所示，殷人挞伐荆楚，不仅一次，而其所挞伐之种族，正为芈姓之族。卜辞中有云："戊戌卜又伐芈。"故余以为楚非殷族。

楚族既非蛮族，亦非殷族，而其命名又与鬲器有关，故必为夏族南徙的一支。

关于夏族一支之南徙荆楚，在禹治水的传说中，曾有此暗示。《淮南子·修务训》云："（禹）凿龙门，辟伊阙，修彭蠡之防。"由龙门伊阙以达于彭蠡，正是夏族由仰韶遗址附近南迁荆楚的路程。余以为此种传说，并非完全无据，在新石器时代中期以后，实有一部分夏族由河南西部南迁荆楚的事实。此南迁的夏族，就是杞、鄫的一部分。

按学者皆谓杞、鄫只有东迁之事，如《左传》襄公二十九年传云："杞，夏余也，而即东夷。"又僖公十九年传云："邾文公使鄫子于次睢之社，欲以属东夷。"皆明示杞、鄫东迁于东夷范围之内。但余以杞、鄫之族，亦有向南迁徙者。

《竹书纪年》谓夏后廑四年，"昆吾迁于许。"《左传》昭公十二年传谓："昔我（楚）皇祖伯父昆吾，旧许是宅。"是昆吾曾南迁于许，而南迁于许之昆吾，又为楚之皇祖伯父。

又传说谓禹曾铸鼎于荆山，而《墨子》耕柱篇谓"昔者夏后开使蜚廉铸采金于山川，而陶铸于昆吾。"铸鼎与铸金，当为一事，是昆吾似又曾由许以迁于荆山。荆山者，为楚之先王熊绎所居，故昆吾之族，实有迁于荆楚者。

按昆吾之族有己姓，《国语》郑语云"己姓昆吾。"又《左传》哀公十七年传，谓昆吾之虚有戎州己姓，余以为己与杞为一字之变体，卜辞杞又作异，故己氏当即杞氏，而异氏当即己姓昆吾，故余以为杞有南迁之事。

如前所述，杞族余裔曾有一部分留在楚之北境方城附近，但据曾侯钟铭文所示，则鄫似又有南迁荆楚之事。铭文云：

> 惟王五十有六祀，徙自西阳，楚王章韵，作曾侯乙宗彝，置之于西阳，其永时用享。

按铭文中，曾侯当即鄫侯，西阳所在，虽无可考，但在楚之境内而又曾为曾侯所居，则无可疑。铭文中楚王章韵，古物铭谓即楚惠王，因楚之诸王，唯惠王在位五十七年，故以此钟为惠王所作。余以为不论此钟为何王所作。而楚之曾铸此钟、置之西阳，以为永享曾侯之宗彝，则系实有其物。楚既为曾侯作宗彝，则曾侯必为楚之祖先，而又置之于西阳，则曾侯必与西阳有关。故余以为鄫亦有南迁荆楚之事。

吾人由杞、鄫南迁的事实，始了然于楚之族有"昆吾"与"会人"，盖"昆吾"即"杞"，而"会人"即"鄫人"也。此二族者皆为南迁荆楚之夏族。故余以为楚为夏族。

五 鬼方为诸夏之族

当夏之末季，曾有一部分夏族，在殷族压迫下，退回西北老家。《史记·匈奴列传》索隐引乐产《括地谱》云：

> 夏桀无道，汤放之鸣条，三年而死。其子獯鬻妻桀之众妾，避居北野，随畜移徙，中国谓之匈奴。

王国维氏《鬼方昆夷猃狁考》谓鬼方、昆夷、猃狁、獯鬻并是匈奴的异称，因疑此西退之族，即后来之匈奴。[①]余以为此西退之族即殷时之鬼方，而鬼方不是匈奴。因为匈奴为停留于蒙古高原之原住种族，而鬼方则为进入中原以后的夏族之退回西北者。前者中国史上称为北狄，而后者则被称为西戎。

鬼族在夏族中，为一最大的氏族。他们在夏代曾以伊洛为中心，而分布于山、陕、河南交界处一带。故这一带到春秋时，尚有鬼州之称。《左传》昭公四年传云：

> 四岳、三涂、阳城、大室、荆山、中南，九州之险也，是不一姓。

以上所谓九州，实即鬼州之讹。所谓是不一姓，即指诸夏之族。

这一带的种族在春秋时尚称鬼州之戎。《左传》昭公二十二年传云：

> 晋籍谈、荀跞帅九州之戎，……以纳王于王城。

此所谓九州之戎，亦即鬼州之戎。

如前所述，直至殷代洛阳附近尚有九侯城。此九侯城，亦即鬼侯城，盖鬼族集中之地也。

由此足证鬼族曾一度入据中原，到殷族进入中原以后，又退回西北，成为殷族可怕之敌人。殷族曾发动不少的战争，以进攻此可怕之敌，企图对夏族作犁庭扫穴之举。但是鬼族的力量，亦甚强大，所以传说中说他们之间曾经发生过长期战争。《周易》《既济》爻辞云："高

---

① 王国维：《鬼方昆夷玁狁考》，载《观堂集林》卷十三。

宗伐鬼方，三年克之。"又云："震用伐鬼方，三年有赏于大国。"卜辞中亦有"乙酉卜，鬼方囚，五月"的记载。直至周代，鬼方仍居西北，并与周族发生不断的冲突。《竹书纪年》武乙三十五年条云："周公季历伐西落鬼戎。"盂鼎及小盂鼎皆有"王口盂以口口伐兾方"的记载，梁伯戈铭文中亦有"鬾方蠻（即蛮字）"的字样。[①]从这些记载中吾人可以看出鬼方在周之"西落"，而且在《诗经大雅》中将鬼方与中国对称，如云"内奰于中国，覃及鬼方"。[②]故知鬼方在周时，仍为西陲强族。所以在殷时东夏虽亡，而鬼方犹在。

周金中有虎方彝，又周南宫中鼎二三两器铭文皆有"惟王命南宫伐反虎方之年"的记载，此外《左传》哀公四年传亦有"楚人既克虎夷"的记事。余疑虎方或虎夷即鬼方或鬼夷。

按虎字甲骨文中有各种书法，如 𤝣 𤠕 𤢆 𤢱 𤣥 𤣩。金文中亦有各种书法，如 𤤰 𤥂 𤥷 𤦅。甲骨文与金文的虎字，虽有各种书法，但有一相同之点，即皆系模写虎之大头、巨口、利齿、长尾与其条纹或斑纹之皮毛。以后虎字在金文中又缩写为 𤧧 及 𤨛，前者仅存其口，后者仅存其头。亦犹羊字之作 𤩤，牛字之作 𤪰，皆系以局部之特征而象征其全体，此乃文字进化过程中必然之变化。余因此而疑鬼字即虎字。盂鼎及小盂鼎中鬼方皆作兾方，梁伯戈中鬼方作鬾方，以上兾、鬾二字，一为鬼从戈，一为鬼从攴，其为鬼字之变体，实无可疑。按鬼字从由，从儿，《说文》中谓：由，鬼头也。余以为非是。因由即 𤫎，乃虎头也。而儿乃虎尾与虎纹也，故鬼字即虎字。其从戈或从攴者，乃表示以戈或其他武器搏伐虎方之意。如尚盘中虎字亦作叟，而学者释叟为畏，乃系大误。余以为鬼字畏字皆系虎字之变体，因虎为可畏之猛兽，故后来借虎为畏。殷人敬畏鬼神，故又借虎为鬼。实为鬼字即虎字，故鬼方即为

---

① 王国维：《梁伯戈跋》，载《海宁王静安先生遗书》所收《观堂别集》卷二。

② 《诗经》卷七《大雅·荡之什》。

虎方也。

虎方为夏之苗裔，吾人于南宫中鼎铭文中，可以获得一些暗示。如前所述南宫中鼎二三两器铭文皆记载南宫伐反虎方之事，而第一器铭文，则记载太史括怀土之事。铭文曰：

> 惟十有三月，庚寅，皆在寒，王在寒，师，师王命太史括怀土曰："中兹怀人内史，锡于武（武）王作臣，今括里汝怀土，作乃采……"

余以为以上铭文所记之事，与第二三两器铭文中所纪伐反虎方之事必有关系，因而余疑"王命太史括怀土"与"王命南宫伐反虎方"，或系同指一事。准此以论，则太史应即南宫，即虎方当在怀土。按《左传》定公四年传曾有赐怀姓九宗于唐叔而封于夏虚的记载，则铭文中所谓赐于武王作臣的怀人，或即怀姓九宗之人？而赐于太史作采之怀土，或即怀姓九宗之土？果如此说，则怀土应在夏虚，而怀人又即虎方之夷，是则虎方为夏之遗裔，实有可征。

总上所述，余疑鬼方即虎方，而虎方又为虞氏之苗裔。因为虞为以虎为图腾之夏族中的一个原始氏族，其后分化，皆以虎命名。其在中国者，如虢如魏，其在东南者，如吴。而鬼方则为虞族之退回西北者。司马迁读《春秋》古文之后，"乃知中国之虞与荆蛮句吴，兄弟也。"余读金文，乃知不仅荆蛮、句吴与中国之虞兄弟也，西戎之鬼以及中原之虢与魏，与中国之虞亦兄弟也。

后 记

当我写成此文后，我对于越族种属的见解有了改变。我以为越族还是南太平洋系人种。因为直到秦汉之际，东南沿海一带尚有"百越"之称。"百越"之称亦犹"百濮"之称，言其族类分化之多也。此等"百越"之族，到春秋末际，其一部分分布于福建、浙江之交者，与蒙古高原系之吴族最为接近。在吴族的文化影响之下，发展成为越国。其他百越之族，则仍然停滞于氏族制度的阶段。所以当时越国的言语，与中国不通。《说苑·善说》载鄂君子皙召人译"越人歌"，其歌曰：

> 今夕何夕兮？搴洲中流；今日何日兮？得与王子同舟。蒙羞被好兮，不訾诟耻；心几顽而不绝兮，知得王子。山有木兮木有枝，心说君兮君不知。①

但原文则为另一种与中国不同之语言。其文曰：

> 滥兮抃草滥予？昌枑泽予？昌州州𩵋。州焉乎秦胥胥，缦予乎昭澶秦逾渗。惿随河湖。

此等文字吾人今日甚难找出其属于何种系统的语言，因为今日苗瑶的语言，与古代亦有差异，而且有地方之分化。但其为属于与中原文化不同之另一文化系统之人种，则可断言也。

战国时，越国散亡，其族类一部分同化于吴人、楚人，而大部分

---

① 参看杨以漟校本（万有文库本）。沈德潜《古诗源》本，中华书局，1963年6月新版，"顽"作"烦"，"知得"作"得知"。

则仍散布于东南沿海一带，分化而为东越、闽越、扬越、骆越等百越之族。到秦始皇时，东降越君，置会稽郡。又略取陆梁地，为桂林、象郡、南海。百越之族，始屈服于北系种族之下。《淮南子》卷十八《人间训》云：

> （秦王）利越之犀角、象齿、翡翠、珠玑，乃使尉屠睢发卒五十万，为五军：一军塞镡城之领，一军守九疑之塞，一军处番禺之都，一军守南野之界，一军结余干之水，三年不解甲弛弩。使监禄无以转饷，又以卒凿渠而通粮道。以与越人战，杀西呕君译吁宋。而越人皆入丛薄中，与禽兽处，莫肯为秦虏。相置桀骏以为将，而夜攻秦人，大破之，杀尉屠睢，伏尸流血数十万。乃发适戍以备之。

由此看来，则此种退处丛薄中宁与禽兽处而不投降的秦代之越人当即古越国之裔，而为今日瑶族之祖先欤？

（重庆《中山文化季刊》一卷二期，重庆中山文化教育馆1943年7月桂林出版1943年11月5日记）

殷族与史前渤海系诸氏族的关系

一　共同的文化——黑陶文化与卜骨文化

在中国新石器时代，今日渤海沿岸一带，正和史前西欧波罗的海沿岸一样，形成了许多以鱼类和贝类之采集为基础的"贝眆型"的氏族社会。他们创造了丰富的新石器文化，在中国的史前时代放出了历史的光辉。

根据考古学的报告，沿渤海湾自南而北，如在今日山东龙山镇的城子崖，黄县的龙口，在辽宁锦西的沙锅屯，在旅顺的老铁山郭家屯，在大连的东老滩、貔子窝、傅家庄、柳树屯以及在抚顺、朝鲜等地，都发现了新石器时代的文化遗址。这些文化遗址说明了在史前时代渤海沿岸已经是中国文化的摇篮地之一。它与由西而东的"夏族"文化平行地发展，走向中国的中原，在相互交流与相互影响之下，形成了中国史前时代文化的丰富内容。

殷族的文化是属于"渤海系"文化之一分支，这是城子崖的文化遗物所证实了的。据李济城子崖发掘报告序云："有了城子崖的发现，我们不但替殷虚一部份文化的来源找到一个老家，对于中国黎明期文化的认识，我们也得到了一个新阶段。"①

李济在序言上又说："城子崖的下层黑陶文化实代表中国上古史文化史的一个重要的阶段，他的分布区域就我们所知道的，东部已达海岸，西及洹水及淇水流域。继续的搜求或可证明更广的范围。"根据若干方面的考证，我以为城子崖的黑陶文化，它的分布区域确实有一个更广的范围。它几乎分布到史前渤海周围的各文化人类之中。它是殷族新石器文化的特征，也是"渤海系"新石器文化的特征。

关于城子崖文化之最主要的特征，李济曾强调地指出："下层文化为完全石器文化，陶器以手制为主体，但已有轮制者。所出黑陶与黄粉陶，技术特精，形制尤富于创造，此类工艺到上层时（春秋战国时），似已失传。"李氏以为这种"城子崖式"的黑陶文化是殷商文化之最古的阶段，亦即后来殷商文化之出发点。

但是这种作为后来殷商文化之出发点的"城子崖式"的黑陶文化，据考古学的指示，不仅存在渤海南岸，也存在于渤海沿岸的其他各处。据安特生在其所著《沙锅屯洞穴层》中报告，这类的黑陶与黄粉陶也发现于渤海西北之沙锅屯。报告书云："第十一版三图所示，与他（陶）

---

① 《城子崖（山东历城县龙山镇之黑陶文化遗址）》序二。国立中央研究院历史语言研究所，1934年南京版。以下所引李济的话均同此。

片有特异处，……初视之，极似黑皮。"①同书又云："单色细陶器……土之结合甚松，以指磨擦，则黄粉屑屑落"。②像这样"极似黑皮"的黑陶与"黄粉屑屑落"的粉黄陶，与"城子崖式"的特征的陶器几乎无甚区别。

同时，据李济说，"城子崖式"的黑陶与粉黄陶系一种"技术特精"的作品，恰恰相同；据安特生的报告，在沙锅屯出土的陶片中，"极似黑皮"的黑陶，其"内外皆磋磨平滑"，其余"淡砖红色"及砖红色"上加黑色绘花"的陶片，也是"细质器"。③

至于制作技术，安特生也说："沙锅屯之陶器，皆用手制，间有一二碎块，似为磨轮制"。④最后就制作的形式而论，在城子崖所发现之鬲足器与碗形器，在沙锅屯乃至貔子窝的遗址中，也有同型的陶器发现。

其次，作为城子崖文化之第二个特征，据李济的报告就是卜骨的发现。他说"由此（卜骨）城子崖文化与殷虚文化得一最亲切之联络。下层兼用牛鹿肩胛骨，上层只用牛肩胛骨。"李济认为"（卜骨）似与黑陶文化有分不开的关系。最显要的证据，就是在我们现在所知道的黑陶文化遗址中，都有卜骨的遗存。"由于卜骨的发现，李氏说："这组文化（城子崖下层文化）包含的意义与仰韶、殷虚及殷虚附近之后冈遗物比较更显明。构成殷虚文化最紧要之成分——卜骨，遂得一正当之归宿。"

据我的考察，这种"与黑陶文化分不开的"而又足以证明"与殷商文化有亲切之联络"的卜骨，也存在于渤海西北岸。据安特生《沙锅

① 安特生（J.G.Andersson）：《奉天锦西县沙锅屯洞穴层》，袁复礼译，载《古生物志》丁种第1号第一册，1923年4月农商部地质调查所，北京印本，第16页。

② 同上书，第17页。

③ 同上书，第12页。

④ 同上书，第12页。

屯洞穴层》报告："九版九图，乃一细长之器，由骨劈裂两边后，将劈裂处磨光而成者，其一端稍窄而圆，他端有裂痕。"安氏所说的这一骨板，我仅看见图片，并没有看见原物；但从其一劈两开，而有裂痕推测起来，可能是作为卜筮用。证之传说，在汉代"（夫余国）有军事亦祭天，杀牛以蹄占其吉凶"。[1]并且同一时代的倭族也有"灼骨以卜，用决吉凶"的风习。[2]由此足证卜骨之风，在史前时代，一定普遍流行于渤海沿岸诸氏族中，而且由此传播到今日之日本。

最后，关于石器和骨器，在城子崖发现的石斧、石锛、石刀、石镞以及骨针、骨锥等在沙锅屯乃到貔子窝都有类似的发现。其他如在属于殷族文化遗址的小屯所发现之贝环，在沙锅屯发现甚多，而且同质同形，皆系细脆易裂的贝壳制成。

总括以上的比较说明，则存在于属于殷族新石器文化中之特征，也存在于渤海周围史前诸氏族的文化中。固然，在相同的社会经济基础之上，可以产生相同的文化创造，但是像以上所指出的那样的类似，则至少有着某种文化的关系。因而我以为殷族的文化与史前"渤海系"的文化，实有其相同的渊源，而且简直可以说殷族的文化是史前"渤海系"文化之一分支，或者也可以说，史前"渤海系"文化是殷族文化之分布。

日人鸟居龙藏有意地从"渤海系"文化中选出某一种他认为具有技术制作上之差异的石镞，而区分石镞为"满洲式"与"蒙古式"，企图从考古学上把渤海的文化与中国古代文化分开，从而达到分离中国各民族团结之目的。他说："石髓质之石镞，经锤击而成者，属蒙古式，其为页岩制而磋磨平滑者，为满洲式。"（转引自安特生：《奉天锦西县沙锅屯洞穴层》）

---

① 《后汉书》卷八十五《东夷传》，中华书局，1965年，标点本，第2811页。
② 同上书，第2821页。

关于鸟居龙藏的谬说，我完全同意安特生的驳斥，安特生说："予以为所用石质不同，则制法自异。吾人在河南所得石镞，皆页岩制而经磋磨者，唯一熔岩制者，则由锤击而成，盖一部落之民族，僻处一隅，只依左近岩石发达其工业，河南与奉天有同式之石镞，或有接触之迹。然予以为鸟居氏'满洲式'及'蒙古式'之别，乃非民族之不同，实由石质之不一也。"（同上）

同时，安特生又说："吾人陶器中常见者，如鬲足等，或鸟居氏亦曾得之。"但鸟居氏对于与中国古代文化相同者则"论述亦不精详"，由此足征鸟居氏之所谓"某式"、"某式"，并非依据古人遗存自身之特征，而是依据其帝国主义侵略之需要。实则"渤海系"新石器文化，乃为同一系统，而且为中国殷族文化之一分支。

二　共同的出发点——易水流域

根据考古学的报告和传说的暗示，我以为殷族与渤海沿岸诸文化民族，不仅有着某种文化上的关系，而且有着人种上的关系。

据周口店山顶洞报告书所示，在中国旧石器时代的末期，今日河北房山县一带有一种人类在那里创造了大约相当于西欧"奥瑞纳期"乃至"马格德林期"的文化，而且带着这种文化开始走向渤海沿岸。这件事实已由山顶洞文化遗址中所发现的海贝证实了，据山顶洞报告书云：

> 山顶洞的海贝之出现是一件最有兴趣的事情。以今日的情形判断，这种海贝可能获得之最近的地方，也须在距洞穴东南二百公里以外。古人要得到他，若非间接由贸易的关系，便须直接到海边去捞鱼。无论怎样得来，他都说明了当时人类的活动范围，至少已经伸展到距洞穴东南二百公里以外的地方。再从洞穴中大批的普通贝

壳和卵形赤铁矿看来，也证明了山顶洞的人，已经扩展到一个广大的区域。

这一徙向渤海沿岸的旧石器时代末期的人类，我以为就是后来殷族及中国史上所谓"东夷"之祖先，关于这一点我们可以提出很多的证据：

第一，殷代的老家是在易水流域，《楚辞》〈天问〉篇云："该秉季德，厥父是臧，胡终弊于有扈，牧夫牛羊？……有扈牧竖，云何而逢？……恒秉季德，焉得夫朴牛？……昏微遵迹，有狄不宁。"[1]《山海经·大荒东经》云"有困民国，句姓而食，有人曰王亥，两手操鸟，方食其头。王亥托于有易，河伯仆牛，有易杀王亥，取仆牛。"[2]郭璞注引《竹书纪年》云："殷王子亥宾于有易而淫焉，有易之君绵臣，杀而放之；是故殷上甲微假师于河伯以伐有易，灭之，遂杀其君绵臣也。"[3]

以上传说中之"王亥"、"王恒"、"上甲微"都是甲骨文中证实了的殷代远祖的名字，因而以"王亥"为中心的这些类似的传说，是具有相当之历史真实性的。关于"王亥"的传说，在古代中国流行甚广，唯由于方言的差异或传写的讹误，把一个人弄成几个人了。如同一"王亥"而《天问》作"该"，《世本》作"胲"，《吕览》作"冰"，《史记》作"振"，但是无论把他叫做甚么名字，他都与"作服牛"及"有易"的故事有关，所以他们都是一个人，即甲骨文中所谓"亥"。据王国维的考证"亥"与"恒"都是"季"的儿子，而"季"则是殷之

---

[1]　《楚辞》卷三《天问》，《湖北丛书》本。
[2]　《山海经》卷十四《大荒东经》，宋淳熙七年池阳斋尤袤刻本。
[3]　《山海经》卷十四《大荒东经》，宋淳熙七年池阳斋尤袤刻本。

祖"冥"。①

至于地名，如"有扈"，"有易"，"有狄"，也是一个地方，即同是"有易"之讹。因"易"与"狄"在古代同为一字。《白虎通·礼乐篇》云"狄者，易也"。又《史记》上之"简狄"，索隐谓"旧本狄作易"。②从而我们知道"有狄"即"有易"。至于"有扈"，据王国维考证："扈字古书多作扈。"③因而以为即"韦扈既伐"之"扈"而以为其地在河南。我以为王氏的这种解释与传说的内容不符，果如王氏之说，则"扈"在最初亦当在易水流域，而为有易族中之一支，后来移徙到河南的，才能解释得通。

总之，这些传说都是暗射着同一历史内容，即殷族的远祖"王亥"还是活动于邻近"有易"的今日易水流域一带。这种传说在现在并且已被考古学的发现证实了。在今日的易水流域之易州曾经发现了被考古学家所称为"商三句兵"的殷族遗存。④证明了殷族之一部，直到铜器时代，还定住在那里。

殷族之向东南渤海湾一带移徙，恐怕是在"季"的时代，亦即传说中"夏少康"的时代。据《竹书纪年》少康十一年"使商侯冥治河"。夏后杼十三年，"冥死于河"。因为在"季"的时代，殷族的一部已经达到今日渤海湾的黄河口一带，所以"上甲微"才能"假师于河伯以伐有易"。

第二，从殷族的移徙过程中，可以看出他们之一部是走向辽东半岛乃至朝鲜半岛，因而渤海北岸的诸文化民族也是从河北平原北部的易水流域出发。关于殷族的移徙，《史记》卷三殷本纪说："自契至汤八

---

① 王国维：《殷卜辞中所见先公先王考》，载《观堂集林》卷九。

② 泷川龟太郎：《史记会注考证》卷三《殷本纪》。

③ 王国维：《殷虚卜辞中所见地名考》，见《海宁王静安先生遗书》收《观堂别集》卷一，第18页。

④ 王国维：《商三句兵跋》，见《观堂集林》卷十八。

迁"。关于这八迁，王国维氏曾有如次之考证：

今考之古籍，则《世本·居篇》云："契居蕃"。契本帝喾之子，实本居亳，今居于蕃，是一迁也。《世本》又云："昭明居砥石"。由蕃迁于砥石，是二迁也。《荀子·成相篇》云："契玄王生昭明，居于砥石，迁于商。"是昭明又由砥石迁商，是三迁也。《左氏》襄九年传云："陶唐氏之火正阏伯，居商邱，祀大火而火纪时焉，相土因之，故商主大火。"是以商邱为昭明子相土所迁。又定九年传"祝鮀论周封康叔曰：取于相土之东都以会王之东蒐。"则相土之时，曾有二都，康叔取其东都以会王之东蒐，则当在东岳之下，盖如泰山之枋为郑有者，此为东都，则商邱乃其西都矣。疑昭明迁商邱后，相土又徙泰山下，后复归商邱，是四迁、五迁也。《今本竹书纪年》云："帝芬三十三年，商侯迁于殷。"是六迁也。"又孔甲九年殷侯复归于商邱。"是七迁也。至汤始居亳，从先王居，是八迁。[1]

据王氏的考证，自契至汤虽八迁，而实则辗转流浪于五个地方，即"蕃"、"砥石"、"商邱"、"殷"、"亳"之间。而同时王氏又以为这五个地方，都在山东、河南之间。但依据传说，则商侯冥以前，殷族似乎尚未达到山东的腹部，故殷族在传说中之"契"、"昭明"的时代，应该还在河北平原以至河北境内之渤海沿岸一带活动，因而所谓"契居蕃"之"蕃""昭明居砥石"之"砥石"，乃至"相土之东都"，都不应该在山东境内。依据其他传说的暗示，殷族之迁徙，既非整族出动，亦非全部南徙，其中有一部分，始终停留于河北。另一部则

---

[1]　王国维：《说自契至于成汤八迁》，见《观堂集林》卷十二，第1页。

沿海而北，即后来甲骨文中之箕方等，而这一支，后来就分化为肃慎，高句丽等，再有一部分，则南徙于山东半岛，乃至于河南东部。所以《左传》昭公九年说："肃慎、燕、亳，吾北土也。"

又根据《诗经·商颂》云："相土烈烈，海外有截"，则在相土之时，殷族的大本营，尚在"海外""有截"之地。关于"有截"之"截"甲骨文作 𢧐。王国维认为"与虎敦之'𢧠'及石鼓文之'𩰚'略同。古文以为载字，殆即《春秋》隐九年伐载之载（其地在今河南归德府考城）"。[①]我不同意王氏的这种考释。因为《商颂》明言"有截"在"海外"，决不能在河南，而且就字的构造上说，甲骨文之 𢧐 从目，而虎敦与石鼓文之二字皆从食，显然各为一字，亦即各为一地。因此我以为在相土时，辽东半岛一定有一个"有截"的氏族，证之《诗经·商颂》云："有截其所汤孙之绪"，则此"有截"与殷族还有其亲近的血缘关系。因此，我以为"契居蕃"之"蕃"以及"昭明居砥石"之"砥石"，皆应在辽东。

此外，甲骨文中有箕方。这样我们又明白了《史记·宋微子世家》所云："武王乃封箕子于朝鲜而不臣也"的历史内容，并非箕子是贤人，更非武王是圣君，其"不臣也"非不欲臣之也，而实不能臣之也，因为那里原是殷族的根据地，在殷族被周族击溃于黄河流域后，一部分殷人之退回老家，这是当然的事。所以《后汉书·东夷传论》云："箕子违衰殷之运，避地朝鲜。"这与武王的"封"、"不封"没有丝毫的关系。

箕子封于朝鲜的传说，不过是暗射着殷末周初，殷族还在继续向辽东半岛乃至朝鲜一带移动的历史内容而已。这种移动并没有经过任何战争，也没有遇到任何抵抗，而只是轻轻在一个"封"字之下便完成了，

---

① 王国维：《殷虚卜辞中所见地名考》，《海宁王静安先生遗书》收《观堂别集》卷一，第17页。

由此足见他们是退回老家。

另外一个传说也暗射着同一历史内容，即"伯夷的故事"。孟子说："伯夷辟纣，居北海之滨"①，《史记·伯夷列传》说："伯夷、叔齐，孤竹君之二子也。父欲立叔齐，及父卒，叔齐让伯夷，伯夷曰：'父命也。'遂逃去。"在这里，孟子说伯夷之逃为"辟纣"，《史记》则谓为"让位"，但不管其为"辟纣"抑或"让位"，而其逃的时间为殷末，其逃的地点为北海之滨，则与前一传说的内容颇相暗合。从伯夷叩马而谏，并谓武王不应以臣伐君，及其"义不食周粟"的传说看来，则伯夷当然是周族的敌人，亦即殷族的义士，所以他在殷亡之后也逃到渤海北岸去了。

由此看来，殷族当走到渤海岸际的时候，他们并不是向同一方面移动，而是一支沿海而北，一支遵海而南。大概在传说中之"相土"的时代，其北徙者则已达到朝鲜半岛，而南徙者亦已定住山东半岛；所以到相土的时代，殷族便有二都，以"蕃"为东都，而以"商邱"为西都，他们虽然隔海相望，但却保持相当的联络，《诗经》云"四海来假，来假祁祁"②。其南徙者在后来则"分迁淮甸，渐居中土"，而北徙者则"巢山处海"，世称东夷。所以他们虽分布于不同的地域，而实则出发于同一地点，即河北之易水流域。因此，我以为他们与周口店山顶洞文化的创造者，有着某种文化的乃至人种的关系。

三　共同的血缘关系及其他

殷族与渤海系诸文化民族之属于同一人种之分布，我们还可以举出如次的证据。

---

① 《孟子》卷七《离娄章句上》。
② 《诗经·商颂·玄鸟》。

第一，他们有着共同的血缘关系，如前所述的海外之"有截"，《诗经·商颂》明言"有截其所，汤孙之绪"，则此"有截"直到汤时，殷族还认为他是同一血缘的氏族，此外《竹书纪年》云少康十一年"使商侯冥治河"，又云：帝杼十三年，"冥死于河"因而我以为《山海经》上所谓"河伯仆牛"之"河伯"，当即指商侯冥而言，亦即甲骨文中之"季"而言，因为如此，所以后来"上甲微"才得以"假师于伯以伐有易"。但据《魏书·高句丽传》云："高句丽者出自扶余，自言先祖朱蒙。朱蒙母河伯女。"如此，则高句丽与扶余之祖，亦出自"河伯"，亦即同为殷之祖"季"的子孙。

第二，他们有着同一的原始氏姓。《左传》昭公元年传云："后帝不臧，迁阏伯于商邱，主辰，商人是因，故辰为商星。"又《左传》昭公十七年传云："宋，大辰之虚也。"大火谓之大辰。按宋为殷之后裔，而《左传》谓为"大辰"之虚，则在春秋时代，殷族尚有"大辰"之称，且有"辰为商星"之传说。而另一方面，据《后汉书·东夷传》云："韩有三种：一曰马韩，二曰辰韩，三曰弁辰……凡七十八国……皆古之辰国也。"如此，则史前渤海沿岸诸氏族，皆有"辰族"之称。其在渤海南岸者曰"大辰"，而在北岸者曰"韩辰"，曰"弁辰"，其实"皆古之辰国也"。

第三，他们有着共同疆域。如前所述，直到春秋时代殷之后裔还记得"肃慎、燕、亳，吾北土也"。肃慎在辽东，则辽东实为殷之北土，盖无可疑。又据甲骨文及传说，殷族在其进入黄河腹部以后，对于西北、西南及东南皆有征伐。如对于西北则征土方、呂方，对于西方"则远征氏、羌、鬼方及周族"，对于西南则"奋伐荆、楚"，对于东南则征芦林媯诸族，甚至达到今日浙江之上虞（据郭沫若考证）。但只有对于东北，则不言"征"而只言"步"，由此足证当时中国东北渤海沿岸一带，实为殷之北土，而黄河流域，实即殷之"邦畿"，其他陕、甘、荆、楚，淮甸则为殷之征服地。所以《诗经·商颂》云"宅殷土芒芒"，又说，殷族的"邦畿"，虽然只有"千里"，然而他却"肇域彼四海"，乃至"奄有九有"。

第四，他们被其他种族视为同一族类，而命以同一的名称。如《逸周书·明堂篇》云："周公相武王以伐纣夷，定天下。"同书《祭公篇》云："用夷居之大商之众。"《左传》昭公二十四年引《泰誓》云："纣有亿兆夷人，亦有离德。"同书昭公四年又云"纣为黎之蒐，东夷叛之。"《墨子·非命篇上》引《泰誓》云："纣夷处不肯事上帝鬼神。"同书《天志篇中》引《泰誓》云："纣越厥夷，居不肯事上帝"。《吕览·古乐篇》云："商人服象为虐于东夷"。《后汉书·东夷传》云："宅是萧夷，曰乃葳谷，巢山潜海，厥区九族"。又曰："夷有九种"，并列举其名。其实所谓"九夷"者，乃"群夷"之谓，并不只九种。殷既被称为夷，当亦群夷之一。

第五，他们有着共同的宗教信仰。殷人崇拜天帝，不仅见于传说，而且见于甲骨文中。前者如《尚书·盘庚上》云："天其永我命于兹新邑"，《盘庚下》云："肆上帝将复我高祖之德"。后者如甲骨文中亦有"伐吕方帝受我又（祐）"之记载。殷人的这种崇拜天帝的宗教信仰，也存在于渤海系诸文化民族中。《后汉书·东夷传》夫余国条云：夫余"以腊月祭天，大会连日，饮食歌舞，名曰迎鼓"。同书濊条云："濊……本皆朝鲜之地也……常用十月祭天，昼夜饮酒歌舞，名之为舞天。"同书韩条云："韩……凡七十八国……皆古之辰国也……主祭天神，号为天君，又立苏涂（《魏志》云苏屠之义，有似浮屠）建大木以县铃鼓（按大木，即图腾柱），事鬼神"。据此则拜天事鬼不仅为殷族特有之宗教信仰，而实为渤海东北诸文化民族之共同的宗教信仰。

第六，他们有着共同的卵生传说。如《论衡·吉验篇》云："北夷橐离国王侍婢有娠，王欲杀之，婢对曰，有气大如鸡子从天而下，故我有娠。"《魏书·高句丽传》云："高句丽者，出自扶余，自言先祖朱蒙，朱蒙母河伯女，为扶余王闭于室中……既而有孕，生一卵，大如五升。"（此传说同样见于高丽好大王碑、高丽王氏朝金富轼撰《三国史记·高句丽东明王本纪》及《清太祖武皇帝实录》等书）。《搜神记》卷十四云："古徐国宫人娠而生卵，以为不祥，弃之水滨，有犬名鹄苍，衔卵以归，遂生儿为徐嗣君。"顾颉刚氏以为以上诸民族之卵生的传说，都是从《商颂》中："天命玄鸟，降而生商"的殷族原始卵生传说中分化出来，因而认为殷族与东方沿海一带民族有着某种关系。我以为顾氏所指出的这一点，是值得注意的，固然以上的诸传说，在本质上都是反映原始群婚时代知有母而不知有父的历史内容，但反映这种内容的方式甚多，而"渤海系"诸文化民族，则皆以卵生说为中心，这就证明他们有着同一的传说。

总上诸点，所以我以为殷族与"渤海系"诸文化民族不但有着某种文化的关系，而且有着某种人种的关系。因为篇幅的限制，在这里只能提示一个简单的意见，其详当于拙著《中国史前社会史》中申论之。

（重庆《群众》七卷五期，1942年3月28日出版）

南宋初年黄河南北的义军考

一　从动员义军到解散义军

1126年，即宋钦宗靖康元年，金人由河北、山西两路南侵。

在山西方面，金将粘没喝（粘罕）攻陷恒、代、太原、泽、潞、汾、晋，渡河而南，进陷西京（洛阳）。当金兵进薄平阳，平阳叛卒导金兵入南北关。粘没喝叹曰："关险如此，而使我过之，南朝可谓无人矣。"①

---

① 《大金国志》卷四。

在河北方面，金将斡离不攻陷真定、怀、卫、浚、滑，渡河而南，直逼汴京（开封）。当金兵渡河时，"宋师在河南者，无一人御敌"。金人笑曰："南朝若以二千人守河，我岂得渡哉！"①

在此金兵两路渡河，兵临城下的紧张形势之下，于是钦宗采纳了耿南仲、李邦彦、吴敏、李梲等的意见，派遣耿南仲为河东割地使，使于粘没喝。聂昌为河北割地使，使于斡离不。

但当时，大河以上，义军蜂起：在山东则张仙众十万，张迪众五万。在河北则高托山号三十万，二三万者不可胜数。在山西，则忠义豪杰，遍据山寨。他们都主张抵抗，反对割地。所以耿南仲至卫州，百姓不纳。聂昌至绛州，州人杀之。据《三朝北盟会编》云："耿南仲与金人王汭至卫州。……南仲独至卫州城下，守臣徐凌欲出城迎见，百姓不许。云：'门下与虏人同行，不可令入城'，闭城不纳。南仲遂往相州"。（卷六六）"聂昌往河东割地，……虏使偕行。至绛州……绛人怒昌割地……百姓攻之，执昌同虏皆杀之"。（卷六七）

李纲深知民气甚愤，可因以制敌；同时，"既遣使矣，虏骑薄城，京师围闭"。欲以义军之力，解京师之围。因上疏谓："（河东河北）两路士民所以戴宋者，其心甚坚。皆推豪杰以为首领，多者数万，少亦不下万人"。②请号召河北义军勤王。于是钦宗慨然下诏曰：

> 咨尔河北之民，与其陷于蕃夷，各宜自愤，抱孝怀忠，更相推立首领，多与官资。监司守土帅臣，与尔推诚结集，北道州军，自以为保守疆土，使予中国不失于蕃夷。天下平安，朕与汝等分土共享之。朕言及此，痛若碎首，故兹诏示，宜体至怀。③

---

① 《大金国志》卷四。

② 《宋史·李纲传》。

③ 《三朝北盟会编》卷七四。

于是张所即冒围以蜡书驰赴河北，招募义军。据李纲《建炎进退志》云："蜡书至，河北士民皆喜曰：'朝廷欲弃我于夷狄，犹有一张察院欲救我而用之乎？'应募者凡十七万人"。由此足见河北人民抗敌情绪高涨之一斑。

同时，傅亮带领三万人，由河北应诏驰赴汴京勤王。于是李纲遂举张所、傅亮二人招抚河北义军。

不久，汴京陷落、徽、钦被掳。金人立张邦昌为楚帝，在汴京建立了一个傀儡政府，而以徽、钦及在汴皇族与大量的子女玉帛卷而北走。于是康王即帝位于归德，南渡临安，是为南宋高宗。康王即位之初，以中原沦陷，二帝被掳，颇有收复失地、复仇雪耻的雄心。他曾经转战河北，深知义军可用，故毅然于建炎元年八月八日及十四日，两次下诏，号召义军。其诏有云：

> 近者使臣来自朔部，审问两路守臣，义不爱生，誓以死守；贼虽凭恃犬羊之众，敢肆攻围，而能卒励士民，屡挫丑虏。其忠义军民等倡义结集以万计，邀击其后，功绩茂著，朕甚嘉之。夫河北、河东，国之屏蔽也，朝廷岂忍轻弃。靖康之间，特以金人凭陵，不得已，割地赂之，将以保全社稷，止兵息民。而金人不退，攻破都城，易姓改号，劫銮舆以北迁，则河北、河东之地，又何割焉？已命将遣帅，以为应援。两路州县官守臣及忠义之士，如能竭力捍御保有一方，及纠集师徒，力战破贼者，至建炎二年，当议酬其勋庸，授以节钺。其余官军吏兵等，第加优赏。应赋税货财，悉许移用；官吏将佐，悉许辟置，朝廷更行量力应副。为国藩屏，以昭茂功。[1]

---

① 《三朝北盟会编》卷一〇八。

金人北去，宋都南徙，政府以宗泽留守汴京。"时敌骑留屯河上，金鼓之声，日夕相闻，而京城楼橹尽废，兵民杂居，盗贼纵横，人情汹汹"。而宗泽"据形势，立坚壁二十四所于城外，沿河鳞次为连珠寨，连结河东、河北山水寨忠义民兵"。①迅速恢复了汴京的秩序，巩固了沿河的防御。并且"招集群盗，聚兵储粮，结诸路义兵，连燕、赵豪杰，自谓渡河克复，可指日冀。有志弗就，识者恨之"。②

从以上的史实看来，在汴京沦陷后的一瞬间，南宋朝野上下，实有一致抗敌的精神，但可惜不久以后，黄潜善汪伯彦之徒执政，便企图偷安江左，苟延性命，一意屈辱，割地赔款，称臣进贡。于是一面窜李纲于琼州以谢金人；另一面，又于建炎元年十月下令："罢诸路召募溃兵忠义等人，及寄居官擅集勤王兵者"。③当此之时，宗泽曾慨然上疏曰："自敌围京城，忠义之士，愤懑争旧，广之东西，湖之南北，福建、江、淮，越数千里争先勤王。当时大臣无远识大略，不能抚而用之，使之饥饿困穷，弱者填沟壑，强者为盗贼，此非勤王者之罪，乃一时措置乖谬而致耳。今河东西，不从敌国而保山寨者，不知凡几？诸处节义之夫，自黥其面而争先救驾者，复不知其几？此诏一出，臣恐草泽之士，一旦解体，仓卒有急，谁复有愿忠效义之心哉！"④以后汪伯彦等欲献媚于金人，更进一步指勤王者为盗贼。宗泽又上疏云："今河东、河西……节义丈夫不敢顾爱其身而自黥面，争先救驾者几万数人，今日陛下以勤王者为盗贼，则保山寨与自黥其面者，岂能自顾耶？"（《三朝北盟会编》卷二五）又云："但见刑部指挥云，不得誊播赦文于河之东、西，陕之蒲、解者，是褫天下忠义之气，而自绝其民也！"⑤

---

① 《宋史·宗泽传》。

② 《宋史·宗泽传》。

③ 《宋史·高宗本纪》。

④ 《宋史·宗泽传》，《三朝北盟会编》卷二五引此疏甚详。

⑤ 《宋史·宗泽传》。

二　普遍全国的"忠义巡社"

当时义军之所能蓬勃地兴起弥漫大河南北，决非偶然。

首先是政府的几次号召，激发了沦陷区域人民爱护祖国的热忱。因当"时乃割地之初，以大河为界。北方盛传南帝亲征，民间往往私结徒党，阴置兵器，以备缓急。沿河州郡，尤为谣言所惑，至于昼为罢市，夜或披衣以伺风声者"。①河北的人民，期望以自己的斗争，迎接祖国的北伐军"使予中国不失于蕃夷"。

其次，由于金人的严刑重赋，使人民穷无所归。据《大金国志》云：

> 太行之士，有自宋靖康之末，上山保险者，至今不从金国。其后又因严刑重赋饥馑逃亡，及豪杰乘时而起者，比比有之。（卷十）

又据《三朝北盟会编》云："耿京怨金人征赋之骚扰，不能聊生……与其徒六人入东山，渐次得数十人，取莱芜县，有众数百……自此渐盛。"（卷二四九）

又据《大金国志》云："最甚者，天会（金人年号）八年春，以人口折还债负，相率上山者，动以万计。"（卷十）

最后金人下"削发变服"的命令。据熊克《中兴小纪》云："金人分河间、真定二府为河北东西两路；平阳、太原二府为河东南北两路。去中山、庆源、信德府号，皆复旧州名。百余军垒，亦多改焉。下令禁

---

① 《大金国志》卷十一。

民汉服及削发，不如式者皆死。”（卷七）

又《三朝北盟会编》引宗泽疏云：“今河东河西，不随顺蓄贼，虽强为剃头辫发，而自保山寨者，不知其几千万处。”（卷一一五）同书卷一二二又引马扩书云：“时方金人欲削南民顶发，人人怨愤，日思南归。又燕地汉儿，苦其凌虐，心生离贰，或叛逃上山，或南渡投降，自河以北，各传蜡书，皆约内应。”

在以上的种种情形之下，于是黄河以北的人民，便相率揭竿而起，联村结寨，以反抗金人的野蛮征服。他们组织了历史上有名的“忠义巡社”、“红巾”等，在山西、河北、山东以及淮北一带，结成大大小小的山寨水寨，与金人展开激烈的斗争。

“忠义巡社”最初是人民自动组织的，各地与各地不同。刘时举《续宋中兴编年资治通鉴》卷一有云：“河朔之民，愤于贼虐，自结巡社，乃定河北忠义巡社法。”以后政府曾经一度计划统一他们的组织，并加强其与地方政府与军事当局间联系。据《建炎以来系年要录》载：三省枢密院奏云：

> 诸路民兵为忠义巡社，令宪臣提领。张悫之为户部尚书也，建言：河朔之民愤于兵乱，自结巡社，请依唐人泽潞步兵三河子弟遗意，联以什伍，而寓兵于农，使合力抗敌。且从靖康诏旨，以人数借补官资。仍仿义通增修条画，下之诸路。未及行，会许翰与东京西路安抚大使兼知东平府权邦彦继以为言。乃以忠义巡社为名，仍自本院参酌立法行下。其法：五人为甲，五甲为队，五队为部，五部为社，皆有长。五社为一都社，有正副。二都社有都副总首。甲长以上免身役。所结及五百人已上，借补官有差。即有功或艺强及都总首满二年无过者，并补正。犯阶级者杖之。岁冬十月，按试于县，仍听守令节制。岁中巡社增耗者，守

二令尉黜陟皆有差。（卷八）

但是不久，张浚便建议朝廷，谓"巡社不利于东南"，请政府取消东南的巡社。他说："臣窃谓往岁巡社之举，无益于御寇，只以召乱。而况东南之人，其不可为兵也明矣。一发其端，其害甚大。"[1]

政府接受了张浚的建议，于是下诏："陕西、河北巡社依旧，余路均罢。"

"巡社之不利于东南"，如果如张浚所谓："东南之人，不可为兵"，此乃不通之论。若谓"一发其端，为害甚大"，则又未免过虑。然而巡社之取消，实有其原因。即因当时各地巡社移用"应赋税货财"，因而增加了豪富的负担。据《系年要录》有云：

> 始朝廷以诸州禁兵不足，乃集民兵，置巡社，又增射士以助之。已而言者以为巡社不利于东南，既罢之，犹存十分之一。至是（建炎元年六月），朝请大夫王诲言，海陵一县，应留巡社六十三人，而岁敷民间庸钱六千三百缗，利害可见。民兵之法，凡坊而产钱千缗，乡村田三顷，并出一夫，岁租之入或不足供办，而点丁之际，尽取其力穑之人，此尤拂于人情。（卷二四）

当时东南巡社，业已奉命组织，广之东西，湖之南北，江淮闽浙，忠义之士争先恐后，"聚集兴宋"。一旦被迫解散，遂相率而为"群盗"。如荆湖的孔彦舟，襄阳的张用，江淮湖湘的李成，湘赣边境的曹成，蕲阳的刘忠，洞庭的杨么……他们各人都聚集着大批的义民，自由行动。因而李纲、韩世忠、岳飞等大将，便不能不从前线走到后方，以

---

[1]　张浚：《中兴备览议》。

与江南群盗相周旋，据《系年要录》卷三一："郴州永兴县所捕乡民，皆面刺'聚集兴宋'四字"。自从"江南群盗"起，于而遂有金人第二次之大规模的南侵。

三　王彦的"八字军"

太行山是当时义军的一大根据地。因为太行山介在山西、河北之间，山西、河北的人民，都向那里集中。据熊克：《中兴小纪》卷十九云："自靖康以来，中原之民不从金者，于太行山相保聚。"

在当时太行山中，并不只是一个山寨。在那里，先后建立山寨的有王彦、梁兴、梁青、韦铨、张横、齐石、武渊、贾敢、石子明、陈俊等，而其中尤以王彦所领导的八字军，最为有名。

关于王彦的八字军：据《三朝北盟会编》卷一一三云："彦收散亡得七百人，保共城县西山，常虑变生不测，夜则徙其寝所。其部曲曰：'我曹所以弃妻子冒乃死以从公者，感公之忠愤，期雪国家之耻耳。今使公寝不安席，乃反相疑耶，我则非人矣。'遂皆面刺'赤心报国，誓杀金贼'八字，以示其诚。彦益自感动，大树威信，与士卒同甘苦。未几，两河响应，招集忠义民兵首领，如傅选、孟德、刘泽、焦文通等一十九寨，十余万众，绵亘数百里，金鼓之声相闻。自并、汾、湘、卫、怀、泽间倡议讨贼者，皆受彦约束。禀朝廷正朔，威震燕代。金人患之，列成相望，时遣劲兵挠彦粮道，彦每勒兵以待之，且战且行，大小无虑数十百战。斩获银牌首领、金环女真，及夺还河南被掳生口不可胜计。"

同书卷一一四云："金人时锐意中原，特以彦在河朔，兵势张甚，未暇南侵。一日虏帅召其众酋领，俾以大兵再攻彦垒。酋领跪而泣曰：'王都统寨坚如铁石，未易图也。必欲使某将者，愿请死不敢行。'其为虏所畏如此。"

王彦的八字军在太行山下，曾于建炎元年十一月、二年四月两次大败金人。后来宗泽以"彦虽盛，然孤军无援，不可独进"乃召王彦回东都。东都沦陷后，王彦便南归了。

关于梁兴：据《宋史·岳飞传》云："绍兴六年，太行忠义社梁兴等百余人，慕飞，议率众来归。……又命梁兴渡河，纠合忠义社……梁兴会太行忠义及两河豪杰等，累战皆捷，中原大震。"又《建炎以来系年要录》卷九七亦云："荆襄招讨使岳飞言，太行山忠义社梁兴百余人，欲径渡河，自襄阳来归。时金人并力攻兴，故兴以精骑突而至飞军前。上曰：'果尔，当与官以劝来者'。"

关于梁青：据《大金国志》卷十二云："义士梁小哥（即梁青）有众四千人。"曾攻陷平阳府的神山县。金人派总管判官郑奭去迎击他，但"金军遥见小哥旗帜不敢进。继有都统马五者，领契丹铁骑五百至，责奭逗奋，并将其军，与小哥战，亦败死"。[1]

关于韦铨：据《建炎以来系年要录》卷一〇五云："河东山寨如韦铨辈，虽力屈就金人招，而据险自保如旧，亦无如之何，羁縻之而已。一旦天师渡河，此辈必为我用。"

关于张横：据《中兴小纪》卷十九云："初，太原张横者有众二万，往来岚宪之境。岚宪知州同知领兵一千五百人，入山捕之，为横所败，两同知被执。"

关于齐石武渊贾敢等：据《建炎以来系年要录》卷四七及《大金国志》卷七载："天会九年……河东南路都总管萧庆招降太行红巾首领，齐石、武渊、贾敢等送于粘罕，罕尽杀之于狱。"

关于石子明：据《三朝北盟会编》卷一四一云："太行义士石子明

---

① 熊克：《中兴小纪》卷十九。

与金人汉军八万户侯韩常战于真定，大败常军。"

　　陈俊据《系年要录》卷一九二云："（金主）亮肆虐既久……及将用兵，又借民间税钱五年，民益怨愤……于是中原豪杰并起……太行陈俊唱义集众。"

　　从以上的史实看来，太行山的义军，自从齐石、武渊、贾敢被金人诱杀以后，再也没有一个投降的了。他们虽据太行，分道驰逐，剿击于山东、河北诸州郡，给金人以心腹之患。他们之中，有些是直接受政府军的指挥，如王彦的八字军与宗泽的关系。有些则与政府军保持相当的联络，如梁兴、梁青、韦铨等之响应岳飞的北伐。有些则在客观上帮助政府军的攻守。据《系年要录》卷一〇五云："岳飞措置甚大，今已至伊洛，则太行一带山寨必有通谋者，自梁青之来，彼意甚坚，……河东山寨如韦铨辈……一旦王师渡河，此辈必为我用。"又据《宋史》所云，他们与韩世忠也保有密切关系。《韩世忠传》云："初，世忠移屯山阳，遣间结山东豪杰，约以缓急为应。宿州马秦及太行群盗，多愿奉约束者。"此外他们与地方民众，也保有密切的联络。地方民众并且供给他们的粮食。因此金人迁怒于附近地方的民众。《大金国志》卷八云："天会十二年……河东南路都总管蒲路虎捕太行义士，以绛州翼城村民多有输其粮者，于是屠近山四十村。"

　　可惜后来宗泽忧愤而死，岳飞为卖国贼秦桧所杀，而韩世忠亦罢置闲散，于是太行山的几十万忠义之士，遂先后为金人所消灭。

四　马扩的"五马山寨"

　　除太行山的义军之外，其次就是五马山的义军，这支义军的领导者是宋朝的武功大夫和州防御使马扩。据《系年要录》卷四载，当太原沦陷后，马扩被派到真定募兵，为安抚使刘鞈因私仇所囚。真定破，马扩才"自狱易服出奔，窜西山和尚洞"。又据《北盟会编》卷九〇云：
"时两河义兵，各据寨栅，屯聚自保，众请推马为首……与金人相拒，
或一日十数战。"又云："与虏人战……马被执。……斡离不曰：'尔
非南朝宰相，又非大将，何自苦如此。我久知尔忠义，我国家内除两府
未可仿外，尔自择好官职为之。'马曰：'某世受国家爵禄，今国家患
难，某宁死不受好官。'经数日复来说马。马曰：'必不得已，愿求田
数百亩，耕而食之，以终父母之寿。'斡离不许之。"

　　以后马扩又奔回五马山，再整旗鼓。据前书卷一一五云："（马）
复奔诣五马山寨，诸寨闻之喜跃，复推马扩为首。是时传闻信王在金人
寨中，隐于民间，自称姓梁，为人点茶。马扩一夕率兵劫金人寨，夺迎
以归，遂推奉信王为首。时两河忠义，闻风响应，遥变旗榜者，约数
十万人。"

　　马扩以为威信既立，基础既固，须与政府取得联络，于是南诣行
在，投表乞师请命。他不知当时汪伯彦、黄潜善当国，不欲与金战，而
且对于他奉信王为首，更为疑忌。结果拨得乌合之众数千，等到他回
到大名府，而五马山的大本营，已为金人所陷落。据《北盟会编》卷
一一六引续自叙云：

　　　　时汪伯彦、黄潜善为相，既疑且忌，遂遣数千乌合之兵付马
　　以行；又有洺州弃城军兵民兵到泗州者，有旨拨五百人随马扩往河
　　北应援，信王密授，朝廷反相防闲。十羊九牧，左疑右忌，未至大
　　河，诏旨络绎，令一人一骑，不得渡河，听诸路帅臣节制。马知其
　　掣肘，谓不可以成事矣，遂屯于大名以俟之。

　　轰轰烈烈的五马山，由于汪伯彦等等摧残，结果数十万义军全军覆
没，信王不知所终。而对于马扩，则既不给以军饷，又复中以谣言，终

于罢免其军职。据《北盟会编》卷一一八云：

> 先是马扩以节制应援兵马使，集诸军欲大举收复陷没河北州郡，师次馆陶，闻冀州已陷，金人犯博州，皆彷徨仿不敢进，其副任重与统制官曲襄、鲁珏、杜林，望风奔溃还朝，共肆谮诬，以迎合当时之意。扩军士乏食，众汹汹以顿兵不动为言，马遂帅众往攻清平，金酋挞懒郎君与目窝里合喵兵往并攻清平。……清平人开门降金人，掩马扩之背，马敛兵退，众皆散乱不整。马以事不可济，乃由济南归。……马到行在，自上表待罪。褫二官，并罢其兵职。

马扩败后，五马山上，还继续有过两次义军的活动。据《宋史·信王榛传》：在"绍兴元年，郑州有杨其姓者，聚众千余，自称信王"，可惜为"镇巡使翟兴觉诈，遣将斩之以闻于朝"。

在杨姓者之后，五马山又出现了一个义军领袖沙真。据《系年要录》卷四十九云：

> 都督行府言五马山车股寨忠义首领沙真遣其徒赵元来白事，乃补进义副尉，令复往抚谕。

但是这已经是金人势力更盛的时代，人民鉴于马扩的惨败，已经没有那样的热烈了，所以结果也就没有把这一支义军扩大起来。

五　山西、山东、淮北、辽东与
湖北的"山寨"与"水寨"

除了太行山、五马山的义军以外，在山西、河北、山东、安徽、江苏、湖北还有很多的义军。他们结成了许多山寨和水寨，与敌人作长期抗战。

现在我们先说山西的山寨。山西的山寨有史可考的，有五台山的山寨、神稷山的山寨、西山的山寨。

（一）五台山的义军，起于太原被围的时候，前后两次援应太原，都失败了。

第一次是庞僧正所领导，据《北盟会编》云：

> 先是统制武汉英将禁军三千人救太原。以兵少，遂来真定，见（刘）鞈，不语。汉英至五台山见庞僧正，说庞僧正聚集本山僧，行往代州，欲劫金人之军。未出五台山界，遇金人，战不胜。汉英走入平定军瑜珈寨。（卷四八）

第二次是僧吕善诺、杜太师所领导。据《北盟会编》云："初，太原城中有将官杨可发者……擦城出，欲招集人解围，到盂县，约有众千余。忽逻得三人，乃繁峙县东诸豪杰，不肯顺番、差往探太原事者。可发遂随三人至五台山北繁峙县东天延村，招军马，四十余日，得二万余人，以五台山僧吕善诺、杜太师为先锋，将到繁峙县东十里铁家岭，遇金人，大战，至晚，众皆散去。"（卷五一）

（二）神稷山的义军，领导者为解州人邵兴，曾在山西南部晋绛一带与金人展开激烈的战斗。据《北盟会编》卷一〇四云："解州民邵兴据神稷山，屡与金人战，大破其军。邵兴字晋卿，解州安邑人也。靖康，金人犯晋绛，兴因起兵为盗，人呼为邵大伯，据解州神稷山，屡与金人战。金人执其弟翼以招之，兴不顾其弟，饮泣死战，大破金人之兵。"

（三）文水的义军，为保正石颏所领导。虽不久亦归失败，其至死不屈的精神，实堪师表后代，据《朝野遗纪》云："文水县西有山险可据，保正石颏聚众据之。时抄虏游骑，且断其运道，数夜犯其小寨。粘罕怒，遣重兵合攻之，遂擒颏，钉于车上。将剐之，已枑刃股，而色不变，奇之。好谓曰：'能降我，以汝为将。'颏怒目骂曰：'爷能死，不能降！爷既姓石，石上钉橛，更无移易也。'罕怒，寸磔之，骂不绝声而死。"

其次说到山东方面的义军。山东方面的义军最多亦最强。《系年要录》谓："山东大姓，结为山寨以自保。"（卷八七）《齐东野语》亦谓："山东河北，连城慕义。"（卷十九）由此可见山东义军之多。又据《中兴小纪》云："刘豫自去冬起，登莱密三州兵，与敌众合犯山东之忠义军寨，失利而去，遂广造战船以张威，又送旗榜伪报，欲间众心；统制官范温收系其使。"（卷十二）由此可见山东义军之强。他们的力量几乎可以消灭伪齐皇帝刘豫的傀儡政府。据《刘豫事迹》罗诱语刘豫云："且民心日夜盼故主之来。所赖大金威惠，因无异心。使彼议和成，将不我援；则豪杰四起，不待赵氏之兵，而齐已诛矣。"

山东的义军之所以多而且强，第一是由于在那里有刘豫的伪组织，激动了人民的反感；其次则是因为山东的义军与韩世忠、岳飞等容易保持联系。当"韩世忠移屯山阳，遣间结山东豪杰，约以缓急为应"。[①]又岳飞亦曾遣山东忠义领袖李宝"合会山东忠义人立功"。[②]当时山东的山寨甚多，可惜有史可考的，只有徂徕山与石额山两个山寨的简单纪录。

---

① 《宋史·韩世忠传》。
② 《建炎以来系年要录》卷一三二。

关于徂徕山的义军《中兴小纪》及《系年要录》均有记载，其领导人为吴给、孙亿。据《系年要录》卷一八所载，吴、孙二人都是宋朝的官吏。吴任承议郎，充徽岳阁待制，知东平府。孙任朝奉郎，直龙图阁，知袭庆府。"初，吴给之在都司，以论事件黄潜善，罢居须城。及金人既得兖、郓二州，给与亿义不臣金，率军民据徂徕山为寨，数下山与金战。"又《中兴小纪》亦云："初，敌攻东平、袭庆二府……（吴给、孙亿）并于徂徕山（今山东泰安县东南）建筑保聚两处军民，又累下山与敌战。"

关于石额山的义军，《系年要录》只云："光州（今山东掖县）土豪张昂独率民军据仙居县之石额山为寨。事闻，诏授昂忠翔郎，忠义兵民统领。"（卷五一）而不及其他。

河北方面的义军，大率都以太行山为根据地。因为河北沦陷最早，已为金人主力军屯聚之所，故对人民的压力亦大，义军不易立足。但除太行山之外，见于史乘者，还有西山的义军。据李纲《建炎进退志》云："有朝请郎王圭者，真定府（今正定）人。真定既破，率众数万保西山，屡胜金贼。闻上即位，自山寨间道来献其谋，正与朝廷同，能道河北事尤详。有旨除直秘阁，招抚司参谋官，使佐留行在，又二十余日而后行。"（上之下）自然，当时河北豪杰之起义勤王者，不仅真定一处，因与政府不通声气，因而史无所记。但从李若水《乞救河北山东书》中，亦可看出当时河北义军之一斑。书中有云："又于山下，见有逃避之人，连绵不绝。闻各集散亡卒，立寨棚以自卫，持弓刀以捍贼。金人数遣人多方招诱，必被剿杀，可见仗节义，力拒腥膻之意。"

淮北方面，亦为敌骑蹂躏之地，所以淮北人民，亦多结寨自保。唯淮北无高山峻岭可据，故多结水寨。据《中兴小纪》卷十七云："淞汪居民，旋造屋为肆，敌虽对岸，略不畏之。时承、楚、泰三州，各有水寨民兵，合力击敌。庚戌，上谓宰执曰：'淮民不能安业，今又遭敌骑，乃力奋忠义，不忘国家，实我祖宗涵养之力。宜与放十年租税，仍拨钱米助之。'赵鼎曰：'陛下德泽如此，人心益固，国祚亦长矣。'"至于当时水寨之可考者，只有孟健所领导的涟水军南寨。据《系年要录》卷二七云："先是太学博士孟健，自海州率民兵数千勤王，至涟水（今属江苏）南寨，因留焉。逮攻之数月，及陷，健与其家皆死。"此外，安徽凤阳人王维忠，曾在凤阳韭山结寨抗金。据《北盟会编》卷一三八云："王维忠，濠州钟离县农家子也，字移孝。总角有大志，兄弟三人，惟忠最幼……军兴，上有诏许民自保，维忠乃据韭山为寨，与乡人共守。韭山有洞，可容老小数千。维忠屡与张文考、史康民战。金人以孙兴来知濠州，管属县镇，皆听兴伪命而用天会年号。兴遣人招维忠，独不从。至是维忠率众弃韭山寨，归于招信县刘位。位令维忠为左军统领官。韭山寨垒石为城，周匝四里，又作大寨七里，环绕之，战御之具稍备，民之愿来依者凡万余人。维忠选强壮充兵，韭山之势，巍然而立，外百余，群山统之。"

此外，在辽州则有韦忠佺、宋用臣、冯赛，"自军兴，即与徒保聚山谷，数与金人战"。并向政府"乞兵渡河"。（《系年要录》卷三六）在陕西则有丹山寨，"金人所命知慈州刘度破丹州（宜川）义士孙韩于山寨，降其卒三十人，尽杀之"。（同上卷六六）在湖北则有均州山水寨，"武翼郎知均州武钜，筑山水寨，结土豪起义军，自为攻守计，不借朝廷军需刍粟等"。①

---

① 《中兴御侮录》卷上。

六　黄河以北的"义士"与太行山上的"红巾"

除山水诸寨以外，当时黄河以北义士民兵之揭竿而起以抗金御侮者，亦前仆后继，接踵而起。如洺州义士赵士晤，曾聚民军数万，攻破金兵于洺州，杀死投降金军的守臣王麟。[1]易州义士刘里忙，曾集南北忠义之士万余人，袭击金人于易州。[2]获鹿义士张龚曾与五马山马扩、赵邦杰结合，先后克复真定、燕山。[3]玉田义士杨浩，于建炎元年入玉田山中，与北僧智和禅师聚众万人，企图"横行虏中，决报大仇"。[4]和州义士龚楫，以家僮百余人及乡人二千余袭破金兵万人于新塘。[5]兴元义士王庶集兴元诸县良家子弟号曰义士，以各县县令为军正，以壮士为军副，聚众御敌。[6]此外，如河州民军尤为勇敢。据《系年要录》卷一九七云："金合兵万余围河州，城中百姓计曰：'前日之民南归者，金尽屠脍，我脱之，即一宁河也（宁河寨名，金人屠之）岂有全理？不如告谕城中父老，相与死守，犹有千一活。'即籍定户口，男子升城，女子供馈，郡有木浮图，高数百尺，众因撤木为碾械。……居三日，贼退。"

像以上这些义士的起义，虽然都是激于义愤，以取快于一时，而没有计划地去支持并扩展他们的斗争，但由此亦足见当时人民敌忾之一斑。

此外，南宋初年，北方的人民，又多到处结为"红巾"，攻城陷邑，皆奉建炎年号，为金人所痛恨。当时山西、河北、山东皆有"红

---

① 《建炎以来系年要录》卷七。
② 《三朝北盟会编》卷九八。
③ 《三朝北盟会编》卷九八。
④ 《三朝北盟会编》卷九八。
⑤ 《宋史》卷四五二。
⑥ 《中兴小纪》卷十一。

巾"。

山西的红巾，据《中兴小纪》卷二所载："时河东之民心怀本朝，所在结为红巾，出攻城邑，皆用建炎年号。见有脱身南归者，往往助以衣粮，且言：'只俟天兵过河，亦不须多，当借声势尽执敌人戮之。'金众之在河东者，稍稍迁以北去。金之兵械，亦不甚精；但心协力齐，奋不顾死，故多取胜。然河东与习熟，略无所惧。是年于泽潞之间，劫左副元帅尼雅满寨，几复之；故金捕红巾甚急，然不能得其真，则捉平民以塞责。有举村被害者，故强壮者多奔以逃命，而红巾愈盛矣。"

河北的红巾，据《宋史》卷四四九《魏行可传》云："魏行可……充河北金人军前通问使，仍命兼河北、京畿抚谕使。时河北红巾贼甚众，行可始惧为所攻，既而见使旌，皆引去。"

由此可见当时红巾在山西、河北一带，具有很大的力量。照"金人捕红巾甚急，然不能得其真"一语看来，他们的组织，似乎很严密。又从金军通问使"惧为所攻"看来，则当时红巾之反对妥协投降，又可想见。又据《中兴御侮录》卷下有云："红巾蟠结山东"，是山东亦有红巾。

红巾的根据地，大概在太行、中条两山之中。据《系年要录》所载：金人曾"招降太行红巾首领齐实、武渊、贾敢等，送于宗维，尽杀之于狱。"（卷四七）又云："又报河东北中条山一带，不放人入山，恐藏红巾。"

可惜宋朝政府竟以红巾为盗贼，而不誉播赦文。实际上诚为御史中承许翰所奏："臣闻西北之民，人人相语曰：'吾属与其为虏，则南相作贼，死且为中原鬼，使三镇之众，发愤怨怼，人人为寇，攘作小变也。'"①又如《北盟会编》所云："马率麾下五百人沿路转河朔，皆大盗据要险，马每至，辄单骑诣其寨，谕以信王请兵之意，且与结约同效

---

① 《靖康要录》卷三。

忠义，盗皆踊跃欣从。"（卷一一六）

总而言之，当时黄河南北的义军，有各种各样的旗帜，如忠义巡社、山寨、水寨、义士、民兵乃至红巾等，他们的旗帜虽然不同，而其袭击金人，保卫祖国的精神，则是相同的。当时义军的数目，虽无法统计，但即以太行山一处而论，已有数十万人，合计其他各地的义军，当在百万以上。唯此起彼仆，不能保持长久。但他们对于牵制金人的南进，却尽了不少的力量。可惜他们本身既无一定的组织与计划，而又不为朝廷所重视，以致结果，或则自动解散，或则为金人所消灭。虽然，当金主亮大举南侵之时，河北、山东一带的义民又到处蜂起以乘其后，如大名之王友直，东平之耿京，山东之李宝、王世隆、赵开，淮北之崔唯夫、董臻，都先后起义，卒使金人不能得逞于江南。这些不顾生死以捍卫民族国家的忠义之士，都是今日中国民族儿女最好的榜样。

（重庆《中苏文化》第八卷第五期，1941年5月20日出版）

两宋时代汉奸及傀儡组织

一　最好的历史教材

中国历史上最惨痛最耻辱的一幕，是宋代的历史。"明耻教战"是中国一句有名的格言，所以这一段历史，对于目前正在抗战中的中国人民，是一个最好的教育材料。

在结束了"五代十国"长期的混乱局面之后，中国曾经建立大宋王朝的统治（960—1279）。但这个统治，不但给中国带来了社会的变动，也带来了民族的屈辱。由于这个政权所执行的一贯的妥协与投降的政策，遂使中国北部的诸游牧民族——契丹、女真、鞑靼——轮流更替在中原建立了辽、金、元的统治，时长400余年。这种统治一直到今日以前572年大明王朝的建立（1368），才结束。

　　在五六百年后的今天，中国历史，又几乎重新走上这一类似的阶段。今日中国的政府，紧接着北洋军阀十余年割据混战以及帝国主义势力深入与错杂于中国的混乱局面，这与宋朝紧接着五代十国几乎是相同的。今日中国的政府，在历年来遭受帝国主义的压迫，也与宋朝相似。不过历史决不是循环的，今日的帝国主义，是高度发展了的文化民族，这与宋代的诸游牧民族在本质上是不同的；今日的中国政府，是具有抵抗外族侵略决心的革命政府，这与宋代官僚的腐败政府，在本质上又是不同的。因此，中国今日的历史，在形式上，虽与宋代历史颇有类似之处，而在本质上，则是在新的历史基础上所形成的新的历史局面。不过，无论如何，宋代几百年的沉痛历史，总是我们中国民族一个深刻的教训，我们决不能漠视这种教训。反之，应该以这种可宝贵的历史教训，提高我们的警惕。当着我们中国的人民大众在亚细亚的原野树起了反抗日本法西斯侵略的大旗的时候，当着我们民族解放战争接近于胜利的时候，尤其当着我们民族内部的汉奸、卖国贼汪逆等正在进行组织统一的傀儡政府的时候，我们提出宋代的历史，是具有深刻而重要的意义的。

二　从变法与反变法到主战与主和

　　要了解宋代的历史，首先要了解大宋王朝政权的性质。我们说过宋代的统治是承继着五代十国大混乱的局面之后。中国的生产，已经遭受了空前的毁灭，农业人口的死亡与逃散，引起了土地的荒芜，土地垄断的破坏，失业的农民形成了庞大的"盗匪"集团或则被雇佣而为士兵，他们不断地袭击和抢劫，加之北方民族的统治者对宋朝施行一般的无慈悲的榨取，在这种情形之下，中国的社会经济遂开始其崩溃的过程。

在社会经济矛盾发展的过程中，农民的斗争，显然以破坏土地垄断为其手段，而其目的则是彻底地发展其小生产者的经济。这些新兴的小生产者，在当时形成了庞大的社会力量，他们厌倦封建战争，要求安定生活。在这种历史基础上及反映出来的群众心理或意识形态，便具体地体现为历史上所谓"黄袍加身"。其次，在小生产的经济基础之上，展开了宋代的都市经济。它们要求打破唐代遗留下来的"藩镇制度"。这种制度给与商业发展以许多障碍，所以这种群众心理，便具体地体现为历史上之赵匡胤的"杯酒释兵权"。因此，我们可以说，宋代的政权，是完全建筑在小生产的经济基础之上。但这里所言，也不过指一种主导的形态而已。

在政治上，一方面以农业小生产为趋向的王安石以变革土地关系的资格而展开了变法运动。另一方面，维持土地垄断一派，则以司马光为领袖而形成其政派，这种政派后来分化为"蜀社"与"洛社"。王安石变法中的"免役"与"青苗"，这正是小生产的迫切要求，然而同时也是农民的要求，因此小生产者就借此把农民抓住在自己的手中，以巩固并扩大其优势。但是终于在各方反抗之下，王安石的变法归于失败。小生产的经济政策虽然失败，但他们的社会经济的地位并不因此而动摇。所以终两宋之世，他们在政治上的纷争，是一直持续着的。

从宋代现实的政治演进中我们可以看出这以下的趋势，从王安石变法开始以后又有韩绛、吕惠卿等继起，以及王安石之再度执政。此后又有吴充、王珪、蔡确、章惇、张璪等，更后又有蔡确、韩缜、章惇等之继续执政，一直到神宗以后，才构成妥协政权，即蔡确、韩缜、章惇与司马光、吕公著等的混合内阁。更后便进一步发展为文彦博、司马光、吕公著、吕大防、范纯仁等人的政权，这就是历史家所歌颂的"元祐之政"。自宋代南渡以后，由于南方残存的大生产的势力之加入，遂使小生产在政治的地位逐渐削弱。

在两宋时代，不但有内政方面的纷争，而且也有对游牧民族之南侵的和战的国策的斗争。我们试一翻阅两宋的历史，主和派则有李邦彦、张邦昌、唐恪、耿南仲、刘豫、胡安国、汪伯彦、秦桧、董宋臣之流。主战派则有李纲、种师道、吕好问、吴价兄弟、吕文德、岳飞、韩侂胄、郑清之、文天祥等文吏或武官。

三　从依赖政策到投降政策

宋代的主和派为甚么要主和？很显然地他们是想凭借外力，来推翻他人的政权，以巩固他们的统治。这种事实，在中国历史上，是屡见不鲜的。我们常常可以看见，每当中原的社会经济秩序发生变动，社会的利害冲突锐化的时候，便招致边境民族的侵入。虽然每一次这样的侵入，都有其客观条件之历史的必然，然而其中有不少的次数，却是王朝的内部的败类，为了支持个人的或集团的利益而引致的。为了镇压或消灭自己的政敌或农民叛变，他们便不惜引入外力，甘愿与外力勾结，妥协以至于投降。他们企图用外力来解决国内的矛盾，然而结果却是千篇一律，不但国内矛盾不能解决，反而加上了一个种族矛盾。宋代的历史就在这种交织中发展，诸游牧民族就在宋代政治不一致，不统一的隙缝中，获得其突飞猛进之发展。结果是宋代的政派并倒，鞑靼帝国出现。

宋代游牧民族之侵入，固然有其客观的原因，然而使这些游牧民族之得以顺利地向中国内部进展，深入以至长期地巩固下去，则当时内部的不团结与汉奸对外的投降政策，替游牧民族肃清了侵略的道路。

所谓客观的原因，就是经济上的原因。我们知道，自汉唐以来，中国西北东北方面游牧种族的生活必需品，大部分都仰给于中原，无论采取夺掠的形式抑或是交换的形式，而其取给于中原，则是同一的。宋代统一中原后，一方面驻兵西北以防守游牧民族之侵袭；另一方面，其商业交通，却完全转向于东南之海洋方面。这样对于游牧民族，几乎是施行经济的封锁。

交换关系既已中断，于是游牧民族便不能不加紧其对中国物品掠夺之军事行动。所以游牧民族的南侵，在最初，与其说是政治的意义，毋宁说是单纯的掠夺意义。从这每次议和条件中，可以看出。据《宋史》所载：

宋真宗时，宋辽和议，宋岁贡辽银十万两，绢二十万匹。

仁宗时，宋辽和议，宋岁贡辽银增十万两，绢增十万匹。

仁宗时，西夏献地请和称臣，但要求宋年赐银、绢、茶等二十余万。

徽宗时，宋金和议，宋年贡金银二十万两，绢二十万匹，外加燕京代税钱百万缗。

钦宗时，除此岁贡外，金又索金五百万两，银五千万两，牛马万头，绢帛百万匹。

以后高宗、孝宗、宁宗时，宋对金之岁贡，迭有增加。自然在徽宗以后，他们对中国的军事掠夺，已渐次失去其原意；他们已把单纯的军事掠夺，转化为疆土占领与政治收夺了。

从主观方面说来，石敬瑭为支持其封建的割据，割燕云十六州与契丹，以邀一日"儿皇帝"之荣宠，使契丹在内地获得其军事上之根据，又为侵入之基础。这与几年前殷汝耕之冀东伪组织，有其同样的历史意义。但是假使当时宋代的政府乘契丹势力尚未巩固之时，加以打击，未始不可将契丹驱逐于燕云之外；然而不此之图，他们的对外政策，一开始便是依赖主义，他们却有一种幻想，希望女真替他打退契丹，收复失地，而自己却空出手来拼命搜刮农民，以其搜刮之一部作为贡奉献女真。女真利用中国的金钱，击溃契丹，但却将燕云十六州据为己有，而建国曰金。然而即使如此，假使宋朝的内部一致团结，共同赴敌，则尚可以建威以消金人之萌；然而不此之图，却仍然贯彻其妥协投降政策，不断供给敌人以金钱与粮食，使敌人坐大于河北。殆至1127年，金人攻陷汴京，北宋君臣，毫无抵抗；康王更仓皇南渡，以求偏安。

　　康王南渡以后，宋朝尚拥有江南广大的领土与人民，假使利用现有的物力与人力，从事抵抗，则宋代的历史，未必即结束于异族之手。乃不此之图，而当时民族败类，却反而主张投降到底，受金册封，而为其臣属。他们按年缴纳岁贡以求支持其偏安江左之残局。这些贵族只看见自己的利益，而忘记国家与民族。他们南渡以后，由于统治地域的缩小，益加强其剥削的程度。于是一般农民在岁贡与军费的浩大负担之下，变为穷无所归。据《宋史》的记载，当时岁贡为银绢各二十万。运费总额达八千万贯，官僚薪俸之开支为钱一千六百九十六万贯，金一万四千八百七十两，银六十二万两。这些巨额的开支，当然是羊毛出在羊身上。据《宋史》记载，当时农民除负担田赋以外，还有称为"加耗"的田赋附加税，有丁口税和许多苛捐杂税。此外还有所谓"和买"，这种"和买"最初是政府出钱收买，以后便变成无代价的贡物。在这种苦痛的负担之下，当时农民的生活，便陷于极端的悲惨，据《宋史》记载："势官富姓，占田无限；兼并冒伪，习以成俗，重禁莫能止焉。"又说北宋既如此，南渡以来，更进展矣。"强宗巨室，阡陌相望，且多无税之田。"（卷一七三）又说："乱亡之后，田庐荒废，诏有能占田而倍入租者与之，于是腴田悉为豪户所占，流民至无所归。"（卷二九五《谢绛传》）同时，封建贵族及官僚把矿山在"收归国有"的美名之下据为自己所有，据《宋史·食货志》所载，宋代有金、银、铜、铁、铅、锡等矿区冶金所、矿务所二百余所，在皇祐年间（1050年前后），政府所收的矿税，年额为金15 095两，银219 829两，铜5 100 834斤，铁72 412 000斤，铅98 151斤，锡330 695斤，水银2 200斤，后来到元丰年间，更有增加。

由此我们可以看出，当时宋朝民族败类为甚么主张投降，因为他们深深知道，假使抗战，则社会经济秩序必然多少有些变动，尤其民不聊生，这对于他们的投降政权，是难保没有危险的。为了继续支持其对江南农民的压榨，为了继续利用投降政权以扩大其自己的私图，他们不得不投到敌人的怀抱，转而假借敌人的威胁以敲诈民众。没有民众基础之投降的南宋政府，是宋朝亡国的根本原因。

四　从张邦昌刘豫的傀儡政权到秦桧的汉奸政府

现在，我们转向具体的历史事实，宋代的投降派是如何反对当时的抗战派，最后是如何把抗战派抑压下去，而贯彻其亡国灭种的主张。

在宋朝投降派中，虽然有不少的人物，然而起重大作用的，则为刘豫、张邦昌与秦桧。这三个历史上的民族败类，虽同为投降派，但却以不同的姿态出现于当时的历史舞台。刘豫则以傀儡政权而出现，张邦昌则以敌探出现，秦桧则以政治汉奸而出现。不管他们怎样出现，而其同为汉奸则一也。这正与今日他们的后辈王克敏、梁鸿志、汪精卫等之汉奸活动的形式，如出一辙。不管他们的作风如何不同，而其同为出卖祖国，出卖民族则一也。

据《宋史·刘豫传》云："刘豫字彦游，景州阜城人也。世业农，至豫始举进士，元符中登第。……政和二年召拜殿中侍御史……宣和六年，判国子监，除河北提刑……建炎二年正月，用恚荐除知济南府……是冬，金人攻济南……因遣人啖豫以利……遂蓄反谋，杀其将关胜，率百姓降金。百姓不从，豫缒城纳款。……"

《张邦昌传》云："钦宗即位……金人犯京师，朝廷议割三镇，俾康王及邦昌为质于金以求成。会姚平仲夜斫金营，斡离不怒责邦昌，邦昌对以非出朝廷意。……既而康王还，金人复质肃王以行，仍命邦昌为河北路割地使。初，邦昌力主和议，不意身自为质。及行，乃要钦宗署御批无变割地议，不许。又请以玺书付河北，亦不许。时粘罕兵又来侵，上书者攻邦昌私敌，社稷之贼也。"

由此，我们知道，刘豫、张邦昌皆为公开卖国之傀儡汉奸，并不假借任何幌子，以求掩饰。所以金兵入汴后，只承认"异姓"如张邦昌者"堪为人主"。同样日寇入北平后，亦只承认"中国人"如王克敏者"堪称傀儡"。此种汉奸，在当时作恶之力并不甚大，因为他们早已在民众面前现出了汉奸的原形，从而他们也就早已失去其对民众的影响。

在当时，汉奸中最有反动作用的还是秦桧。秦桧不仅是一个彻底的投降主义者，而且还希望假借外族的力量消灭自己的敌人——抗战派——的力量，以求在异族的支持之下，保持其私利与统治。至于他的出卖国家与民族的技术，也比刘豫、张邦昌高明得多。他始终巩固自己在宋朝政府中的地位，用他的政治地位，去尽量阻碍抗战，消灭抗战。而在表面上，则巧妙的装出一副忠君爱国的样子。这在目前的汉奸中只有汪精卫近似之。汪精卫不仅承继了秦桧的投降主义，而且发展了他的投降主义。秦桧隐藏在康王左右，而汪精卫则隐藏在党的机构中。秦桧在最初以主战言论伪装自己，而汪精卫在抗战初期亦以"爱国主义"伪装自己。汪精卫超越于秦桧的地方，即他能集汉奸之大成，形成"统一"（？）的傀儡组织，彻底地实现敌人以"中国攻中国的阴谋"。而这一点则是秦桧引为遗恨的。

据《宋史·秦桧传》云："靖康元年，金兵攻汴京，遣使求三镇。桧上兵机四事：一言金人要请无厌，乞止许燕山一路；二言金人狙诈，守御不可缓；三乞集百官评议，择其当者载之誓书；四乞馆金使于外，不可令入门及引上殿。"因此，设无后来之事实，则谁能谓秦桧不与岳飞同为中国历史上之民族英雄？至少又谁能识其为出卖国家与民族之首魁!

在同传中又云:金兵陷汴京,百官共议立张邦昌事,桧进状曰:"桧荷国厚恩,甚愧无报。今金人拥重兵,临已拔之城,操生杀之柄,必欲易姓,桧尽死以辨。非特忠于主也,且明两国之利害尔。赵氏自祖宗以至嗣君,百七十余载。顷缘奸臣败盟,结怨邻国,谋臣失计,误主丧师,遂至生灵被祸,京都失守,主上出郊,求和军前,……恭为臣子。今乃变易前议,臣安忍畏死不论哉?"从这一段话看来,我们深信"大奸似忠"的格言之正确。证之目前的事实汪逆精卫等,在发表卖国的宣言以前,又何尝不是满口的为国牺牲,民族革命。这些古今的汉奸,他们之所以作伪,主要的是要借此等待更好的投机机会,借此以取得中国人民之信仰,在中国政治上建立其威望,以取得敌人方面之重视。

事实上,秦桧不仅是投降主义的执行者,而且是首倡者。本传云:"始,朝廷虽数遣使,但且守且和,而专与金人解仇议和,实自桧始。盖桧在金廷,首倡和议,故挞懒纵之使归也。"由此看来,可见宋朝在最初还是一面交涉一面抵抗,而转向绝对的投降主义,则是秦桧之主张也。

本传又云:"上召直学士院綦崇礼入对,示以桧所陈二策:欲以河北人还金国,中原人还刘豫。……洎金使李永寿、王翊偕来,求尽还北俘,与桧前议吻合。识者益知桧与金人共谋,国家之辱未已也。"由此看来,秦桧一面承认刘豫之傀儡组织,一面承认金人之武装占领,而最无耻的,则是隐藏在宋朝的政权内,执行金人之阴谋。

事实上,秦桧到后来,也公开地显露其汉奸面貌,本传云:"粘罕行军至淮上,桧尝为之草檄。"可惜当时的民众愚暗,不能即时与以铲除。所以当着岳飞等抗战队伍坚持抗战时,他便尽量与以打击,使之不能实现。据《宋史·岳飞传》云,飞手疏言"金人所以立刘豫于河南,盖欲荼毒中原，以中国攻中国，粘罕因得休兵观衅……"又云："国家都汴，恃河北以为固，苟冯据要冲，峙列重镇，一城受围，则诸城或挠或救，金人不能窥河南，而京师根本之地固矣。"又云："中原地尺寸不可弃，今一举足，此地非我有。他日欲复取之，非数十万众不可。"从这些建议中，可以看出岳飞在当时，已经彻底地指出敌人以中国攻中国的政治阴谋，指出敌我的形势，指出抗战的重要性，然而可惜所得的是"不报"二字。不但如此，岳飞并且深刻地指出要使抗战胜利，必须尽可能的改善人民生活，以为巩固大后方之前提。本传云："飞奏襄阳等六郡，人户缺牛粮。乞量给官钱，免官私逋负，州县官以招集流亡为殿最。"这样的建议当然更不能为投降者所接受。最后，岳飞并向康王指出汉奸的阴谋，坚决主张立即北伐。本传云："康王即位，飞上书数千言，大略谓，'陛下已登大宝，社稷有主，已足伐敌之谋，而勤王之师日集。彼方谓吾素弱，宜乘其怠击之。黄潜善、汪伯彦辈不能承圣意恢复，奉车驾日益南，恐不足系中原之望！臣愿陛下乘敌穴未固，亲率六军北渡，则将士作气，中原可复。'"然而"书闻，以越职夺官"。由此，我们知道，当时抗战派的一切主张，皆为投降派所阻抑所破坏，而康王则不过当时投降派用以抑压和残害抗敌将士与民众的傀儡。

所以一等到岳飞等抗战派在军事上走向胜利的时候，投降派就走向他的直接任务——向着他所恐惧的抗敌将士进攻，毁灭了他们用人民血肉所换来之光辉的胜利成果，用抗敌将士的头颅，作为投降敌人的礼物。他们为了支持自己集团的政权，不惜把整个民族化为奴虏。

据《宋史·秦桧传》云："张俊克亳州，王胜克海州，岳飞克郾城，几获兀术，张浚战胜于长安，韩世忠战胜于泇口镇。诸将所向皆奏捷。而桧力主班师。九月，诏飞还行在，沂中还镇江，光世还池州，锜还太平……于是淮、宁、蔡、郑复为金人有。以明堂恩封桧莘国公。十一年，兀术再举取寿春，入庐州。诸将邵隆、王德、关师古等连战皆捷。杨沂中战柘皋又破之。桧忽谕沂中及张俊遽班师……自是不复出兵。"同时桧尽收诸将兵权，消灭抗战派的力量，以减轻敌人侵略的障碍。最后则以极无耻的手段，制造虚伪谰言，诬杀反对投降至为坚决之岳飞等民族英雄，摧毁抗战救亡战线，毫无廉耻地大胆执行敌人灭亡宋朝的阴谋，作敌人之内应。在几百年以后的今日，我们读史至此，尤不禁为之发指。不幸今日，又出现了汪精卫之流，其出卖民族，出卖国家，如出一辙，这真是无独有偶之民族败类。

关于秦桧之卖国行为，已成历史陈述，然而对于汪精卫之卖国叛党，通敌求降，乃至正在进行中之傀儡组织，则是目前的事实。两宋的历史，在中国史上虽然是一幕悲剧，然而却给吾人以一个最大的教训。他至少教训了我们，在反对侵略的斗争中，第一必须从自己的民族的阵线中，肃清汉奸、卖国贼以及妥协、动摇与投降的分子；其次必须巩固抗战的武装组织，并提高对敌人汉奸之残害的警觉性；最后而又是最重要的，则是必须要巩固民族内部之团结与统一，一心一德，对付共同的民族的敌人。因此民族的大团结，反汉奸的斗争与加强抗战的武装组织，是我们今日争取抗日胜利最基础的条件。

在抗战两年零九个月的现在，我们已经有了强大的抗战力量，坚强的抗日的民族意识。然而同时也是汉奸活动登峰造极的时期。这些汉奸，他们每天每时都在企图消灭抗战力量，残害抗日爱国的分子，以求达到彻底卖国的目的。凡秦桧之所为者，今日的汉奸皆优为之。据《秦桧传》云："桧两居相位，凡十九年，劫制君父，包藏祸心，倡和误国，忘仇致伦。一时忠臣良将，诛锄略尽。其顽钝无耻者，率为桧用，争以诬害善类为功。其矫诬也，无罪可状，不过曰谤讪，曰指斥，曰怨望，曰立党沽名，甚则曰有无君心。凡论人章疏，皆桧自操以授言者。识之者曰：'此老秦手笔也。'察事之卒，布满京城。小涉讥议，即捕治，中以深文。又阴结内侍……"我们读史至此，不觉骇然于几百年之前，中国的汉奸手段之卑劣，一至如此。以此而推知今日汪精卫等汉奸之所为，当有过之，无不及也。

　　现在，正当汪精卫傀儡组织成立的时候，也正是日本法西斯"以华攻华"的政策开始有计划施行的时候，我以为这一段历史，画出了中国的汉奸，同时也教训了中国民族抗战的人民。在今日，蒋委员长领导之下，深信，不但两宋的悲剧不会重演，而且两宋的惨痛历史，将成为我们今日争取民族解放彻底胜利的启示。

（重庆《中苏文化》第六卷第二期，1940年4月25日出版）

元代中原人民反对鞑靼统治者的斗争

一 南宋政权覆灭以后

　　自1279年鞑靼种族在忽必烈的指挥之下覆灭了南宋王朝以后，直至1368年鞑靼统治在中原之最后颠覆为止，其间历九十年，整个中原地区皆沦为蒙古帝国属领之一部。

　　在这将近一世纪的历史时代中，汉族人民反抗鞑靼的斗争，只是有时高潮有时低落，但始终没有停止。当时的人民，都能利用不同的环境，运用不同的形式，组织叛乱，发动叛乱，不断的打击鞑靼的统治。

　　叛乱的形式，虽表现为多样的类型，但一般地说来，不外宗教的与非宗教的两种。前者，如《元史》上所载弥漫黄河流域的"弥勒白莲教匪"或其他"妖贼"；后者，如《元史》上所载的"江南群盗"或其他"山贼"。如果前者是隐蔽在宗教运动之内的叛乱，则后者是以复兴大宋或赤裸裸地以夺取生活资料为目的的叛乱。这些叛乱在当时鞑靼统治者看来，当然是盗匪；但在我们今日看来，却正是一种具有种族的主义性质的革命斗争。

即因这种叛乱，具有革命的性质，所以遭受元代政府残酷的剿灭，流出了不少的鲜血；但是血的屠杀，不但不能停止这种叛乱，反而使前驱者的血迹，作了继起者前进的指标。斗争此起彼伏，继续在血泊中发展，竟与鞑靼在中原地区的统治相始终，终于发展成为元末汉族人民反对鞑靼统治的大叛乱。因此，我们以为贯通整个元代的"弥勒白莲教匪"与"江南群盗"，是元末大叛乱的前驱运动。他们粉碎了鞑靼在中原地区的统治，并从而替朱元璋肃清了龙飞九五的大道。

二　鞑靼统治者对汉族人民的种族压迫

贯通元代九十年中的长期叛乱，从其继起性与持续性上看来，他们决不是几个"妖人"、"贼僧"、"道士"或"大老"所能煽动起来，更不是几张"符咒"、"妖术"，或"空言"所能持续下去的，而是由于当时社会经济的现实，压迫着人民走向叛乱，继续叛乱。

根据若干可靠的史料，指明了当鞑靼人侵入中原的当时，其本身的社会属性，还是一种氏族制（自然不是典型的）的机构。所以在其征服中原以后便以其氏族制的历史原理与中原固有的封建制的历史原理合流，而在中国构成一种氏族制与封建制之社会经济的混体。因为它具有氏族制的机构，所以它的压榨带着浓厚的种族的性质；又因为它在以后的发展中，逐渐转向封建制，因而它的压榨，同时又是封建性的。一言以蔽之，元朝政权的性质，是一种种族主义的封建政权。即因为如此，所以鞑靼对汉族人民的压榨，不仅是个人对个人的，而且是种族对种族的。

首先说到种族的压迫。

第一，剥夺汉将的兵权。据史籍所示，在南宋末年，曾有不少汉族的败类，响应鞑靼人对南宋的军事进攻；并且组织伪军，从征江南，而为其前驱。但以后这些败类，都被剥夺兵权。如山东清乐社首史家，曾从鞑靼人建立大功，到至元三年，元世祖便借口李璮之变，以董文炳代史氏两万户"史氏子瓁即日解兵符者十七人"。①又如易州西山东流叧首张柔，曾从鞑靼扫荡河朔，驰驱荆楚，但以后，也不得不"罢……子弟之在官者"。②从此兵权遂尽入鞑靼统治者之手，大批汉族败类，虽有佐命之功，结果走狗与狡兔同烹。

第二，解除汉族人民的武装。在鞑靼征服中原以后，南宋的国军，虽然瓦解，但弓矢马匹，却散入民间。为了彻底根绝汉族人民的反抗，于是遂三令五申，禁止汉族人民执持武器及养马匹。如《元史》卷十三《世祖本纪》云：至元二十二年，"分汉地及江南所拘弓箭兵器为三等：下等毁之，中等赐近居蒙古人，上等贮于库。有行省、行院、行台者掌之；无省、院、台者，达鲁花赤、畏兀、回回居职者掌之。汉人、新附人，虽居职，无有所预"。卷十五《世祖本纪》云："近括汉人兵器，臣（汪惟和）管内（巩昌）已禁绝。"卷十六《世祖本纪》云：至元二十七年，"江西行省言：吉、赣、湖南、广东、福建，以禁弓矢，贼益发"。卷二十四《仁宗本纪》云："（仁宗即位之初）申禁汉人持弓矢兵器田猎。"卷二十八《英宗本纪》云：至治二年，"禁汉人执兵

① 《元史》卷一五五《史天泽传》，中华书局，1976年标点本，第3670页。以下所引《元史》均用此版本，不另注明。

② 《元史》卷一五六《张弘范传》。

器出猎及习武艺"。卷二十九《泰定帝本纪》云：泰定二年，"申禁汉人藏执兵仗。有军籍者出征则给之，还，复归于官"。卷三十九《顺帝本纪》云：至元三年，"禁汉人、南人、高丽人，不得执持军器，凡有马者拘入官"。卷四十《顺帝本纪》云：至元五年，"申汉人、南人、高丽人不得执军器弓矢之禁"。关于马之禁令，《元史》卷十四《世祖本纪》云："括诸路马。凡色目人有马者，三取其二；汉人悉入官，敢匿与互市者罪之。"卷十九《成宗本纪》有云："诏民间马牛羊，百取其一，羊不满百者亦取之，惟色目人及数乃取。"这样一来，汉族人民，遂变成赤手空拳的俘虏了。

第三，严密的武装镇压。鞑靼在征服全中国之后，为了便利统治起见，在中国建置一中书省及十一行中书省。又在行省之下置路一八五，府三三，州三五九，军四，安抚司十五，县一一二七，构成其层叠的等级统治。[1]据《多桑蒙古史》云："诸省及一班行政官署，皆以蒙古人或外国人为之长，伊斯兰教、基督教、佛教等教信徒皆有之，其隶帝室者居其泰半。"[2]又云："数省置一宗王镇之，每省置万户一人，承理财省之命，征收课税，下有理财省之掾吏四人佐之。"[3]此外，在四川常驻一军，在湖广常驻三军，在各省置镇守军。《元史》卷十九《成宗本纪》云：大德元年，"各省合并镇守军，福建所置合为五十三所。江浙所置合为二百二十七所"。更于沿江沿海交通要塞，广设所戍。其沿江者，据卷十五《世祖本纪》云：至元十九年，"分军戍守江南，自归州（今宜昌西）以及江阴至三海口，凡二十八所"。卷十九《成宗本纪》云："世祖抚定江南，沿江上下，置戍兵三十一翼。"其沿海者，据卷十六

---

① 《元史》卷五十八《地理志》。

② 多桑：《多桑蒙古史》，冯承钧译，上册第三卷第4章，中华书局，1962年，第328页。本文以下所引用书皆用此版本，不另注明。

③ 《多桑蒙古史》上册，第329页。

《世祖本纪》的记载，至元二十七年，元代政府曾有一种拟议，于扬州、建康、镇江三城，置七万户府，杭州置四万户府，宁国、徽州置两万户府，明州、台州、温州、处州、绍兴置一万户府，并于婺源置一万户府。此外又于濒海沿江置水军戍所二十二。鞑靼在中原军事配备，虽然为点线的控制，然而即以此而完成其面的统治。

第四，汉人不得参加政治。鞑靼统治者区分其臣属的人民为四等：即鞑靼人，色目人，汉人，南人，汉人中南人又最贱。在元代初叶，汉人、南人不但不许参政，而且汉族人民，多沦为奴虏。

《元史》卷一七〇《袁裕传》云："南京总管刘克兴掠良民为奴隶。"卷一五九《宋子贞传》云："东平将校，占民为部曲户，谓之脚寨。"《廿二史劄记》云："（蒙古人）取中原，亦以掠人为事。"[①]《元史》卷十二《世祖本纪》云：至元二十年，"禁云南权势多取债息，仍禁没人口为奴，及黥面者"。又云：至元二十年，"史弼陈弭盗之策，为首及同谋者死，……其妻拿送京师以给鹰坊人等"。不但一般人民男为人奴，女为人妾，士人亦然。据《多桑蒙古史》："忽必烈初即位时，淮蜀士人遭俘虏者没为奴，后命释数千人。"[②]然鞑靼人仅善骑射，不通治术，故不得不借助于汉人以外之色目人。据上书："忽必烈对于具有技能之人，不分国籍、宗教，并庇护之，所以录用不少外国人，若畏吾儿、波斯、突厥斯坦及其他诸地之人为译人，有波斯天文家名札马鲁丁者，曾进万年历，并造西域仪象。又有绐藥人，质言之东罗马人名爱薛者，曾掌星历，医药二司事。"[③]同书又云："有不少波斯、河中、突厥斯坦之穆斯林，冀求富贵于窝阔台、蒙哥之朝，相率而至，

---

① 赵翼《廿二史劄记》卷三十《元初诸将多掠人为私户》条。

② 《多桑蒙古史》上册第三卷第1章，第298页。

③ 同上。

赖奥都刺合蛮，赛典赤，阿合马之援引，多跻高位。"①总而言之，在元朝一代，可以说是外国人的统治时代。如世祖时，阿拉伯人蒲寿庚曾为闽广大都督、兵马招讨使；契丹人耶律楚材曾任中书令；不花刺人阿马儿曾任承相；畏吾儿人阿黑海牙曾任大将；波斯人阿老瓦丁曾以西方大炮助攻襄阳之功，而任北京宣慰使②；吐蕃人八思巴曾任国师，并创制蒙古字；波斯人阿合马、桑哥曾相继为财政大臣；有名之意大利人马可波罗曾任枢密副使、扬州都督等十七年。此外，康里人、摩洛哥人、法国人，皆多有在中国为官吏者。忽必烈所豢养之星卜者五千人，大多数皆为伊斯兰教徒与基督教徒。而其猎户部二，两猎士长，并为日耳曼人。以后统治稳定，才渐渐录用汉人，然皆地位低微。据《元史》卷十九《成宗本纪》云：大德元年，"各道廉访司必择蒙古人为使；或阙，则以色目世臣子孙为之，其次参以色目、汉人"。卷二十又云：大德三年六月，"以福建州县官类多色目、南人，命自今以汉人参用"。可见以前在福建并无汉人为州县官者。以后汉人虽得任官，但必须以子为质，谓之"质子"。《元典章》卷八云："至元十四年八月，中书省据御史台呈准：'三品以上，例取质子一名以备随。'"又《元史》卷十《世祖本纪》亦云："命嘉定以西新附州县及田、杨二家诸贵官子俱充质子入侍。"

　　第五，人格的侮辱。据明权衡《庚申外史》卷上云："蒙古、色目殴汉人、南人，不得回手。"又《多桑蒙古史》云："海山（即武宗）下诏，凡民殴西僧者截其手，詈之者断其舌。"③《元史》卷二十三《武宗本纪》亦云：至大二年六月甲戌，革殴西番僧者断手，詈者断舌之令。又《多桑蒙古史》窝阔台语云："我国中之伊斯兰教富人，至少各

---

①　《多桑蒙古史》上册第三卷第1章，第328页。

②　北京路，元初置，治大定县，在今内蒙古宁城县西北大明镇。

③　《多桑蒙古史》上册第三卷第6章，第345页。

有汉地奴婢数人，而汉地贵人并无一人置有穆斯林奴婢者。且汝应知成吉思汗之法令，杀一穆斯林者罚黄金四十巴里失，而杀一汉人者，偿价值仅与一骡相等。"①又《元史》卷二〇二《释老传》云："泰定二年，西台御史李昌言：'尝经平凉府、静、会、定西等州，见西番僧佩金字圆符，络绎道途，驰骑累百，传舍至不能容，则假馆民舍，因迫逐男子，奸污妇女。奉元一路，自正月至七月，往返者百八十五次，用马至八百四十余匹。……驿户无所控诉，台察莫得谁何。'"

此外对于汉人的集会结社之禁止，更为严厉，甚至宗教团体亦被解散，僧徒亦被勒还俗。如至大元年，禁白莲教社。至治二年，重申禁白莲佛事及禁民间集众祈神。同年括江南僧有妻者为民，同时并尽毁道教经典，干涉人民信仰之自由。这样，元代政府便从物质的统治达到精神的统治，从而完成其种族主义之最高的任务。

三　鞑靼统治者对汉族人民的经济收夺

其次说到封建的收夺。

第一，土地的收夺。鞑靼在征服中原以后，曾大规模进行土地的收夺。首先是鞑靼贵族圈占牧场，其次是寺院的侵占，最后，江南豪族亦乘时兼并。

首先说到牧场的圈占。鞑靼初入中原时，诸王贵族，多侵占民田以为牧场。《元史》卷一三四《千奴传》云：至元三十一年，"东平、大名诸路，有诸王牧马草地与民相间，互相侵冒，……连岁争讼，不能定。乃命千奴治之，其讼遂息"。又《萨吉思传》云："元帅野速答尔据民田为牧地。"《阿哈马传》云："民有附郭美田，辄取为己有。"

---

① 《多桑蒙古史》上册第二卷第2章，第206页。

　　亦有侵占公地如学田等为牧场者。《王构传》云："学田为牧地所侵者，理而归之。"他们称牧场为草场，专供畜牧，不耕不稼，因而对于农业尽了不少破坏的任务。《续文献通考》卷一《田赋考》云："今王公大人之家或占民田近于千顷，不耕不稼，谓之草场，专放孳畜。"又《姜彧传》云：以彧"知滨州，时行营军士多占民田为牧地，纵牛马坏民禾稼"。

　　除牧场以外，贵族还占有大量的赐田。这些赐田，与牧场不同，多为江南稻田，其总数达一万五千五百九十二顷。其中赐田多者达五千顷，次之一千五百顷，最少者亦十顷。

　　其次说到寺院的收夺。"（元代）崇尚释教，……设官分职而领之于帝师。……帅臣以下，亦必僧俗并用。"[①]故僧侣在元代实为统治者之一个构成部分。元代并有广教总管府，专掌僧尼之政。所以元代寺院遍天下。据《元史》卷十六《世祖本纪》云："（至元二十八年）宣政院上天下寺宇四万二千三百一十八区，僧尼二十一万三千一百四十八人。"这些寺院占有广大的土地。据统计，从世祖中统二年（1261）到顺帝至正十四年（1354）九十三年间，总计占有土地二三九五〇〇顷。其中一部分系来自皇帝赏赐，如世祖赐田六〇〇顷，成宗千顷，仁宗一三九〇顷，泰定帝千顷，文宗一四一〇顷。又赐田之数，有时骇人听闻。如文宗一次赐益都大承天护经寺一六二〇九〇顷，顺帝一次赐山东大承天护经寺一六二〇〇顷。其另一部分，则由僧侣自由强占民田。如《释老传》云："杨琏真伽者，世祖用为江南释教总统……攘夺盗取，……田二万三千亩，私庇平民不输公赋者二万三千户。"又《续文献通考》卷六《田赋考》有云："白云宗总摄沈明仁强夺民田二万顷，诳诱愚俗十万人。"

---

　　① 《元史》卷二〇二《释老传》。

　　最后说到江南豪族的侵占。江南豪族站在种族方面，他们也是被压迫者之一，但因他们富有资财，所以往往能勾结鞑靼人多乞"护持圣书"，倚势凌虐贫民，隐占官田，及强夺民田。因为隐占及强夺的结果，所以当时江南豪族，往往拥有万家以上的佃户和每年二三十万的租谷。《元史》卷二十三《武宗本纪》云："江南平垂四十年……其富室有蔽占王民奴使之者，动辄百千家，有多至万家者，其力可知。"《元典章》卷二四租税条云："有更田多富户每一年有收三二十万石租子的占着二三千户佃户。"《元典章》卷一九民田条云："管军民残宋官员有势力人每强占百姓田宅产业都回了者。"同书卷十九官田条云："亡宋各项系官田土，每岁各有额定子粒，折收物色。归附以来，多被权豪势要之家影占以为己业，佃种或卖与他人作主。"

　　由于以上种种的收夺，土地所有遂向着两极分化。诚如《元典章》卷三《减私租》条所云："富户每有田地，其余他百姓每无田地。"又如《元史》卷二十《成宗本纪》大德六年正月条所云："朕闻江南富户，侵占民地，以致贫者流离转徙。"当时贫富差度极端悬殊。《元史》卷一九二《邹伯颜传》云："崇安之为邑，区别其土田，名之曰都者五十。五十都之田上送官者，为粮六千石。其大家以五十余家而兼五千石；细民以四百余家而合一千石。大家之田，连跨数都，而细民之粮，或仅升合。"就崇安一地的土地所有来看，则大家五十户所占之田为六分之五，而细民四百余户所占者仅为六分之一，由此可以推论一般。

　　第二，高利贷的剥削。我们知道，当鞑靼人据有中原的时候，同时也在中亚到处覆灭了伊斯兰教的诸国家，乃至东欧一部分的国家，建立了一个东起黄海西迄黑海的世界帝国。鞑靼人这一个惊人的征服，把欧洲数个国家和种族的人民，都放在一个统治权力之下，而成为蒙古帝国的臣民，因而打开了欧亚之大陆的商路。不但西域贾人"佩虎符，驰驿马", 纷纷来中国; 就是欧洲的商人, 也接踵而至。帝国政府, 为便利这些远来的商人, 每二十五至三十英里, 设置驿站一所, 每三英里, 设一递铺, 以资供应。另一方面, 由于历次对南洋的征伐, 又打通了东西的海洋商路。泉州、杭州、庆元、上海、澉浦等处, 都为当时外国商人云集之所, 而成为当时远东之国际都市。

当时的外国商人, 来到中国以后, 往往以其商业所得, 转而为高利贷之剥削。据《元史》卷一五二《王珍传》云: "大名困于赋调, 贷借西域贾人银八十锭及逋粮五万斛。"卷一五五《史天泽传》云: "天泽还真定, 政烦赋重, 贷钱于西北贾人以代输, 累倍其息, 谓之羊羔利, 民不能给。"卷一四六《耶律楚材传》云: "州郡长吏多借贾人银以偿官, 息累数倍, 曰羊羔儿利, 至奴其妻子, 犹不足偿。"卷一五一《王玉传》云: "假赵州庆源军节度副使, 有民负西域贾人银, 倍其母, 不能偿, 玉出银五千两代偿之。"卷一二六《廉希宪传》云: "有西域人, 自称驸马, 营于城外, 系富民, 诬其祖父尝借息钱, 索偿甚急, 民诉之行省, (北京行省)希宪命收捕之。"

不仅西域贾人, 挟其雄厚资金, 横行中国, 就是元代的贵族官僚, 上至诸王、妃主、宰相, 也一样以其封建剥削之所得, 转而投诸高利贷之事业。《元史》卷二〇五《阿合马传》云: "阿合马、张惠挟宰相权, 为商贾, 以网罗天下大利, 厚毒黎民, 民困无所诉。"卷一九一《谭澄传》云: "及征赋, 逃窜殆尽, 官为称贷, 积息数倍, 民无以偿。"

此外汉人的富豪, 也乘贫民之弊, 开始高利贷事业。据卷一七〇《吴鼎传》云: "浙有两富豪曰朱、张家, 多贷与民钱。"卷一七九《贺胜传》云: "初, 开平人张弼, 家富。弼死, 其奴索钱民家, ……殴负钱者至死。"

第三, 徭役繁重。徭役之最苦民者, 为驿马的供应。《多桑蒙古史》云："此广大帝国各地之交通，因驿站之设置，邮传使者往来愈加迅速。每二十五至三十英里，设置驿站一所，同时为馆舍，以供顿止，每驿置驿马四百匹，月以半数供役，半数休息。驿马由居民供应。"①其次则为造船。《元史》卷十《世祖本纪》云："以征日本，敕扬州、湖南、赣州、泉州四省，造战船六百艘。"又卷一七三《崔绪传》云："江南盗贼相挺而起，凡二百余所，皆由拘刷水手与造海船，民不聊生，激而成变。"再次，则为土木徭役。如卷一八三《王思诚传》云："至元十六年，开坝河，设坝夫户八千三百七十有七，车户五千七十，出车三百九十辆，船户九百五十，出船一百九十艘，坝夫累岁逃亡，十损四五，而连粮之数，十增八九。……昼夜奔驰，犹不能给。坝夫户之存者一千八百三十二，一夫日连四百余石，肩背成疮，憔悴如鬼，甚可哀也。"又如卷一七五《张珪传》云："比者建西山寺，损军害民，费以亿万计。"

第四，官僚贪污横暴。《多桑蒙古史》云："（仁宗时）其丞相铁木迭儿，蒙古人也，恃势贪虐，凶秽滋甚。内外御史凡四十余人，共劾其桀黠奸贪，欺上罔下。"②《元史》卷二十五《仁宗本纪》延祐二年八月云："台臣言：蔡九五之变，皆由昵匝马丁经理田粮，与郡县横加酷暴，逼抑至此。新丰一县，撤民庐千九百区，夷墓扬骨，虚张顷亩，流毒居民，乞罢经理及冒括田租。"卷一三〇《彻里传》云："吾意汝（汀、漳剧盗欧狗之部下）岂反者耶！良由官吏污暴所致。"卷一三〇《岳柱传》云："桂阳州民张思进等啸聚二千余众，州县不能治……遣千户王英往问状。英值抵贼巢，论以祸福。贼曰：'致我为非者，两巡检司耳，我等何敢有异心哉！'"由此看来，元代政府，上自丞相，下至州县巡检，无不贪污横暴。

---

① 《多桑蒙古史》上册第三卷第4章，第328页。
② 同上书，第6章第346页。

总上所述，可以了然于汉族人民在鞑靼统治下所遭受的灾难。他们一方面被剥夺了兵权，被解决了武装，被禁止参加政治及一切集会结社；另一方面，又在土地被收夺和高利贷剥削之下，变为一无所有的游民。而且再加之以徭役的繁重与官僚的贪污横暴，以至肩背成疮，憔悴如鬼，庐舍丘虚，夷墓扬骨。简言之，他们不仅失去了一切自由的权利，而且也失去了一切生存的权利。在这样情形之下，种族意识自然勃兴而发，于是相挺而起，煽而为乱。在河北，则有弥勒白莲教之乱，在江南则有群盗蜂起。

四 弥漫黄河南北的"弥勒、白莲教匪"

普遍的叛乱，是当时汉族人民用以回答鞑靼虐政的唯一方式。在黄河流域之"弥勒、白莲教匪"与在长江流域之"江南群盗"，于是同时并起。

考弥勒教与白莲教，原为两种不同的佛教宗派。前者的发生，远在唐代。他是附会隋代弥勒的兜率净土及其再降来生的佛传发生出来的一种秘密结社，经隋、唐、五代以至北宋，以"摩尼、明尊教"之名而流行于福建、两浙、江西之间。后者，则是在南宋初期，随着弥勒净土思潮与天台识法的合流而发生出来的一种禁欲主义的净业团体。从其教团的性质看来，是半僧半俗的一种"优婆塞宗门"。这种以忏悔为消除罪孽的教派经过宋代二百余年的多难时期，而获得更大的发展。

自从喇嘛教借元代政权之力，成为支配种族的宗教以后，于是弥勒教与白莲教都遭到残酷的迫害，而成为被压迫的宗派。为了对抗喇嘛教的独裁起见，于是前者与后者便混而为一，合组弥勒白莲教。到元末大叛乱的时代，他们甚至与中国土生的道教，亦取得一致的步调。这种教派的合流，不是偶然的，而正是表现汉族人民在反对鞑靼统治的斗争中之统一团结的民族精神。

弥勒白莲教，从其禁止肉食及允许结婚的教条看来，它是一种适合于吸收贫苦农民的宗教。它们以"念佛五声"反对喇嘛教之"十念往生"：以弥勒佛再世，抵抗喇嘛教之释迦佛的治世。他们企图以打击释迦佛者打击其信奉人，所以倡为"释迦佛衰，弥勒佛治世"之说，以减低汉人对喇嘛教之信仰，并从而把汉人团结在"弥勒佛再生"的信念之上。它宣传天国的改造，释迦与弥勒的递嬗，会影响到人间的鼎革，汉人将因弥勒佛再世，而脱离信奉释迦佛的鞑靼人之奴役和贫困。它给与被压迫的人民以一个新的希望，新的刺激，使他们为着这个希望而奋斗。所以弥勒白莲教很快就深入民间，成为当时在鞑靼压榨下的穷苦的和离散的汉族人民之宗教。

正因为弥勒白莲教是一种被压迫种族自己的宗教，所以终元代之世，它即被鞑靼统治者视为仇敌，而命之以"教匪"或"妖贼"之名。他的教徒曾经遭受过残酷的刑戮和特殊的法律裁判。自从世祖统一中国之后，这种教会即被禁止。《通制条格》卷二八云："至元十八年三月……照得江南见有白莲会等名目，《五公符》、《推背图》、血盆及应合禁断天文图书，一切左道乱世之术，拟合禁断。"①到武宗时，又重申禁令。《元史》卷二十二《武宗本纪》云：至大元年五月"丙子，禁白莲社，毁其祠宇，以其人还隶民籍。"《通制条格》卷二九录其诏敕，其中有云："建宁路等处，有妻室孩儿每的一枝儿白莲道人名字的人，盖着寺，多聚着男子妇人，夜聚明散，佯修善事，扇惑人众，作闹行有。……将应有的白莲堂舍拆毁了，他每的塑画的神像，本处有的寺院里教放着。那道人每发付原籍，教各管官司依旧收系当差。以后若不改的人每根底，重要罪过。"②

① 《通制条格》，浙江古籍出版社，1986年，第316页。
② 同上书，第326页。

只有在仁宗时代曾经一时解禁。但到了英宗时代，又再颁禁令。《元史》卷二十八《英宗本纪》云：至治二年闰五月"癸卯，禁白莲佛事。"今文不见《元典章》及《通制条格》，不知禁到何种程度。

总之，在元朝一代，弥勒、白莲教都是被压迫的宗教。但它却能胜利地开辟自己的道路，甚至种种凌虐反而帮助他们的胜利。这种胜利，无疑的是当时历史的条件所给予的。大批失掉土地和因高利贷之剥削而没其妻子的人民，他们都一齐团结在这个教会的周围，用忏悔来洗净他们的罪孽。等到教徒众多了，于是他们使用斗争来打倒释迦佛信徒的统治，迎接弥勒佛的再生。

叛乱终于在弥勒白莲教的领导之下爆发了。当叛乱最初爆发的时候，元代政府，即用武装镇压。《元史》卷一四八《董俊传》云："深、冀间妖人惑众，图为不轨，连逮者数万人。"又卷二十九《泰定帝本纪》云："息州民赵丑厮、郭菩萨妖言，弥勒佛当有天下，有司以闻，命宗正府、刑部、枢密院、御史台及河南行省杂鞫之。"

但是随着鞑靼统治者的武装镇压之强化，这种以宗教为旗帜的叛乱，反而向四方八面展开，而且与长江以南的所谓江南群盗混而为一。关于弥勒、白莲教匪的叛乱，在元代史不绝书。如：

至元元年（1264），"凤翔府龙泉寺僧超过等谋乱遇赦，没其财，羁管京兆僧司。"（《元史》卷五《世祖本纪》）

至元七年（1270），郭侃"改白马令，僧臧罗汉与彰德赵当驴反，又平之。"（卷一四九《郭侃传》）

至元十一年（1274），"符宝郎董文忠言：'比闻益都、彰德妖人继发，其按察司、达鲁花赤及社长不能禁止，宜令连坐。'诏行之。"（卷八《世祖本纪》）

至元十一年（1274），"（蒙古军）至镇江，焦山寺主僧诱居民叛。丞相阿术既诛其魁，欲尽坑其徒，焦德裕谏止之。"（卷一五三

《焦德裕传》)

元世祖至元十四年（1277），"都昌妖贼杜辛一（或杜万一）僭号、倡乱，行台檄（商）琥按问，械系胁从者盈狱。"（卷一五九《商挺传》）

至治元年（1321），"周至县僧圆明作乱，遣枢密院判官章台督兵捕之。"（卷二七《英宗本纪》）

至元三年（1337）四月，"合州大足县民韩法师反，自称南朝赵王。……惠州归善县民聂秀卿、谭景山等，造军器，拜戴甲定光佛，与朱光卿相结为乱。"（《元史》卷三九《顺帝本纪》）

此外如至元二十年（1283）建宁路有"头陀军"之叛。（卷十二《世祖本纪》）二十二年，西川有赵和尚之叛。（卷十三《世祖本纪》）元贞元年，荆南有僧晋昭之叛。（卷十八《成宗本纪》）同年，平阴有妖女子刘金莲之叛。（卷一六八《陈天祥传》）大德四年广西有高仙道之叛。（卷一三七《察罕传》）八年，汝宁有李曹驴之天书惑众。

这些叛乱，有些尚在组织之中，即被破获；有些则是在已经发展为群众运动以后，终遭扑灭。他们之中，或以佛教为旗帜，如头陀军、赵和尚、僧晋昭等；或以道教为旗帜，如刘金莲、高仙道、李曹驴等。不管他们是佛教或道教，而其在形式上带有浓厚的宗教色彩，在本质上之同为种族革命，则是无可置疑的。

五　相挺而起的"江南群盗"

与以上弥勒、白莲教匪及其他妖贼的叛乱几乎是平行发展的，还有长江以南的所谓"江南群盗"的叛乱。这种叛乱和前者一样，也与鞑靼在中原的政权是相与始终的。

江南群盗的叛乱，虽表现为多样的形式，但一般地说来，和北方的叛乱之组织在弥勒、白莲教中一样，江南群盗的叛乱则大多数组织在道教之中。因为前者是中国化了的佛教，而后者则是中国土生的宗教，所以他们同样成为中国人民种族斗争的武器。

道教不仅是中国土生的宗教，而且是中国农民的宗教。因为他是土生的宗教，所以他往往成为种族斗争的工具。每当汉族政权感到威胁时，如在南朝，在宋代，道教都为当时统治者所信奉。反之，在北朝，在元代，道教都遭受摧毁。元代曾下令："应有收藏道家一切经文……分付与差去官眼同焚毁，更观院里画着的，石碑上刻着的，八十一化图尽行除毁了者。"

在另一方面，因为道教是中国农民的宗教，所以他在中国广大的农村中，早已获得巩固的地盘，因而他又往往成为农民叛乱的旗帜。

即因如此，所以元代政府虽然焚毁道教经典，但决不能从每一个农民心理上，去掉其传统的信仰。尤其道教经宋代政府尊崇以后，更加深了他加于人民的影响。随着宋代种族政权之南渡，而道教在江南，也获得了广大的传播。所以在元朝，江南叛乱的组织者，多有造作天书、符箓、咒语、预言、奇迹等，以煽动贫苦的人民，借焚香、拜神、建醮、治病，以进行组织工作，终于煽起了广大的叛乱。

本来，在元代初叶，亦即当鞑靼对江南的统治尚未巩固，江南人民对赵宋的印象还甚深刻的时候，长沙以南曾有不少以复兴赵宋为口号而煽起的叛乱，如1279年蕲州傅高的叛乱，1278年湖南制置张烈良的叛乱和1283年建宁路总管黄华的叛乱，1285年西川赵和尚的叛乱，乃至1337年四川韩法师的叛乱[①]，但当其组织叛乱的时候，大多数还是隐蔽在宗教的外衣之中，以后随着鞑靼统治在中原之巩固，于是公开的种族主义的号召，已经成为不可能，而使叛乱转入带有浓厚宗教色彩的形式。因而

---

①　以上引自《元史》卷一五三《贾居贞传》。

道教遂应运而出，担负起这种叛乱组织的任务。

除了宗教叛乱以外，还有一种赤裸裸以生活资料的获得为目的之叛乱。这些叛乱的首领，多自称为大老、大撩，或以数目字为名号。这种形式的叛乱，在江南到处发生。总之长江以南，终元之世，皆成为叛乱的渊薮。即在鞑靼全盛的时代，也没有停止过。据《元史》卷十四《世祖本纪》记桑哥、玉速帖木儿之言曰："江南归附十年，盗贼迄今未靖……"又卷十五《世祖本纪》记玉吕鲁奏云："江南盗贼凡四百余处，宜选将讨之。"

江南群盗的叛乱，可分为三个时期。

第一个时期，从至元十一年（1274）到至元十六年（1279）。在这一时代，正是抗击鞑靼的斗争。据《元史》卷一五三《焦德裕传》，至元十一年，在镇江焦山寺则有主僧之叛；卷一三一《奥鲁赤传》至元十八年，在湖南，则有周龙、张虎等之叛；卷十《世祖本纪》，至元十五年，在处州则有张三八、章焱、季文龙之叛，在江南则有"土寇窃发"。卷一五三《贾居贞传》，至元十六年，在南安则有李梓发等之叛。在都昌，则有杜万一等之叛；在蕲州则有傅高等之叛。卷一三一《完者都传》在漳州，则有陈吊眼之叛。其中，陈吊眼拥有十五万五千余寨，他曾经帮助宋朝的国军打鞑靼。在宋代灭亡以后，又独立支持九年之久。

第二个时期，从世祖至元十七年（1280）到成宗大德四年（1300），这是鞑靼在中原统治之全盛时代，即对汉族人民压力最高的时代。他们在这一个时代，又企图利用汉族的人力与物力以展开其对日本和南洋之海洋征服，因而在拘刷水手、造制战船、搜括粮食、捕捉壮丁的过程中而引了不少的叛乱。同时，由于收夺田土，缴除武器，征发马匹，俘虏男女，更引起了中原人民的愤怒。所以虽在全盛时代，而叛乱之事，所在鳞起，据《元史》略举数例如下：

　　至元十七年，在汀、漳有廖得胜之叛乱，在东南沿海，有贺文达、霍公明、郑仲龙等之叛。（卷十一《世祖本纪》）此外，在江淮郡县，在衡州，均有群盗出没。

　　至元十八年，在邵武有高日新叛乱。（卷十《世祖本纪》）在云南有数十万人的大叛乱。（卷一二〇《立智理威传》）

　　至元十九年，在太平宣徽有群盗起。（卷一七四《张珪传》）

　　至元二十年，在建宁有总管黄华所组织的几十万头陀军之叛，（卷十二《世祖本纪》）在江西武宁有董琦之叛。（卷一二〇《兀鲁台传》）在广东新会有林桂方、赵良铃之叛。（卷十二《世祖本纪》）在云南施州有子童之叛。（同上）在象山有海盗尤宗祖等之叛。（同上）在巴陵有囚徒三百人之叛。（卷一七四《张孔孙传》在华亭有群盗蜂起，最盛者有众数千人。（卷一三二《沙全传》）在湖南北有乔大使等"乘舟纵横劫掠"。（卷一三四《秃鲁忽传》）

　　至元二十一年，在瑞州有晏顺等二十二人之叛，在江南有海盗黎德等之叛。在邕、宾、梧、韶、衡等地，有黄大成等之叛，在漳州也有叛乱。

　　至元二十二年，在四川有赵和尚之叛，在潮州有郭逢贵之叛。（以上均见卷十三《世祖本纪》）

　　至元二十三年，在湖南有李万二之叛。（卷一六二《刘国杰传》）

　　至元二十四年至二十七年，在肇庆有邓太獠、刘大獠之叛，在衡、永、宝庆、武冈有詹一仔之叛，在江西陈古水有萧大獠、严大獠等怀集诸寨之叛，在肇庆有阎大獠、在金林有曾大獠、在广东有陈大獠、在南安有钟大獠、在永州有李末子等之叛。（以上均见《刘国杰传》）在温州有林雄，在处州有詹老鸱之叛。（卷一六二《高兴传》）在潮州有罗半天、罗大老、李尊长之叛。（卷一二〇《兀鲁台传》）

　　至元二十五年，在柳州有黄德清、在潮州有蔡猛、在泉州有张治团、在南安、瑞、赣有连岁盗起，在处州有柳世英、在广东有董贤举七个大老之叛。此外在贺州有七百余人之叛，在循州有万余人之叛，在泉州有二千人之叛，在汀、赣有番民千余人之叛，在武冈、宝庆皆有叛乱。（以上均见卷十五《世祖本纪》）

至元二十六年，在江淮有"诸盗之未平者"，在福建有畲民丘大老，在赣州有钟明亮、胡海，在台州有杨镇龙，在婺州有叶万五，在漳州有陈机察、丘大老、张顺等，在建宁有黄福、陆广、马胜之叛乱。（以上均见卷十五《世祖本纪》）

至元二十七年，在江西有华大老，在建昌有丘元等，在太平有叶大五，在建平有王静照，在芜湖有徐汝安、孙惟俊等，在仙游有朱三十五，在绩溪有胡发、饶必成，在婺州永康、东阳，处州缙云有吕重二、杨元六，在泉州南安有陈七师，在杭州有唐珍等之叛乱。此外在浙东、在福建、在柳、桂、宝庆、武冈等处皆有叛乱。（以上均见卷十六《世祖本纪》）在绩溪、歙县也有柯三八、汪千十等饥民之叛乱。（卷一九一《许楫传》）

至元二十八年，在汀、漳有欧狗之叛。（卷一三〇《彻里传》）同年，"江湖间盗贼出没，剽取商旅货财。"（卷一三六《哈剌哈孙传》）

至元二十九年，在忠州有黄胜许之叛。（卷十七《世祖本纪》）

至元三十年，在湖广、辰州均有叛。（同上）

成宗元贞元年，在荆南有僧晋照之叛。（卷十八《成宗本纪》）元贞二年，在广西有陈飞、雷通、蓝青、谢发，在赣州有刘六十之叛。（同上）

大德四年，在广西有高仙道之叛。（卷一三七《察罕传》）

第三个时期，从武宗至大元年（1308）到顺帝至正十一年（1351）为止。这一个时期，因为元代之衰，从武宗起，在武宗之世，内有皇后卜鲁罕与阿难达之乱，外有海都之侵，兵祸连年，军饷大增，搜括不足，则滥发钞票、纸币的发行额达十二亿四千一百二十七万卢布。（见沙发诺夫《中国社会史》上）"通货的膨胀，到了连人民都相信他们应得的现实价值除了纸以外，什么也不能得到的时候，元朝的末运已经到来了。"（同上）同时，黄河溃决，冀鲁大水，巩昌地震，归德暴风，江浙疫疬，以致死者枕藉，生者卖儿鬻女，壮者从征边塞，老者转死沟壑。陶宗仪《南村辍耕录》曾记当时民间流行的一曲《醉太平小令》云：

"堂堂大元，奸佞专权。开河变钞祸根源，惹红巾万千。官法滥，刑法重，黎民怨。人吃人，钞买钞，何曾见。贼做官，官做贼，混愚贤。哀哉可怜。"[①]

这曲小令，正是当时社会情景的素描。因为在至大元年，湖广、云南、四川都有广泛的叛乱，而且史称当时"百姓难食，盗贼充斥。"[②]

到仁宗时，外有察哈台汗的东侵，内有铁木迭儿的贪横，而且河北、京师天旱，山东、淮南大水，饥馑疫疬普遍全国，人祸天灾，交逼迭乘。所以当其即位之初，便有刘贵之叛。（《元史》卷一八一《元明善传》）延祐二年，在赣州有蔡九五之叛。（卷二五《仁宗本纪》）四年，在黄州、高邮、真州、建宁等处皆有"流民群聚，持兵抄掠。"（同上）五年，在雩都有里胥刘景周之叛。（同上）

英宗在位，不过三年，便被其权臣铁失所杀。在这三年中，江西来安路有岑世兴之叛，泉州有留应总之叛。（卷二十八《英宗本纪》）

泰定帝之世，据《多桑蒙古史》云："铁木迭儿与铁失之徒，结为父子。"善良死于非命，"天下系囚冤滞"，"游堕之徒，妄投宿卫，部属及宦者、女红、大医阴阳之属，不可胜数，一人收藉，一门蠲复，

---

①　陶宗仪：《南村辍耕录》卷二十三，中华书局，1959年，第285页。

②　《元史》卷二十二《武宗本纪》至大元年正月条。

一岁所请衣马刍粮，数十户所征入不足以给之。"①因此之故，更增加了农民的负担，于是在泰定三年，泉州有阮凤子之叛。（《元史》卷三十）致和元年，广西普宁县，有僧陈庆安之叛。（同上）

明帝在位，不过八月，以争王统之故，便为燕帖木儿所毒害。图帖睦尔继承王位，是为文帝。文帝之世，外则诸王秃坚反于云南，内则燕帖木儿恃拥立之功，"肆行无忌"。文帝本人则笃信佛教，放纵喇嘛，搜括巨金，大建寺院，劳民伤财，天下大怨。所以在至顺年间，在桂阳州有张思进之叛。（卷一三〇《岳镕传》）

顺帝为元代最后的一个皇帝，这一时代是元代政权达到腐烂不堪的时期，也是中原人民反鞑靼的武装斗争到达最高潮的时期，这就是中原红巾的大叛乱之展开。

在顺帝即位之初，一方面，因为长期的农民叛乱，已经摇撼了元代社会经济的基础，另一方面，由于鞑靼统治者内部继续不断的内争，削弱了元代政府统治的力量，真已临于崩溃决裂之势。元统二年，曾流行着一种民谣云："天雨线，民起怨，中原地，事必变。"到至元三年，又有民谣谓鞑靼将采童男女，于是一时间十二三岁以上的男女嫁娶殆尽。②这种民谣充分地表现了暴风雨前的气象。

叛乱仍然普遍地继续着，如至元三年，四川有韩法师之叛，惠州归善及增城有聂秀卿、谭景山、朱光卿等之叛。（《元史》卷三九《顺帝本纪》）四年，袁州有周子旺，漳州路南胜县有李志甫之叛（同上）。至正二年，庆远路有莫八之叛。（同上）三年，道州有蒋丙之叛。（同上）五年，"所在盗起，盖由岁饥民贫。"（同上）六年，江州，连城有罗天麟、陈积万之叛。（同上）七年，集庆路、湖广、云南皆有叛乱。沿江一带，也暴发了"集庆花山贼"之叛，（同上）八年，道州有

---

① 《多桑蒙古史》上册，第三卷第6章，第347—348页。

② 陶宗仪：《南村辍耕录》卷九《谣言》条；《元史》卷39《顺帝本纪》至元三年五月条。

"撞贼"之叛。即于同年，在浙东暴发了以方国珍为首的叛乱。继于十一年在汝颍暴发了以韩山童、韩林儿父子为首的叛乱，于是在南方展开了叛乱的端绪。从此以后，元代的叛乱，遂以更大的规模，走向历史的新阶段。

我们已经说过，自元武宗以后，内乱纷起，战争不息，水旱频仍，饥馑荐臻，壮者死于边塞，老弱、妇孺则填诸沟壑，社会基础业已动摇，民生疾苦达于极点。到顺帝时，一方面叛乱仍然以高涨之势继续扩大，另一方面内乱则层层相因，变本加厉。察罕帖木儿父子与李罗帖木儿争夺晋、冀，火并不已。同时在漠北，则有阿鲁浑帖木儿长城之变，在齐、鲁则有田丰、王士诚等山东之叛。兵祸连年，国力凋敝。而元统以来，天灾尤甚，据《元史》从（顺帝）元统元年（1333）六月起，到至正十九年（1359）八月止，二十六年之间，水旱虫蝗霜雹之灾，多至一百零八次。①若以每户五人计算，其数已近三百万人，江浙一区如此，其他各地或多或少，当亦大有可观。因此之故，方国珍方能以"黄严黔赤，首弄潢池，揭竿倡乱，西据括苍，南兼瓯越，元兵屡讨，卒不能平。"②也就因为方国珍在浙东首先树起叛旗，剽掠沿海州郡，劫杀元代官吏，推翻元代在两浙的统治，捣毁当时东南的社会秩序，所以长江流域的叛乱才走向更大的规模。诚如《明史纪事本末》所云："以致五年之内，太祖（朱元璋）起濠城，（张）士诚起高邮，（陈）友谅起蕲、黄，莫不南面称雄，坐拥剧郡。则国珍者，虽经王之驱除，亦群雄之首祸也。"③

方国珍的叛乱，不过是大叛乱的一声号角；而大叛乱之真正开幕，

---

①　《元史》卷三十八《顺帝本纪》元统二年五月条。

②　以上均引自《明史纪事本末》卷五《方国珍降》，中华书局1977年标点本第81页。

③　以上均引自《明史纪事本末》卷五《方国珍降》，中华书局1977年标点本第81页。

则为至正十一年（1351）以韩林儿为首的红巾之爆发。从此以后，鞑靼在中原的统治，遂走向最后之覆灭。

韩林儿的叛乱自然是当时社会的客观条件上之必然的产物；但其偶然的因素，则是由于至正十年黄河南溃。据《多桑蒙古史》云："因黄河屡决，发河南北兵民十七万开黄河故道，疏凿凡二百八十里有奇，大役劳民，而民愈怨。"①又《新元史·韩林儿传》云："时河决向南，丞相脱脱，从贾鲁议，挽之北流，兴大役。"我们知道，在黄河决口之前，四方盗贼早已蜂起，到处发了河水。民心益怨的时候，只须略加煽动，叛乱便可立时爆发。于是有刘福通者，乃预埋一石人于黄陵冈，镌其背曰："石人一双眼，挑动黄河天下反。"等到贾鲁治河，掘出此物，果然叛乱爆发。汝颍之间，红巾蜂起。

和方国珍的叛乱是江南群盗的发展一样，韩林儿、刘福通的叛乱则是弥勒、白莲教匪的叛乱之发展。《明史·韩林儿传》云："韩林儿，栾城人，或言李氏子也。其先世以白莲会烧香惑众，谪徙永年。元末，林儿父山童鼓妖言，谓'天下当大乱，弥勒佛下生'。河南、江、淮间，愚民多信之。"又《元史》卷四二《顺帝本纪》云："栾城人韩山童祖父以白莲教会烧香惑众，谪徙广平永平〔年〕县。至山童倡言天下大乱，弥勒佛下生，河南及江、淮愚民皆翕然信之。（颍州刘）福通与杜遵道、罗文素、盛文郁、王显忠、韩咬儿复鼓妖言，谓山童实宋徽宗八世孙，当为中国主。福通等杀白马黑牛誓告天地，欲同起兵为乱。事觉，县官捕之急，福通遂反。山童就擒，其妻杨氏，其子林儿，遂逃之武安。"由此看来，韩林儿、刘福通等的叛乱，乃是以弥勒、白莲教为组织的工具，而同时又以复兴大宋为号召的口号，所以后来中原红巾的旗帜上，大书："三千，直抵幽燕之地，龙飞九五，重开大宋之天。"

---

① 《多桑蒙古史》上册第三卷第7章，第355页。

即因红巾叛乱带有浓厚的宗教色彩，所以他们便能吸收广大的农民群众，又因为红巾提出了种族主义的号召，所以他们便能提高斗争的情绪。韩山童是在元代政府的极刑之下处死了，但刘福通等却拥戴山童之子林儿为宋帝，继续担负起叛乱的事业。他们以红巾为号，奋起汝、颍，跟着便如火燎原，以一日千里之势，把叛乱向四面八方展开，连陷罗山、上蔡、真阳、确山、叶县、舞阳、汝宁、光、息等县，击溃守军，劫掠官府，把九十年来的叛乱，提到极大的高潮。

自韩林儿、刘福通倡乱中原以后，于是萧县李二亦以"烧香聚众而反"。①蕲州罗田县人徐寿辉与黄州麻城人赵普胜等，亦"以妖术阴谋聚众，遂举兵为乱，以红巾为号"。②定远郭子兴与其党孙德崖亦起兵攻据濠州。于是红巾叛乱，遂由中原扩展到长江流域，弥勒、白莲教匪与长江以南群盗的叛乱，至此，便打成一片了。以往三五成群、打家劫舍的山贼，到现在便成千成万，剽掠州郡，劫夺府库，改元建号，称帝称王了。当时"刘福通据朱皋……徐寿辉等起蕲、黄，布王三、孟海马等起湘、汉，芝麻李（即李二）起丰、沛，而郭子兴亦据濠应之，时皆谓之红军，亦称香军。"③目是以后，列群骚然，英雄豪杰乘时蜂起，大河南北，长江上下，已再不是鞑靼人的天下了。

当时中原红巾，纵横驰逐，所向无敌。他们一面以主力军攻占汴梁，以为国都；一面分兵三路北伐鞑靼。当郭子兴部下朱元璋渡江西南锋刃内向的时候，正是中原红军出师北伐之日，据《多桑蒙古史》云：

> 刘福通攻汴梁，分军三道：关先生、破头潘等取晋、冀，白不信等趋关中，毛贵出山东。（西路军）白不信等陷秦陇，据巩昌，

---

① 《元史》卷四二《顺帝本纪》至正十一年八月条。
② 《元史》卷四二《顺帝本纪》至正十一年八月条。
③ 《明史》卷一二二《韩林儿传》。

遂围凤翔，察罕帖木儿等击走之，不信遁入蜀。（东路军）毛贵入
山东，取数城，败蒙古统将答尔麻失里兵，进围济南。河南行省右
丞董搏霄以兵赴援，连败贵兵于城下，已而搏霄奉调北行，贵遂陷
济南，进击搏霄杀之。于是率兵由河间进逼大都。群臣劝帝出走，
独丞相太平以为不可，遂征四方兵入卫，同知枢密院事刘哈剌不花
以兵拒战于柳林，贵众溃退济南（1285年4月）。①

（中路军）关先生、破头潘等分兵二道，大掠山西之地，寻转
掠辽阳至高丽，复转而南，破上都，焚其宫阙。②

由此看来，元末红巾，自韩林儿、刘福通等倡乱以来，指顾之间，
便弥漫于汝、颍、襄、樊、唐、邓之间，跟着两淮、荆楚的所谓"烧香
事魔之党"，皆束为号，揭竿而起，以响应韩林儿等叛乱。他们从广大
的黑暗之中，高擎起光焰万丈的火把，把整个的中原照得通红。成千成
万的饥民，他们在"弥勒再生"的口号之下，得到了新的希望，从而对
于"复兴大宋"的斗争，也得到了新的信念。于是他们以最大的热烈，
集中火力，去轰击鞑靼在中原树立的种族主义的封建政权。

叛乱展开了，舳舻东下，则徐寿辉的叛党，尽有楚赣；锋刃南向，
则郭子兴的部将，驰逐江南；战马西驰，则白不信剽掠关陇，转战巴
蜀；旌旗北指，则毛贵残破齐鲁，纵横河朔；关先生扫荡三晋，直抵幽
燕，其前锋所及且北掠辽东，远征高丽。他们斩关杀敌，攻城陷邑，锋
镝所向，无不披靡，当其进逼大都，则元代皇帝，仓皇欲遁；当其残破
上都，则鞑靼宫阙尽化灰烬。这种叛乱的行动真可谓达到荡腥涤秽、扫
穴犁庭的目的了。这种叛乱的结果，自然彻底的捣毁了一切封建的秩
序，从而把一个世纪以来的鞑靼统治打得粉碎无余。

---

① 《多桑蒙古史》上册，第三卷第7章，第357—358页。
② 《多桑蒙古史》上册，第三卷第7章，第357—358页。

可惜叛乱的高潮只是一瞬之间，接着各叛乱集团内部，都起了内乱，于是叛乱遂转而低落。在韩林儿的集团，则毛贵、赵均用等继续相互残杀，以致山东之师，不能北进，辽东之师，被迫南旋，而关陇二师，且溃散巴蜀。在徐寿辉的集团，则陈友谅先后谋杀倪文俊和徐寿辉，在江州称帝。也在这时，徐寿辉的另一部将明玉珍从这集团中分化出来，而走入四川。郭子兴的集团，则以赵均用、彭早住与朱元璋之不协，而使朱元璋另树一帜，这样发展的结果，遂使红巾的叛乱，走向低潮。但是叛乱却以另一形式即群雄割据、互相火并的形式继续发展下去。假如以前的叛乱是一种捣毁封建秩序、轰击鞑靼的统治的斗争，则此后的叛乱是一种新的封建势力之生长中相互火并的斗争。方国珍、张士诚、陈友谅、明玉珍、朱元璋之徒，各据州郡，攻战不休，结果，朱元璋剪除群雄结束了一百年的群盗叛乱，恢复了封建秩序，完成了大明王朝的建立。虽然使元璋得以龙飞淮甸，从容剪除群雄而无北顾之忧者，则贯通元代90年间的弥勒、白莲教匪与江南群盗，尤其元末的大叛乱，实替他尽了不少前驱的任务，而大明王朝不过是90年来长期叛乱之最后的一个成果而已。

（收入《中国史论集》第一辑，重庆文风书局1943年12月出版）

辽沈沦陷以后的明史

——纪念"九一八"九周年

一 从"九一八"想到"三二一"

愈是古远的历史，愈会逸出人类的记忆之外。因为随着时代的推移，这些古远的历史已经渐渐与人类的现实生活不发生直接的关系了。在现在，没有一个人不记得公元1931年的9月18日，是沈阳沦陷于日寇的一天，但是，也许有很多人忘记了，在中国历史上还曾经有过同样的一天，那就是明代天启元年（1621）3月21日，沈阳沦陷于后金的一天。

1621年的"三二一"与1931年的"九一八"，这两天，在时间上，相距三百一十年，在本质上，是发生于不同的历史基础之上的不同的历史事变。自然，对中国历史也会发生不同的影响与作用。但是，不管其对中国历史的影响与作用如何不同，而其同为引起中国历史走上巨大的变革过程的一天，也是相同的。

历史的发展，在形式上看来，往往好像有些事变是重复的，但是假如深入到历史事变的本质，则历史的发展决不是循环的。同样的沈阳的沦陷，而在明代的满人，是中国的一游牧民族；在今日的日寇，则是一个资本帝国主义。前者是游牧民族对趋于腐败的封建王朝之侵袭，因而胜利是属于游牧民族的；后者是濒于没落的资本帝国主义对向上的民主主义国家的侵略，因而胜利是属于民主主义的。这是同样的沈阳事变之不同的结果，也就是历史发展的规律。

虽然，历史发展的规律并不是像"月蚀"一样丝毫不需要人的帮助而如期自己实现的。历史发展的规律，只是提供历史发展以某种可能性。而使这种可能性转变为现实性，则是需要人类主观的努力。这就是说，历史的规律虽然决定了明朝的覆亡，但假如明朝政府和人民能够为了挽救覆亡，而加强其主观的斗争，则亦可以使其覆亡的可能性延期实现；反之，历史规律虽然决定了我们今日胜利的可能性，但如主观的斗争不够，亦复不能实现出来。这又是历史发展之辩证的法则。

明代沈阳的沦陷，是在天启元年，即1621年；而其覆亡，则在崇祯十七年（1644），中间还有二十三年的时间。假使在这二十三年中，能加强其主观的斗争，则明朝未必不能挽救。而其终于陷于覆亡的命运，固由于客观的因素；但主观的斗争之不够，也是最大的原因。前车之覆，后车之鉴，我们用明代的"三二一"的历史来纪念"九一八"，这是顺便温习一下历史的意思。

二 1621年沈阳失陷的速写

天启元年"三月乙卯，大清兵取沈阳，总兵官尤世功、贺世贤战死。总兵官陈策、童仲揆、戚金、张名世帅诸将援辽，战于浑河，皆败没。壬戌，大清兵取辽阳，经略袁应泰等死之。巡按御史张铨被执，不屈死。"①

从这段纪载中的某某"战死"，某某"赴援死"，某某"不屈死"等，我们知道当时满人进犯沈阳，是曾经遇到明朝守土将士的坚决抵抗的，而且明朝政府也曾经派兵驰援过沈阳的。其所以失陷，并非由于将士不抵抗，政府不援救，而是抵抗者"战死"，援救者"败没"，所以沈阳的失陷，在明代，是光荣的。

"九一八"沈阳失陷的情形，在现在，许多人都曾亲历其境；但是"三二一"沈辽失陷的情形，则只有凭着满族统治者的记载了。但在写这段历史的时候，清王朝在中国的统治已经巩固了，所以他并没有改变事实的必要。反之，他正要以暴露明人的坚强抵抗，以显示其胜利的难能而可贵。据《明史·袁应泰传》所载：

天启元年3月12日，"我大清兵来攻沈阳。总兵官贺世贤、尤世功出城力战，败还。明日，降人（蒙古降人）果内应，城遂破，二将战死。总兵官陈策、童仲揆等赴援，亦战死。应泰乃撤奉集、威宁诸军，并力守辽阳。引水注濠，沿濠列火器，兵环四面守。十有九日，大清兵临城。应泰身督总兵官侯世禄、李秉诚、梁仲善、姜弼、朱万良出城五里迎战，军败多死。其夕，应泰宿营中，不入城。明日（二十日），大清兵掘城西闸，以泄濠水，分兵塞城东水口，击败诸将兵，遂渡濠，大呼

---

① 《明史·熹宗本纪》。

而进。鏖战良久，骑来者益众，诸将兵俱败，望城奔，杀溺死者无算。应泰乃入城，与巡按御史张铨等分阵固守。诸临司高出、牛维曜、胡嘉栋及督饷郎中傅国，并逾城遁，人心离沮。又明日（二十一日），攻城急，应泰督诸军，列楯大战，又败。薄暮，谯楼火，大清兵从小西门入，城中大乱，民家多启扉张炬以待，妇女亦盛饰迎门，或言降人导之也。应泰居城楼，知事不济，太息谓（张）铨曰：'公无守城责，宜急去，吾死于此。'遂佩剑印自缢死。妇弟姚居秀从之。仆唐世明凭尸大恸，纵火焚楼死。"

我们在三百年后，读了这一篇悲壮淋漓的记载，犹觉沈阳的失陷，如在目前。在这段记载中，我以为除了"民家多启扉张炬以待，妇女亦盛饰迎门"与"清兵从小西门入，城中大乱"颇有矛盾，显然是那些献媚的历史家所粉饰，其余大概皆为可靠的史实。在这里，我们看见明代的守土将士，他们曾英勇地迎敌人于城外，他们曾沉痛地沿濠列阵以死守孤城。他们在城破后，还曾有计划地"分阵固守，作激烈的巷战"。从3月12日到21日，经过了十天的苦战。他们为守沈阳而英勇抗战，为沈阳不守而壮烈牺牲。虽有越城而遁的诸监司（宦官）及督饷郎中，亦有佩剑而死的"大帅"，焚楼而死的"大帅仆人"。这种壮烈的史实，实足以照耀千古。

关于辽沈失陷，后来历史家多归罪于袁应泰"招纳降人"的政策，其实袁应泰之招降，实亦有不得已的苦衷。因为当时正是明朝与满族争取蒙古的时代，明不招降，则满必招降。据《明史》："当时蒙古诸部大饥，多入塞乞食。应泰言：'我不急救，则彼必归敌，是益之兵也。'乃下令招降。于是归者日众，处之辽、沈二城，优其月廪，与民杂居，潜行淫掠，居民苦之。"因此，我们以为袁应泰的错误，不在招降，而是在招降以后，对降人没有作必要的警戒。致使降人"或阴为敌用，或敌杂间谍其中"，[1]而袁应泰则深信此辈降人，可以作为进攻满兵的前锋，不知他们早已变成敌探或便衣队，以致为敌内应，成为沈阳失陷的直接原因之一。虽然，降人叛变，只是辽、沈失陷的偶然因素，而其必然因素则是明朝政治已经造成辽、沈无法可守的客观环境，并给予降人叛变以可能之机会。这正如"九一八"事变，我们不能完全归咎于朝鲜浪人的活动，而应追究于朝鲜浪人何以能活动，是同样的理由。

三 为甚么自动地放弃"六堡"

为了说明辽、沈失陷的原因，我们不能不追溯辽、沈失陷前夕的历史。人们也许记得在"九一八"事变以前，由于清朝政府及北洋军阀的腐败政治，已使日寇势力深入东三省；但人们也许忘记了，在"三二一"事变以前，由于明末万历年间之腐败贪污的官僚政治，已使后金势力深入了辽东半岛。而"三二一"事变，只是这种腐败、贪污的官僚政治之总结。

在万历末年，一方面水旱虫蝗风雹疫疠等天灾普遍地袭击中原的农村；另一方面，由于倭寇不断入侵，以及西南少数民族不断的叛变，战争的负担，重压着全国的人民，以致使社会间敌对的矛盾，日益发展。此外，在上层社会，则党派纷歧，互相对立，宦官党与齐、楚、浙三党"声势相倚，并以攻东林、排异己为事"，而东林诸人，则评议朝政，自命清流，于是在统治者阶层中，也发生矛盾。在朝的士大夫一面要致力相互间的倾陷，另一面又要监视着人民的异动，于是再没有多余的时间应付敌国外患。他们把国防重镇，当做培植党羽的地方，彼此争夺，以致"十年之间更易八帅"[2]。而当时国防将帅，则只有贪污之徒才能当

---

[1] 以上均见《明史·袁应泰传》。

[2] 《明史·李成梁传》。

选，他们"以空名支饷，且多克减，边兵屡哗"。此种情形，到李成梁经略辽东的时代，便达到顶点。据《明史·李成梁传》：

> 李成梁……子弟尽列崇阶，仆隶无不荣显。贵极而骄，奢侈无度。军赀马价、盐课、市赏，岁干没不赀。全辽商民之利尽笼入己。以是灌输权门，结纳朝士，中外要人无不饱其重赇，为之左右。每一奏捷，内自阁部，外自督抚而下，大者进官荫子，小亦增俸赉金。恩施优渥，震耀当世。而其战功率在塞外，易为缘饰。若敌入内地，则以"坚壁清野"为词，拥兵观望，甚或掩败为功，杀良民冒级。阁部皆共蒙蔽……

像这样的国防将帅，在当时，当然不只李成梁一人，李成梁不过是其中之一个，因之，这样的贪污，也不是李成梁个人的特性，而是当时腐败政治的特征。换言之，个人如果不贪污，即不能生存于当时的政治环境之中。像这样的"将帅"，这样的"权门"、"朝士"、"要人"、"阁部"，除了"奢侈"、"干没"、"贿赂"、"进官"、"荫子"、"拥兵观望"、"掩败为功"……还有什么国防可言呢！于是自然的结果，便发生了万历三十四年（1606）自动放弃"六堡"之李成梁的建议。这是明代势力在辽东之第一次的自动的退却，亦即后来辽沈失陷之第一次的预告。

所谓"六堡"，就是防守辽沈的六个堡垒。有此六堡，则可以迎击敌人于辽沈东北二百余里的地方，弃此六堡，则辽沈便失去资以防守的前卫。弃六堡，即等于弃辽、沈，这是非常明白的。然而李成梁却以六堡"地孤悬难守，与督抚蹇达、赵楫建议弃之"。而明朝政府要人，亦因"饱其重赇"，竟予批准。于是"尽徙居民于内地。居民恋家室，则以大军驱迫之，死者狼藉。成梁等反以招复逃人功，增秩受赏"。[①]于是李将军的大军，就这样英勇地替后金肃清了进攻辽沈的道路。于是后金也就追随着李将军英勇的退却，而深入辽东半岛。在六堡放弃后的十二年间，后金从容不迫地并吞了蒙古诸部落，所谓呼伦四国，其中哈达、乌拉、辉发已经先后被他并吞，剩下来的只有一个叶赫了。

后金的锋刃，到现在要转向大明王朝了。于是在万历四十六年（1618）便借口明朝政府援助叶赫而以"七大恨"誓天伐明，于是而有"抚顺之役"。在这一战役中，从经略杨镐以下"文武将吏前后死者三百一十余人，军士四万五千八百余人，亡失马驼甲仗无算"。[②]而后金兵乘胜破开原，陷铁岭，声势所及，使"沈阳及诸城堡军民一时尽奔，辽阳汹汹"，[③]有大难临头之势。这是明代政府弃六堡以后满清第一次的试兵，也是后来辽沈失陷之第二次的预告。

但是即在此时，假使明朝政府稍有感觉，内息党争，集中力量外整军备，巩固边防，则辽沈未必即不能守。然而朋比为奸者，变本加厉，"军机要务，废搁如故"。忠勇却敌如熊廷弼者，而为阉党姚宗文之徒所排斥，以至熊廷弼所恢复之瑷阳、清河、抚顺、镇江诸要塞，未及巩固其守备而去职，而代以"用兵非所长"之袁应泰，于是而有"三二一"辽沈之沦陷，而辽河以东五十余堡寨营驿及海、益、金、复、耀诸州大小七十余城遂不能不沦于后金之手，于是后金遂得以辽沈为根据，扫荡关外，并进而窥伺关内了。

所以我们以为辽沈的失陷，并非由于袁应泰的"招降政策"，而实由于李成梁的放弃六堡，亦即由于明朝政府的"弃地政策"。诚然，招降叛徒，袁应泰应负其责。然而任用"用兵非所长"之袁应泰而使降人

---

① 以上均见《明史·李成梁传》。

② 《明史·杨镐传》。

③ 《明史·熊廷弼传》。

有实现其叛变作用的可能者，则明朝政府不能辞其责。而况六堡既已放弃，虽有能将，亦难保辽沈之不失，如袁应泰者，虽"用兵非所长"，而其勇于抗敌，忠于守土，终于"佩剑印"以殉辽沈，这在中国历史上，也是难得的人物。

四　熊廷弼传首九边

辽沈沦陷以后，东北边防，固已吃紧，然而假使明朝政府能于此时，朝野上下一致团结，集中人才，动员国力，以植党营私为第二，而以敌国外患为第一，则未尝不可拒后金于关外，可惜事实却恰恰相反。

在整个的天启年代中，亦即在辽沈沦陷以后的七年中，明朝的政权，却完全掌握在宦官魏忠贤等的手中。此辈宦官，既无国家观念，更无民族意识，只知谄媚皇帝，盗窃政权，然后利用政权，残害善类，剥削民众。在天启的七年间，南北台谏，肆其诬构；东西厂卫，恣意屠杀，造成有史以来未有的黑暗时代。在人民方面，则"留者输去者之粮，生者承死者之役"。在士大夫方面，则"衣冠填于犴狴，善类殒于刀锯"。于是一方面政府与人民间的矛盾遂爆发而为白莲教的叛乱；而另一方面，统治者阶层中的矛盾，则爆发为东林党狱。以至朝野上下，矛盾交织，而国防大政，因之而益趋腐败。

具体的历史事实指示我们，当时的阉党不但专制朝政，而且左右军机。在天启的七年中，兵部尚书之更换，如转辘轳，前后任兵部尚书者十二人，其中除孙承宗外，如王之臣、高第、王化贞之徒，都是阉宦的党羽，而崔呈秀且为魏忠贤主谋讧的"五虎"之一。此外，七年之中，任边将者也有九人之多，其中除熊廷弼、袁崇焕、孙承宗之外，也多半是阉党的走卒。不但如此，他们派遣宦官，干涉军务，稍不如意，就加之以罪。诚如熊廷弼所云："自有辽难以来，用武将，用文吏，何非台省所建白，何尝有一效。疆场事，当听疆场吏自为之，何用拾帖括语，徒乱人意，一不从，辄怫然怒哉！"①又如孙承宗所云："迩年兵多不练，饷多不核。以将用兵，而以文官招练。以将临阵，而以文官指发。以武略备边，而日增置文官于幕。以边任经抚，而日问战守于朝。此极弊也。"②这里所谓"文吏"、"文官"，就是监军的宦官。他们招练军队，指发战争，所以"兵多不练"而"饷多不核"。再加以在朝的阉党"拾帖括语"，"日问战守于朝"。"一不从，辄怫然怒"。这样，虽有能将，又有什么办法呢？然而正在这个时候，后金却准备对明朝发动大规模的攻势，于是而有"广宁之役"。在这一战役中，锦州、大小凌河、松山、杏山、右屯、前屯大小四十余城，又一度相继沦陷于后金之手。

广宁之陷，由于经、抚不和，即广宁巡抚王化贞牵制熊廷弼，使之不能实现其攻守的战略。而经、抚不和，并非偶然，乃是当时执政的阉党之有意的措施。诚如熊廷弼所云："经、抚不和，恃有言官。言官交攻，恃有枢部。枢部佐斗，恃有阁臣。"而阁臣则受命于魏忠贤。他们上下相因，内外狼狈，故意陷熊廷弼于失败，并借此以杀之。所以熊廷弼当时，非常愤慨，曾上所疏述其痛苦，其中有云："臣以东西南北所欲杀之人，而适遘事机难处之会。诸臣能为封疆容则容之，不能为门户容则去之，何必内借阁部，外借抚道以相困。"③因此之故，熊廷弼的"三方布置策"不能实现。所谓"三方布置策"，即在广宁、登州、莱州各设巡抚，形成犄角，而集中主力军于广宁，以为固守。但是王化贞却反其道而行之，他分兵戍辽河沿岸，以削弱广宁的防御力量，并谓用毛文龙，用降将李永芳，用蒙古插汉助兵四十万，可以一举荡平满兵。所以结果不出熊廷弼所料，"一营溃，则诸营俱溃，西平诸戍亦不

---

① 《明史·熊廷弼传》。
② 《明史·孙承宗传》。
③ 《明史·熊廷弼传》。

能守"。加以当清兵围西平时，王化贞裨将孙得功阴通敌，于是广宁遂陷。当时"广宁有兵十四万，而廷弼关上无一卒，徒拥经略虚号而已"。由此，可知广宁之败，乃系阉党故意制造为诬杀熊廷弼之借口。而结果竟"以门户屈杀廷弼"，至"传首九边"，而失守广宁之王化贞则以兵部尚书张鹤鸣之偏袒，逍遥法外。明朝政治之黑暗，一至如此。我们读史至此，不能不为之废书一叹。

　　在熊廷弼死后，工部主事徐尔一，曾为之辩其冤曰："廷弼以失陷封疆，至传首陈尸，籍产追赃。而臣考当年，第觉其罪无足据，而劳有足矜也。……当三路同时陷没，开、铁、北关相继奔溃，廷弼经理不及一年，俄进筑奉集、沈阳，俄进屯虎皮驿，俄迎扼敌兵于横河上，于是辽阳城下凿河，列栅，埋炮，屹然树金汤，令得竟所施，何至举榆口关外拱手授人，而今俱抹杀不论，乃其所由必死，则有故矣。"①

　　当熊廷弼传首九边的时候，正是后金建都沈阳的时候，明朝政府，就用了抗敌名将的脑袋，作为对后金建都的贺礼。而从此以后，执政的阉党的主要任务，一方面是伪造《要典》，歼灭东林，毁天下书院，建魏忠贤生祠，以及奉魏忠贤配祀孔子等；另一方面，则是"遣其党刘朝等四十五人赍甲仗弓矢，白金文绮，先后至山海关，颁赉将士，实觇军也"。②因此，在当时，不但朝署之中善类一空，就是守边将帅如孙承宗者，因不附阉，皆为"阉竖斗筲，后先龁扼，卒屏诸田野，至阖门膏斧锧，而恤典不加。国是如此，求无危，安可得也"。③

　　自从孙承宗被阉党排去，于是而有高第尽撤关外诸军的盛举。据《明鉴》："（第）以关外必不可守，欲尽撤锦、右诸城守御，移关内。袁崇焕力争，谓兵法有进无退。锦、右动摇，则宁、前震惊，关内

---

①　《明史·熊廷弼传》。
②　《明鉴》，第548页。
③　《明史·孙承宗传·赞》。

亦失保障。第意坚，且欲并撤宁、前二城。崇焕曰：'我宁、前道也，官此，当死此，我必不去。'第不能夺，乃撤锦州、右屯、大小凌河及松山、杏山、塔山守具，尽驱入关。委弃米粟十余万，军民死亡载途，哭声震野，民怨而军益不振。"①据此，则知当时，除宁、前二城因袁崇焕力争未撤外，其余整个明朝的军队、人民，都从关外退入关内，这是明朝第二次自动的大退却，亦即无异将整个的辽东半岛奉献于敌人。这是高第将军的战略，也是宦官大人的政略。

　　事情真是凑巧，随着高第将军的总退却而来的，便是后金的二万大兵的总进攻。他们渡辽河，捣宁远，越城五里，浩浩荡荡，横山海关大路而军。于是宁远陷于重围，袁崇焕以万余人孤军死守，而高第将军却拥兵山海关内不救，企图假敌军来消灭袁崇焕。同时明朝政府的衮衮诸公大小宦官，也以为"必无宁远"；然而十天之后，袁崇焕不但突破重围，而且还追奔逐北三十里，使后来的清统治者不能不在《明史》上大书曰："我大清举兵，所向无不摧破，诸将罔敢议战守。议战守，自崇焕始。"②当袁崇焕的捷报到达朝廷，魏忠贤就即刻派遣其党刘应坤、纪用等到前线监视袁崇焕，而兵部尚书王之臣也事事与他为难。后金兵知道袁崇焕不为政府所信任，因而也必无后援，于是又再举来犯，围攻宁远、锦州。而当此之时，宦官纪用勾结总兵赵率教秘密遣使通敌求和，以实现魏忠贤之失败主义。然而袁崇焕却胜利地击败了敌人，而成功了历史上有名的"宁锦大捷"，粉碎了宦官的卖国勾当。虽然，袁崇焕卒以不附阉党的原故，反因"宁锦大捷"而被罢免。但其他大小宦官，文武官僚则因此而加官进爵者不下数百人，这就是所谓"阉党政治"。

　　我们总观天启年间的历史，知道辽沈沦陷后，明朝并不是没有收复辽东的可能，而其所以不能者，则阉党政治尽了很大的主观作用。阉

---

①　《明鉴》，第562—563页。

②　《明史·袁崇焕传》。

党政治不仅造成了党派的分裂，造成了社会的矛盾，间接帮助了敌人；而且牵制军机造成失败的倾向，直接响应敌人的进攻。非常明白，没有王化贞之拥兵不救，则无广宁之败；没有门户之私，则无熊廷弼之死；没有孙承宗之罢，则无高第之退却；没有高第之退却，则亦无宁、锦之围；最后，如果没有魏忠贤之投降阴谋，则袁崇焕不致因宁、锦大捷而罢免。然而实际上，这些不应有的事竟然都发生了，主观的作用，加速了明朝政权的崩溃。诚如孙承宗所云："敌未抵镇武而我自烧宁、前，此前曰经、抚罪也；我弃宁、前而敌终不至，而我不敢出关一步，此今日将吏罪也。将吏匿关内，无能转其畏敌之心以畏法，化其谋利之智以谋敌，此臣与经臣之罪也。"[①]

五　袁崇焕死得冤枉

到崇祯初年，一方面由于后金侵略的加紧，锐化了对外的矛盾；另一方面，由于农民叛变的扩大，又深化了社会内部的矛盾。在此内外矛盾的交织之中，庄烈帝即位以后第一个任务，便是以紧急的手段，消灭统治者阶层中内部的矛盾，加强统治者阶层中的团结，以应付内外的敌人，于是杀魏忠贤，歼灭阉党，释放东林党人，企图把政权紧握在自己的手中，内平流寇，外抗后金，把明代政权，从危机中挽救出来。所以他一面先后以杨鹤、洪承畴总督三边军务，进剿流寇；另一面又起用袁崇焕经略辽东，抵御后金。双管齐下，大有复兴明朝的雄心。

然而可惜的，是庄烈帝当时有一个见解，以为攘外必先安内，所以把大部分兵力财力，都用于进剿"流寇"，而对后金的守备则十分不够。除山海关略有配备外，其他蓟北则非常空虚。当时崇焕曾指出此种

---

① 梁启超：《中国伟人传五种》（三）《袁崇焕传》，第17页。

危机，他说："臣身在辽，辽无足虑。惟蓟门单弱，敌所窃窥。请严饬前督峻防固御，为今日急着。"但他的建议，并没有引起当局的注意。而后金兵不久即利用这一弱点，避开山海关，由龙井关，大安口，喜峰口迂回入蓟北，于是陷遵化，"越蓟州而西，徇三河，败宣大援兵，遂取顺义，……因进兵薄京城，营于土城关之东。"[1]而燕京因以震撼。当时袁崇焕方整理关外防务，他刚刚镇压了宁远的兵变，斩杀了私通敌人的毛文龙，正准备进一步规复辽沈的计划。而忽闻此变，乃以骑兵兼程驰援，而步步随之。后金以袁崇焕再起非常害怕，于是乃实行挑拨离间的计策，于是袁崇焕不死于战场，而死于敌人之离间，死于昏庸之政府。据《明史》："时宦官二人陷敌，敌设间，佯为崇焕密附满洲，故使闻之。待释归，其人奔告于帝"，[2]帝遂信之不疑。于是袁崇焕遂于三年八月十六日弃市，兄弟妻子流三千里。籍其家，家无余资。天下冤之。

袁崇焕死后，当时有布衣程本直为之诉其冤曰：

> 崇焕十载边臣，屡经战守，独提一旅，挺出严关。迄今山海而外一里之草莱，崇焕手辟之也；一城之垒，一堡之堞，崇焕手筑之也。试问自有辽事以来，谁不望敌数百里而逃，弃城于数十里而遁，敢与敌人划地而守，对垒而战，翻使此敌望而逃、弃而遁者，舍崇焕其谁与归。[3]

> 客亦闻敌人自发难以来，亦有攻而不下，战而不克者否？曰，未也。客亦知乎有宁远丙寅之围，而后中国知所以守；有锦州丁卯之功，而后中国知所以战否也？曰，然也。……今日滦（州）之

---

① 《明鉴》，第589页。

② 同上书，第590页。

③ 程本直：《漩声记》。转引自梁启超：《中国伟人传五种》（三）《袁崇焕传》，第22—23页。

复，遵（化）之复，永（平）之复也，谁兵也，辽兵也；谁马也，
辽马也；自崇焕未莅辽以前，辽亦有是兵有是马焉否也？①

　　我们读程本直的诉冤书，不觉同情之心油然而生。我们所可惜的，
不是袁崇焕个人的生命，而是明朝政府不能容忍抗清最力的将领，而是
明朝政府毫不犹豫地执行敌人灭亡自己的国家的任务。论者谓袁崇焕之
死与杀毛文龙有关。但据《明史》所载：毛文龙为阉宦魏忠贤的义子，
亦即当时阉党余孽用以阴通敌人的线索。袁崇焕杀之，正是为国除奸。
在毛文龙杀后，当时曾有如此的舆论："自武登抚相与争而去，其欲得
而甘心于文龙者，非一日也，非一人也；辱白简，挂弹章，可数百计
也。是左右诸大夫皆曰可杀，国人皆曰可杀也。其不杀也，非不杀也，
不能杀也，不敢杀也。是以崇焕一杀而通国快然。"②由此可知毛文龙乃
是一个"国人皆曰可杀"而又"不能杀"、"不敢杀"的人物，然而袁
崇焕却因为杀了这样一个通敌卖国的人物，而成为其致死的原因之一，
明朝政府中的汉奸势力之大，于此可以想见。故袁崇焕之死，正表示着
明朝汉奸势力之抬头。

六　孔有德尚可喜献了旅顺

　　袁崇焕之死，为明代政治的一大转变点。从此以后，明朝政府开
始以全力剿灭流寇，而对后金，则有意无意表示妥协的倾向。宰相温体
仁，兵部尚书刘宇亮、薛国观等"阴鸷谿刻，不学少文"之徒，相继执
政，他们又"蔽贤植党"，于是"国事日坏"，以至于不可救药。

---

① 程本直：《漩声记》。转引自梁启超：《中国伟人传五种》（三）《袁崇焕传》，第22—23
页。

② 程本直：《漩声记》。转引自梁启超：《中国伟人传五种》（三）《袁崇焕传》，第17页。

但是当时并不是没有精忠报国之士，孙承宗即其中之一。他继袁崇焕之后，曾击退敌人，恢复滦州、迁安、永平、遵化四城，将敌兵驱逐于关外，并连而捷兵出关，在大凌河修筑堡垒，然而终以政府的掣肘，与巡抚邱禾嘉的反对，守备未固，而敌兵又围攻大凌城。于是明朝政府以"筑城起衅"罢免孙承宗，企图以此谢罪于敌人；但是敌人之目的，并不在于孙承宗之罢免，而在于明朝的土地。所以跟着又有旅顺之沦陷。旅顺的沦陷，若谓为敌人之功，毋宁说是明朝宠将毛文龙的部下孔有德耿仲明之引敌入室、尚可喜之开城投降的结果。自旅顺失而明朝与朝鲜之通路断，而朝鲜全部沦入后金，从此敌人遂挟关外的人力物力，以开始其对明朝内地的侵略了。

然而即于此时，若能接受三边总督杨鹤招抚流寇，共抗后金之议，则明朝政权还是可以挽救。然不此之图，杨鹤却因此建议而下狱，并且远戍袁州。

现在明朝的大军，不在国防要塞，而在朱大典、曹文诏、洪承畴等的指挥之下，追剿"流寇"于山、陕之间。此外，陈奇瑜则总督五省的兵马，进剿川、湖的"流寇"。于是而有崇祯七年的清兵四路来侵。一从尚方堡经宣府趋应州，至大同。一从龙门口入会于宣府。一从独石口入于应州。一从得胜堡入，历大同，趋朔州。而"总督张宗衡，总兵曹文诏、张全昌等不敢战"。这还不算奇怪，最奇怪的是这种无能的将领，明朝政府不但不加以处罚，反而"留张全昌、曹文诏为援剿总兵，讨流寇"。难道当时"流寇"就可以不战而破吗？还是这些将军们勇于剿"流寇"而怯于御清兵呢？

即至此时，假使能用礼部侍郎文震孟的建议，"陛下宜行抚绥实政，先收人心，以遏寇盗，徐议浚财之源，毋徒竭泽而渔"。①一面减

---

① 《明鉴》，第614页。

轻剥削，一面招抚"流寇"，则不但剿"寇"的兵力可以解放出来，即
"流寇"的力量也可以转移为抗清的力量，举国一致，尚可以作最后之
奋斗。然而可惜竟不被采用。于是清兵又攻锦州，由朔州毁武宁关而入，
略代、忻、应、崞，俘斩七万余人而去。到次年（九年），清兵又分路逾
独石口，入居庸，克昌平，逼燕京，过保定，克十二城，五十六战皆捷，
俘人畜十八万。而督师张凤翼、宣大总督梁廷栋按兵不敢战。在另一方
面，唐王聿键起兵勤王，却废为庶人，幽之凤阳。应该御敌的不敢战，而
敢战却不许战，明朝政府的这种措施，真是有些亡国的征兆了。

七　清兵迫锦州——洪承畴投降

到崇祯十年以后，即辽沈沦陷的十七周年以后，明代的政府便开始
走上了灭亡的道路。他们感到一面剿"流寇"，一面抗清兵，已经力量
不够，"两害相权取其轻"，于是他们便转而企图对清妥协，并借清之
力以共同消灭"流寇"。这是对内的矛盾超过了对外的矛盾，也是个人
的利益超过了国家民族的利益。在国策的这一转变之下，于是杨嗣昌、
陈新甲等妥协派相继入阁，方一藻、洪承畴、吴三桂等民族叛徒，相继
占据东北重镇，并通过宦官高起潜，拖着庄烈帝跟着他们走上投降的道
路。所以我们可以说，在明朝最后的七年中，对于清兵的进攻，只有妥
协、只有投降的记载了。

当十一年，清兵两路来侵，一沿山下，一沿运河，山河之间，六
路并进的时候，而当时"杨嗣昌夺情任中枢，与总监中官高起潜阴主和
议"。[①]当时反对和议的是卢象升，他曾向庄烈帝建议："命臣督，臣意
主战"。庄烈帝答复他说："和乃外廷议耳"。其实"当是时，帝心知

---

①　《明鉴》，第629页。

清兵甚锐，力不敌；而耻言和，故委廷议以答象升"。可见当时庄烈帝也曾参与和议。卢象升并当面向杨嗣昌揭穿其主和阴谋。"象升曰：周元忠赴边讲和，往来数日，其事始蓟镇监督，受成本兵，通国共闻，谁可讳也。"① 由此可见当时妥协投降，已经高唱入云。所以当卢象升抗清兵于巨鹿时，而刘宇亮、高起潜按兵不动。结果和议不成，而清兵越燕京而南，连陷真定、广平、归德、大名，转锋东向，渡运河，陷济南，克城五十，俘人四十六万。

和议不成，于是明朝政府，乃又调洪承畴镇守蓟辽。在十二、十三两年，清兵屡攻锦州，并逼关外诸城。到十四年，清兵又大举围攻锦州，陈兵于松山、杏山之间，横截大路，而洪承畴的十三万大兵却望风而逃，自杏山迤南沿海至塔山一带，赴海而死者，不可胜计。诸将都拥厚资，不愿战，于是洪承畴遂以松山降，而锦州不守。清兵直入山海关，进犯山东，克府三，州十八，县六十七，俘人三十六万。从此以后，明朝便没有甚么国防了。

随着洪承畴的投降，于是妥协之议又起，据《明鉴》："初，清主皇太极屡遣书议和，兵部尚书陈新甲以国内困敝，亦请主和以纾患，密遣职方郎中马绍愉等持书议和。皇太极授以书，令还报，遣人送至连山而还。其事甚密。一日新甲私告傅宗龙，宗龙以语谢升，升后见疆事大坏，于帝前述宗龙之言。帝惭。升进曰：'倘肯议和，和亦可恃。'帝默然。已而言官诘升，升言上意主和，于是言官交章劾升。帝怒其泄露，削籍去，新甲亦由此得罪。"② 这段史实，很明白的指示出当时兵部尚书陈新甲等包围庄烈帝，要他批准"可恃"的"和议"。以舆论反对，而没有成功。但其信使往还，奔走和议，则是事实。而且庄烈帝深以泄露和议，致引起舆论之反对为可惜，也是事实。不错，明朝到了这一时期，如果站在统治者

---

① 《明鉴》，第629—630页。
② 《明鉴》，第646页。

的利益上，则只有联合敌人以镇压"流寇"；但站在国家民族的立场上，则应该抚绥"流寇"以抵御清兵。然而明朝政府所选择的是第一条路，可惜明清的联盟尚未成立的时候，而流寇已入首都。殆至吴三桂之徒投降敌人引敌入关，而大明王朝已经覆亡。虽然，清兵之得以平定中原，灭亡明朝，以建立其大清帝国者，还是借口为明朝剿灭"流寇"。

　　总上所述，我们因知辽沈失陷，以及失陷以后，明朝政府犯了许多主观上的错误，助成了他的覆亡。假使最初不弃六堡，则沈辽不致失陷。辽沈即陷，假如熊廷弼不以诬死，袁崇焕不以间杀，孙承宗不以"筑城起衅"而罢，则据守关外以固关内，尚可徐图恢复。即使如此，设无高第之撤兵入关，则宁、锦尚可守，无耿、尚叛变，则旅顺不致失，关外诸要塞不致尽入敌手。即使如此，更设洪承畴不以松山降，则锦州不致为敌人所有，尚可以据山海关以为固守。即使如此，吴三桂与李自成联合，不迎降清兵，则尚可以拒绝清兵于关外，明朝未必遂即覆亡。然而不幸此种事实相继出现，于是明朝不能不覆亡了。

　　这样看来，明之亡，原因虽多，而其主要原因，则不外宦官专政，植党营私，政治贪污，国防废弛，既不能集中人才，共赴国难，复不能澄清社会，消弭内乱。于是首之以"弃地"，继之以"撤退"，而终之以"议和"，以至于引敌入室。结果"流寇"虽平，而明朝政权亦归于崩溃。代之而起的，是大清帝国。这个帝国，不但剿灭了"流寇"，而且在剿灭"流寇"的口号下，颠覆了明王朝。

　　（重庆《中苏文化》第七卷第三期，1940年9月18日出版。原题《辽沈沦陷以后的明王朝》，收入《中国史论集》第一辑，改今题）

论南明第二个政府的斗争

一　第二个政府还有广大的领土人民与军队

清统治者之侵入中原，虽然利用明朝末年社会内部矛盾之决裂，减少了他在征服过程中的若干困难，但也不是一个一往直前的进军。在其征服中原之每一步的进展中，都曾经遭遇着当时南明政府和人民的武装抵抗。

清统治者首先遇到的，是"闯贼"李自成所领导的"流寇"在河北山陕一带所展开的斗争。其次，是福王政府的督师史可法所领导的官兵在苏皖一带的抵抗，虽然前者由于多尔衮与吴三桂所组织的明清联军之进攻，由于宁南侯左良玉在楚西一带之夹击而趋于溃散；后者，由于马士英的妥协投降政策，由于左良玉的叛变，由于江北四镇将领之叛变与迎降而趋于瓦解，但这两个集团所领导的斗争，尤其是前者的斗争，确曾给清统治者以有力的打击，从而充分的表现了当时南明政府与人民在反抗外族侵略的斗争中之坚强不屈的精神。

　　史可法与李自成所领导的斗争，虽然在主观的动机上各不相同；而在客观上，则都尽了抵抗外族侵略的历史任务。假如史可法之陈兵淮、扬，是为了巩固东南而抗战；则李自成之据守关、陕，便是为着保卫西北而斗争。所以这两个集团，他们在当时，虽然彼此互相敌视，对立；而在清统治者看来，则他们同是明朝人民所组织的武装集团，因而也就同是他的敌人。他对于"称兵犯阙，手毒君亲"的"闯贼"，固然表示"同仇"；但同时对于"拥号称尊"的福王，又何尝不认为是"俨为劲敌"呢？

　　就因为如此，所以拉拢一个中原势力，打倒另一个中原势力，阻止中原的民族战线之形成，以达到其各个击破的阴谋，便是清统治者入关以后征服中原的一贯策略。至于拉拢哪一个，打击哪一个，在清统治者看来，那是没有关系的。自然，他最希望的，是与福王政府"戮力同心"，"连兵河朔，问罪秦中"，但假如这一诱降政策不成功的话，他也可以"释彼（闯贼）重诛，命为前导""简西征之锐，转旗东征"。他可以联合福王打"闯贼"，也可以利用"闯贼"打福王，所以多尔衮说："兵行在即，可西可东。"

　　可是清统治者拉拢"闯贼"的结果，是五十万"流寇"在潼关的迎击；然而他诱降福王政府的结果，则是马士英等妥协派之遣使投降。除了白金十万两，币帛数万匹，敬谨奉献于敌人之外，还允许割地赔款。这样，清统治者的目的达到了。这样，李自成便不能不退出山陕走死于通城山谷之间；史可法便不能不"鞠躬致命"于扬州之役。这样，福王政府，便不能不与"闯贼"李自成并倒了。假使我们暂置顺逆不论，则李自成与史可法实同为明末抵抗外族侵略斗争中的英雄；若马士英开口"先帝"，闭口"社稷"，而首之以妥协，继之以逃窜，终之以投降，则直是民族千古的罪人。

南明第一个政府的斗争，虽然因为客观上的矛盾和主观上的错误，在一年之中，便归于失败。但是中原的民族斗争，并不因此而终止。反之，在这一失败的斗争中，他们学会了许多斗争的经验。他们很快地集中力量于福建与浙江，组织了南明第二个政府，在长江以南，展开了第二阶段的抗清斗争。

第二个政府所领导的斗争，一共支持了一年零两个月，从顺治二年（1645）闰六月到顺治三年八月，便被满清消灭了。第二个政府所占领的历史时间，较之第一个政府虽然相差不多；但他在这短短的时间内，却做出了第一个政府所没有做过的许多艰苦的斗争。自然这种进步，决不是偶然的，而是第二个政府所处的历史环境，较之第一个政府时代，更为危急，更为艰苦，因而也就更容易激发中原人民抗敌救亡的热情，客观环境的变化，推动了主观的斗争，这是必然的事情。

我们知道，在第一个政府的时代，正是清兵入关之初，当时一方面李自成虽退出河北，然而他"卷土西秦，方图报复"。这个势力，固然是明朝"不共戴天之恨"，也是清朝"除恶未尽之忧"。另一方面，福王政府所领导的江北四镇，虽然按兵淮扬；然而大河以南，开归徐泗一带，还在南明政府的手里。清兵所占领的地方，不过是河北、山东；而在山东沦陷区域内，尚有不少的人民自动组织的义勇军，他们"结寨自固"，仍然作零星的抵抗。故就当时的客观形势而言，第一个政府所处的历史环境还是进则可以渡河而战，退亦可以拒河而守。然而到第二个政府的时代，则敌人一面已击溃李自成，"抚定"山、陕，入据武汉，进逼湘、赣；另一方面，已肃清豫、皖、苏、鲁之南明势力，渡江而南，占领南京，进窥闽浙。在这一时代，南明所保有的领土，较之第一个政府时代，已经大大的缩小了。

其次，就兵力上说，第一个政府时代，在武汉方面，左良玉尚拥兵百万，在淮、扬一带，四镇的兵力，亦不在百万以下，此外，除四川督剿"流寇"的军队不计，在湖南的何腾蛟，在江西的袁继咸，都各拥重兵。合计当时各方所有的兵力，当不在三百万以下。然而到第二个政府时代，在武汉方面，则左良玉的军队，十分之九，已经叛降清朝，只有某部将马进忠、王元成所领的残余部队，窜入湘北岳州一带，为章旷所收编。在江西方面，则袁继咸已经被俘北去，只有赵应选、胡一青等所带领的少数滇军扼守吉安，"孤悬上流，兵力单薄"。江北四镇，除黄得功战死芜湖以外，大半叛降清朝，或溃散江南，成为游勇。此外，只有郑鸿逵、郑采等所统率的少数闽军，在镇江陷落以后，向福建溃退。所以在第一个政府崩溃的时候，南明的主力军可以说完全被敌人所击溃，因之第二个政府，也就不能依靠闽军的支持，而为闽军首领郑芝龙所支配。

虽然，这不是说，第二个政府就完全失去了抵抗清兵的物质基础，或是失去了抵抗清兵侵略的能力。实际上，在第二个政府成立的时候，除了还拥有长江以南广大的人力与物力以外，还出现了两种新的力量；第一，是江南人民义勇军的蜂起；第二，是"闯贼"李自成的残部与政府军的合流，这些力量，假使政府指挥得宜，较之第一政府时代的战斗力量，当更为强大。南明第二个政府短期崩溃的原因，不在于客观环境之恶化，而是在于主观上犯了不少严重的错误；而这些主观上的错误，就恰恰客观地提供敌人以胜利的前提条件，以致结局又不能不追随第一个政府之后，走上崩溃的前途。

二　可惜社会内部的轧轹还没有消解

我们知道，南明第一个政府的覆灭，原因甚多，而主要的是由于它没有克服社会内在的矛盾，因而给敌人以各个击破的机会。但是不幸，到第二个政府的时代，社会内部的矛盾虽然因为李自成之走死而部分的和解，但是因为张献忠领导的"流寇"还在四川继续"叛乱"，所以这一矛盾，还是集结在剿灭张献忠的内战中继续发展。因之，第二个政府还是有两个敌人，一个是"流贼"，一个是清兵，而这也就决定了他的任务，是内平流寇，外抗清兵。但是实际上，诚如多尔衮所云："夫以中华全力，受制溃池，而今欲以江左一隅，兼支大国，胜负之数，无待著龟矣。"况在第二个政府的时代，江左并非全为明有，而欲剿"寇"、御敌同时并举，更是自速灭亡。

就因为第二政府还是继续执行这种不聪明的政策，所以清政府在攻陷南京以后，便利用南明社会内部的矛盾，进行政治进攻，与军事进攻之平行政策。他一方面乘着第一政府的新溃、人心动摇之际，派遣中国历史上有名的汉奸洪承畴招抚江南，以图缓和或软化中原人民反对清兵的斗争，施行其"以华制华"的毒计；另一方面，他利用南明政府与"流贼"的对立，一面由南京趋浙江，由九江入江西，以进攻南明的政府军；一面分兵由武汉趋湘北，扫荡李自成的残部，由汉中趋川北，进击张献忠的大本营，以遂行其各个击破的战略。

在这样的情形之下，摆在新政府之前的主要任务，是集中政府军力，团结全国人民，组织统一政府，执行全国抗战，尤其是要克服内在的矛盾，以迎击共同的敌人。

实际上，在当时由于李自成已经走死通山九宫山，其残部由鄂南退入湘北，已与当地政府军合流。由于种族间的矛盾之提高，社会内部的矛盾，已经局部的和解了。据《明纪》："贼将刘体仁，郝摇旗等，以众无主，议归何腾蛟，帅众四五万人骤入湘阴，距长沙百余里，城中人不知其来归也，惧甚。……腾蛟与提督军务都御史章旷谋遣部将万大鹏等二人往抚……摇旗等大喜，与大鹏至长沙。……摇旗等遂召其党袁宗第、蔺养成、王进才、牛有勇皆来归，骤增兵十余万，声威大震。"[1]

同书又载：

> 李自成死，众推其兄子锦为主，奉自成妻高氏及弟高一功，骤至澧州。逼常德，拥众三十万，言乞降，远近大震。巡抚湖广都御史堵胤锡议抚之，何腾蛟亦驰檄至，……锦自是无异志。别部田见秀、刘汝魁等亦来归。[2]

由于李自成残部的归附，于是湘、鄂边境，突然增加了四十万以上的生力军。这些生力军在何腾蛟的指挥之下，合湖南原有的官军共编为十三镇，分镇洞庭南北，成为保卫西南的有力支柱。终第二个政府的时代，使清兵不能侵入湖南一步。据《明纪》：

> 降卒既众，腾蛟欲以旧军参之，请授黄朝宣、张先璧为总兵官，与刘承胤、李赤心（李锦赐名）、郝永忠、袁宗第、王进才、董英、马进忠、马士秀、曹志建、王胤成、卢鼎，并分镇湖南北，时所谓十三镇者也。[3]

或有人曰，李自成残部之归附，完全由于穷无所归，我们以为在

---

[1]　《明纪·唐王始末》（以下简称《明纪》），第10—11页。

[2]　同上书，第12—13页。

[3]　《明纪》，第14页。

事实上，殊不尽然。他们虽是失掉了首领的"流寇"，但他们却还具有很大的力量，当刘体仁等之入湘阴，迫长沙，如入无人之境，守将黄朝宣且逃窜燕子窝，傅上瑞且请腾蛟出避。以他们当时的力量，合计尚有五十万人，一据湘北，一据湘西，合力并进，则袭湖南而据之实大有可能。且据《明纪》所载，长沙知府周二南往抚以千人护行。他们疑其来攻，则"射杀之，从行者尽死"。后来万大鹏等二人往抚，"贼见止二骑，迎入演武场饮之酒"。足见他们是诚心归附政府。但如官军进剿他们，他们还是有抵抗的能力。

又如李自成妻高氏谕其子锦之言曰："为贼无论，既以身许国，当爱民，受主将节制，有死无二，吾所愿也。"李锦拥众三十万，岂无横行湖南之力，所以归附政府者，也是为的大敌当前的原故。

不仅如此，而且在归附以后，他们确能忠勇为国，效命前驱。据《明纪》："何腾蛟与监军御史李膺品赴湘阴，期诸军尽会岳州，张先璧逗留，诸营亦观望，独李赤心自湖北至，为大清兵所败而还，诸镇兵遂罢。腾蛟威望由此损。时诸镇皆骄且贪残，黄朝宣尤甚，劫人而剥其皮，郝永忠效之，杀民无虚日。"

这里所谓逗留观望者，乃官军张先璧，所谓"骄贪"，所谓"劫人而剥其皮"，所谓"杀民无虚日"者，又皆官军黄朝宣等之所为；反之，与大清兵战斗于湖北者，则为反正之"贼将"李赤心。

假使新政府能够有一整个的招抚政策，使张献忠所领的"流寇"亦能继李自成的残部之后而归附政府，则不但可以解放大批剿"寇"兵力，而且可以利用张献忠的力量，北向山、陕，在西北发动一个战场，以牵制敌人的南进。乃不此之图，而继续督剿川"寇"，因而在客观上尽与敌人夹攻张献忠的任务。当清兵南进之际，政府军与张献忠却在四川展开激烈的战争。据《明纪》：当时四川的官军在樊一蘅与王应熊的指挥之下，恢复了川南一带。《明纪》云：

清顺治二年九月，官军与张献忠军在叙州一带展开激战，获胜之后，"一蘅乃命展、应试取嘉定、邛眉，故总兵官贾连登及其中军杨维栋取资、简，侯天锡、高明佐取泸州，李占春、于大海守忠、涪，其他据城邑，奉征调者，洪、雅则曹勋及监军副使范文光，松、茂则监军佥事詹天颜，夔、万则谭宏、谭诣……檄诸路刻期并进"。[①]进剿张献忠。

明年三月，"杨展尽取上川南地，屯嘉定，与曹勋等相声援，而王应熊及总兵官王祥在遵义，马乾、曾英在重庆，皆宿重兵，贼势日蹙。唯保宁、顺庆为贼将刘进忠所守，进忠又数败，张献忠怒，遣孙可望、刘文秀等攻川南郡县，应雄、樊一蘅急令展与侯天锡、屠龙、马应试及顾存英、莫宗文、张登贵连营犍为、叙州以御之"。[②]

这样，在四川境内就展开了激烈的内战。在内战方酣之际，清兵乘机入蜀境。张献忠在明、清两军南北夹击之中，遂弃成都走顺庆。结果，张献忠死于凤凰坡，而四川却为清兵所有。从此，西南屏障尽撤，又扫清了后来清兵平定黔、滇的道路。

三　唐鲁两王不合作

第二个政府不但没有克服社会内部的矛盾，形成一个统一的民族战线以对抗共同的敌人；而且在统治阶级的内部，也不能团结一致，以致同时出现了两个政府乃至三个政府。

首先出现的是唐王政府，也就是我们所谓的第二政府。这个政府是在闽军的支持之下成立的。据《明纪》："闰（六）月丁亥，黄道周与巡抚福建都御史张肯堂、镇守总兵官南安伯郑芝龙等奉唐王称监国……

①　《明纪》，第11、17页。
②　同上。

丁未，王即位于福州……改七月以后为隆武元年。"①

其次，在浙江方面，又出现了一个鲁王政府。这个政府是在浙军的支持之下成立的。据《明纪》：

> 宁波故刑部员外郎钱肃乐建议起兵……集者数万人，……闻鲁王以海在台州，遣举人张煌言奉表请监国，……即日移驻绍兴。②

此外，在广西也出现了一个政府，"靖江王亨嘉，自称监国于广西，谋僭号"。③虽然广西政府不久为两广总督丁魁楚所取消，然而福建与浙江的两个政府，则是并存于同一时代。这就暴露了当时统治阶级内部的不团结，以致不能集中力量，共挽危亡。

当时唐王政府亦曾感到有团结之必要，曾"遣给中士刘中藻颁诏浙东"，而鲁王政府中，亦有不少明达之士如钱肃乐等，都主张接受唐王的命令。但是张国维、熊汝霖、张煌言等都坚决反对。"张国维驰疏上王，言国当大变。凡为高皇帝子孙，咸当协心并力，誓图中兴。成功之后，入关者王。今日原未假易也。监国当大势溃败之日，纠集维艰，一旦而拜正朔，退就藩服，人无所依，闽中鞭长不及，猝然有变，唇亡齿寒，悔将何及。……疏入，（唐）王召中藻还，于是闽、浙相水火矣。"④我们以为张国维所言"国当大变。凡属高皇帝子孙，咸当协心并力，誓图中兴"这是对的；但是在未成功以前，就先想到"成功以后，入关者王"的政权问题，这是非常错误的。因为不是成功以后，再谈协力，而是必须协力，才能成功，可惜当时张国维等不见及此，而使

---

① 《明纪》，第2页。
② 同上书，第3页。
③ 同上书，第9页。
④ 同上书，第11—12页。

两个政府变为水火，结果鲁王浮海，唐王被俘，还有什么"入关者王"呢？

关于两个政府的合并问题，已经再谈不到。但关于合作的问题，以后似乎还不断地进行。据《明纪》：

> 鲁王遣其臣柯夏卿来聘，（唐）王手书与鲁王，谓当同心戮力，共拜孝陵，已遣佥都御史陆清源解饷十万犒浙东。但才到江上，鲁王将方国安纵兵夺饷，留清源军中。①

从此合作的问题也谈不到了，而两个政府，俨如敌国，有相通者，则其罪等于通敌。据《明纪》：

> 鲁王使都督陈谦至福建，御史钱邦芑劾谦持两端，下狱杀之。而钱肃乐且因尝向唐王"奉表称谢"，致为诸将所责，欲弃兵入山。②

从这里，我们可以看出当时统治阶级内部的矛盾，乃在"成功之后，入关者王"这一个未可期必的政权问题。

在大敌当前，而统治阶级不能集中力量，乃至形成两个互相对立的政府，这已经是一种失败的现象。但是假使两个政府都能振作精神，分抗外敌，则客观上还是尽了分进合击的任务。

一般的说来，当时两个政府都能接受第一个政府失败的教训，他们一致拒绝汉奸的参加。如在唐王方面，据《明纪》："马士英拥残兵入

---

① 《明纪》，第15页。
② 同上书，第19页。

福建，上疏自理，（唐）王以其罪大不许。"①又彭遇颺以曾"依附马士英"，皆不用。在鲁王方面，据《明纪》："马士英请入朝，诸臣力拒之，（张）国维劾其十大罪，乃不敢入。"又云："阮大铖投（朱）大典于金华，亦为士民所逐，大典乃送之严州（方）国安军。"②

但实际上，在两个政府中，都还是隐伏着大批的汉奸。在唐王方面，据《明纪》："秋七月己巳，（唐）王御门诏谕群臣，焚其迎降书二百余封。"③

这二百余人，不过是有凭有据的汉奸，其他在郑芝龙领导之下的大小汉奸，还不知有多少。他们掌握着政府的重权，左右当时的政治；在另一方面，唐王政府之下的有志之士，如黄道周等，则没有力量，而且受汉奸的攻击，据《明纪》："一诸生上书诋道周迂，不可居相位。王知出芝龙意，下督学御史挞之。"④当时的有志之士也想打击汉奸势力。据《明纪》："郑芝龙爵通侯，位道周上，众议抑芝龙，由是文武不和。"⑤这里所谓"文武不和"，就是掌有实力的汉奸与两手空空的有志之士，已经形成对立，在这一对立的形势之下，于是黄道周不能不"仅赍一日粮"离开政府。他走江西，终至战死婺源。而唐王政府遂完全落于汉奸郑芝龙的手中，后来大开仙霞关，迎降清兵。

鲁王政府的成立，就是以"已纳款的"镇海总兵官王之仁及"方从江上迎降归"的大学士谢三宾等为基础，故其政府中的汉奸成分，当然更多。如当时"武将横甚，竞营高爵，请乞无厌"。而文臣则不顾国家缓急，只知请祭，请封，请葬，请谥。诚如兵部尚书余惶所云："今国势愈危，朝政愈纷，尺土未复，战守无资，诸臣请祭，则当思先帝烝

---

① 《明纪》，第15页。
② 同上书，第3页。
③ 同上书，第21页。
④ 同上书，第3页。
⑤ 同上书，第2—3页。

尝未备；请葬，则当思先帝山陵未营；请封，则当思先帝宗庙未享；请荫，则当思先帝子孙未保；请谥，则当思先帝光烈未昭。"①这样看来，当时请祭，请葬，请荫，请谥者，一定很多。此外，阮大铖虽为"士民所逐"，而仍隐藏在方国安军中"谈兵说剑"，大起其汉奸作用。

在社会内部的矛盾继续发展与统治阶级内部的不团结日益严重的客观条件下，南明第二个政府自然不能利用一切有利的形势以展开坚决的民族斗争。他们只是局促于闽浙海滨，以求旦夕的苟安。

在唐王政府，则汉奸郑芝龙等拥兵福州，挟持唐王不肯出仙霞关一步。虽"王数议出关"，然终"为郑氏所阻"。在鲁王政府方面，则亦只是划钱塘江而守。据《明史》："国安军七条沙，之仁军西陵，遵谦军小暑，汝霖、嘉绩、肃乐、及金都御史沈震荃大理寺丞章正震等军瓜沥，列营二百余里，太仆少卿陈潜夫监军，划钱塘江而守。"②这样，他们一则坐视敌人扫荡江南一带的人民义勇军，一则坐视敌人深入江西的腹部，以致结果同归于尽。

四　江南人民义勇军消灭了

当时政府军虽已退到钱塘江以南，但是反抗清兵侵略的斗争，仍然在江南一带轰轰烈烈的展开了。这就是当时人民义勇军的到处起义。他们在保卫家乡的口号之下，展开了激烈的武力斗争，最有名的，是麻三衡等所组织的"七家军"，据《明纪》：

> 故巡抚邱祖德，与宁国举人钱龙文、诸生麻三衡、沈祖莞及贵池诸生吴应箕，各举兵应之。时宁国郡城已失，祖德驻华阳，三

---

① 《明纪》，第15页。
② 同上书，第3页。

衡驻稽亭。三衡兵既起，旁近吴太平、阮恒、阮善、刘鼎甲、胡天球、冯百家与俱起，号七家军，皆诸生也。[①]

同时举兵者，有职方郎中尹民兴与泾县诸生赵初浣、青阳知县庞昌允、溧阳诸生谢球、盐城诸生司石磐、宜兴中书舍人卢象观及从弟诸生象同、部将陈安，皆事败而死，惟民兴走免。[②]

此外，如绩溪、黄山、太仓、苏州、松江、昆山等处，无不有人民义勇军的起义，他们或据城邑为堡垒，迎击敌人；或反攻城邑，打击敌人。在极艰苦的条件之下，不顾生死存亡，斗争到生命最后之一息。这种斗争精神在明末的历史上，写上了光辉的一页。据《明纪》：

> 南京阮破，州县多起兵自保。
>
> 左佥都御史金声纠集士民保绩溪、黄山，分兵扼六岭。徽州推官温璜与声犄角，且转饷给其军。[③]声拔旌德、宁国诸县，会徽故御史黄澍降于大清。大兵间道袭破声，声被执至江宁，与门人监纪诸生江天一皆死。[④]
>
> 太仓已下，诸生王湛与兄淳，复集里人数百围城，城中兵出击皆死。
>
> 苏州既降，诸生陆世钥聚众焚城楼，福山副将鲁之玙帅千人入城，与大清兵战死。[⑤]
>
> 吴淞总兵官吴志葵，自海入江，结水寨于泖湖。会总兵官黄蜚，拥千艘，自无锡至，与之合。故两广总督侍郎沈犹龙偕同里给

---

① 《明纪》，第4页。
② 同上书，第4页。
③ 同上书，第4页。
④ 同上书，第9页。
⑤ 同上书，第4页。

事中陈子龙、中书舍人李待问、知县章简等，募壮士数千人守城，与志葵、蜚相犄角。东部主事夏允彝入志葵军中。[①]

大清兵至松江，吴志葵、黄蜚败于春申浦，被执。志葵参军举人傅凝之赴水死。城遂被围，未几破。沈犹龙出走，中矢死。李待问、章简俱被杀。华亭教谕眭明永、诸生戴泓皆死之。大兵遂攻金山，参将侯承祖亦被获，说之降，不从，被杀。夏允彝彷徨山泽间，欲有所为。闻友人侯峒曾、黄淳耀、徐汧等皆死，乃自投深渊以死。[②]

昆山之起兵也，县丞阎茂才已遣使迎降，县人共执杀茂才，推邑中故副将王佐才为帅。贡生朱集璜及仪封知县周室瑜、诸生陶炎、陈大任等共扼守。参将陈宏勋，前知县杨永言帅壮士百人为助。阅两月，大清兵至，宏勋帅舟师迎战，败还。游击孙志尹战没。乙卯，城陷，永言遁去。佐才纵民出走，而已冠带坐帅府被杀，集璜等皆死之。[③]

吴江之失也，职方主事吴易走太湖，与同邑举人孙兆奎，诸生沈自炯、自炳、武进贡生吴福之等谋举兵，旬日得千余人，屯于长白荡，出没傍近诸县，道路为梗。王闻之，授易兵部侍郎兼右金都御史总督江南诸军，提督军务。侍郎杨文骢奏易斩获多，进为兵部尚书。鲁王亦授易兵部侍郎，封常兴伯。大清兵至，易败走，父及妻女皆死，自炯、自炳、福之亦死焉。兆奎被获而死，一军尽歼。[④]

吴易既败走，其乡人周瑞复聚众长白荡，迎易入其军。八月，大清兵至，被获死之。[⑤]

<hr>

①　《明纪》，第4页。
②　同上书，第7—8页。
③　同上书，第5页。
④　同上书，第7页。
⑤　同上书，第21页。

在当时人民义勇军的斗争中，尤以嘉定之役与镇江之役最为壮烈，因之当时的志士仁人与一般人民之死于此二役者，也就更多。据《明纪》：

> 嘉定之起兵也，士民推通政使侯峒曾为倡，偕同里进士黄淳耀、举人张锡眉、龚用圆、秀水教谕马元调、诸生唐全昌、夏云蛟等誓师固守。大清兵攻之，峒曾乞师于吴志葵。志葵遣游击蔡祥以七百人来赴，一战失利，束甲遁，外援遂绝。城中矢石俱尽。秋七月壬子，大雨，城隅崩，架巨木支之。癸丑，雨益甚，城大崩，大兵入。峒曾拜家庙，投于池，骑兵引出斩之。二子元演、元洁与锡眉等皆死之，淳耀及弟诸生渊耀，自缢于城西僧舍。①

> 江阴之守城也，以诸生许用德倡言，远近应者数万人。典史陈明遇王兵，用徽人邵康公为将，前都司周瑞龙泊江口，相犄角。战失利，大清兵逼城下，徽人程璧尽散家资充饷，而身乞师于吴志葵，志葵至，璧遂不返。康公战不胜，瑞龙水军亦败去。明遇乃请前典史阎应元入城，属以兵事。大兵力攻城，应元守甚固。降将刘良佐用牛皮帐攻城东北，城中用炮石力击。良佐乃移营十方庵，令僧陈利害。良佐旋策马至，应元誓以大义，屹不动。及松江破，大兵来益众，四面发大炮，城中死伤无算，犹固守。乃令志葵、黄蜚至城下，说城中人降。志葵说之，蜚不语，城迄不下。庚子，大兵从祥符寺后城入，众犹巷战。男女投池井皆满，明遇、用德皆举家自焚，应元赴水，被曳出，死之。训导冯敦厚冠带缢于明伦堂，里居中书舍人戚勋，举人夏维新、诸生王华、吕九韶皆死。时贡生黄

---

① 《明纪》，第5页。

毓耆与门人徐趍举兵行塘，以应城内兵。城陷，两人逸去。后趍侦江阴无备，帅将士十四人袭之，不克，皆死。[①]

从以上这些悲壮的事实看来，这些人民义勇军，由于没有获得当时政府的支持，由于没有在彼此之间取得必要的联络，由于战术与战略上的幼稚，以致都先后为清兵所消灭，但他们英勇赴敌，百折不回，鞠躬效命死而后已的精神，实足以照耀千古，永为后代中华女儿的模范。以视当时唐王与鲁王领导之下的军队，逃窜海滨，委土地人民于不顾，何啻霄壤，假使当时政府能够善于运用这些人民的武力，作为反攻的前锋，而以政府军为其后劲，两相配合，在长江南岸发动一个反攻的战争，则歼灭渡江的敌人，并非绝对不可能。可惜他们都不此之图，而以为钱塘一水，仙霞一关，便可以保障小朝廷。孰知敌人在消灭人民义勇军以后，遂长驱直入，驱马渡江。于是鲁王遂不能不航海出国。据《明纪》：

　　夏旱，钱塘江水涸，大清兵驱马试之，不及腹，遂渡。方国安拔营走绍兴，江上诸军悉溃。六月丙子朔，大兵破绍兴，国安将以鲁王降，王走台州航海。[②]

当鲁王航海出国之时，而老汉奸马士英、阮大铖偕大学士谢三宾、宋之晋、刑部尚书苏壮及方国安等，赴江干乞降，于是鲁王政府遂告结束，而浙江也就全部沦陷了。后来当清兵攻仙霞岭的时候，阮大铖为向导，"僵仆石上死"，而马士英乃被敌人斩首于延平城下，这就是两个老汉奸的下场。

---

① 《明纪》，第8页。
② 同上书，第19页。

鲁王政府覆亡以后，福建便变成了前线，因而影响到唐王政府的崩溃。这样看来，不肯支持人民义勇军，又是这两个政府覆亡之直接的原因。

五 最后的一幕——郑芝龙投降

民族斗争在江西方面，也同时激烈地展开了。而且当时的江西，可以说是明清斗争的一个主要战场。

当时江西的敌我形势，据《明纪》所记：清兵已下建昌，"江西诸郡惟赣州存，孤悬上游，兵力单薄"。①这样看来，当时赣州以北均已沦陷，南明军队则据守赣州，保障赣南，以阻止敌人侵入福建。因此，当时敌我两方，对于赣州的争夺展开了激烈的战斗。实际上赣州的存亡，就是南明第二个政府的生死关头。因为赣州一失，清兵便可以由赣西直入福建，而且截断了唐王政府与西南的连系。

为了保卫赣州，南明政府与人民，确仍尽了不少的努力，可是赣州终于失陷。这主要的，是由于以下的几种原因。

第一，是当时江西的南明军队，非常复杂。此疆彼界，不能在战斗中取得必要的联络。

（1）是赵应选等统率的"滇军"，又号"旧军"。据《明纪》："初，崇祯末，命中书舍人张同敞调云南兵，及抵江西，两京已相继失，因退还吉安。（杨）廷麟留与共守，用客礼待之。其将赵应选、胡一青频立功。"②

（2）是赴援的"粤军"。据《明纪》："时有广东兵，亦以赴援

_____

① 《明纪》，第6页。

② 同上书，第16页。

至。"①又云："杨廷麟入赣州，与万元吉同守，副将吴之蕃以广东兵五千至。"又云："丁魁楚亦遣兵四千……先后至赣，营于城外。"②

（3）是永宁王慈炎所招降的"蛮兵"。据《明纪》："永宁王慈炎招降汀、赣间连子峒张安兵数万，复建昌，入抚州。"③又云："杨廷麟赴赣州招张安等四营为兵，号龙武新军。"④

（4）是黄道周所号召的"义勇军"。据《明纪》："黄道周以虚声鼓动忠义士，所至远近响应，得义旅九千余人。"⑤

这些各种军队，只有黄道周所领导的义勇军在湖东敌后活动，结果为汉奸出卖，全军覆没于婺源。道周亦被俘，不屈而死。据《明纪》："黄道周由广信出衢州，婺源知县伪致降书，道周信之，进至婺源，猝遇大清兵，战败……诸军溃走，道周被执。"⑥

此外新军（蛮兵）与旧军（滇军粤军）不和，抵消了不少的力量，吉安之失，就是这个原因。据《明纪》："新军张安者，骁勇善战，（万）元吉以新军足恃也，蔑视云南、广东军、二军皆解体，然安卒故淫掠，所过残破，至是大清兵逼吉安，诸军皆内携，新军又在湖西，城中军不战败，城遂破。"⑦此外，如建昌之失，亦由于"客兵内应"。

第二，是由于湖南何腾蛟拥十三镇之多的军队而没有驰援江西。假使当时何腾蛟而以一军由湘鄂边界出赣西北，以袭敌人之背，则必然可以转移江西方面战局的形势，然而何腾蛟终以诸镇骄横，不听指挥，未能援救江西。据《明纪》："王遣使征兵，腾蛟发郝永忠精骑五千往

① 《明纪》，第6页。
② 同上书，第20页。
③ 同上书，第6页。
④ 同上书，第15页。
⑤ 同上书，第7页。
⑥ 同上书，第13页。
⑦ 同上书，第16页。

迎，永忠不肯前。久之，始抵郴州。"①

第三，也就是最重要的原因，则是由于郑芝龙等的投降政策，他们按兵福建不动，有意的使江西战局失败，以达到其图降的阴谋。据《明纪》："杨廷麟、刘同升等请王出江右，何腾蛟请出湖广。原任知州金堡言：'腾蛟可恃，芝龙不足恃，宜弃闽就楚。'王大喜……十一月王亲行，……郑鸿逵为御营左先锋，出浙江。郑采为御营右先锋，出江西。……十二月甲申，王发福州，驻建宁。郑鸿逵、郑采各拥数千，号数万。既出关，托候饷，仍驻不行。"②又云："江楚迎王疏相继至，王决意出汀州入赣，与湖南为声援。郑芝龙不欲王行，令军民数万人，遍道呼号，拥王不得行，遂驻延平。"③

不仅如此，当吉安失守，赣州危急，新城知县帅"民兵千余，出城拒击"之时，而"郑采兵驻新城，采闻大兵至，即奔入关。……大兵遂取抚州。"④同样当精兵陷绍兴，鲁王航海的时候，"郑鸿逵驻关外，传大清兵至，徒跣疾行，三日而抵浦城，后至者纷纷言兵哗"。而"郑芝龙部将夺民舟"而逃。实际上，"是时芝龙已怀异志，密通款于大清，假言海寇至，撤兵回安平镇，航海去。守关将士皆随之，仙霞岭二百里间，空无一人"。⑤

这样，于是清兵一面围赣州，"两广、云南军不战而溃，他营亦悄悄散去。城中仅郭维经及汪起龙部卒四千余人，城外仅水师后营二千余人，参将谢志良拥众万余驻雩都不进。杨廷麟调广西狼兵逾岭，亦不

① 《明纪》，第19页。
② 同上书，第13页。
③ 同上书，第15页。
④ 同上书，第16—17页。
⑤ 同上书，第20页。

即赴"。[1]于是赣州失陷。同时，"清兵抵仙霞关，长驱直入"，[2]遂入福建。唐王及后被逾于汀州，郑芝龙奉表迎降于平安，其子成功恸哭而谏，不从，遂率所部入海。于是南明第二个政府遂又被清所颠覆，而闽、浙、皖、赣又相继沦陷。

（重庆《中苏文化》第八卷第一期，1941年1月25日出版）

---

① 《明纪》，第21页。
② 同上书，第22页。

论史前羌族与塔里木盆地诸种族的关系

一　考古学发现中所见之羌族与塔里木盆地
诸种族的史前文化

塔里木盆地诸种族直至汉初，始以西域诸国之名见于中国史乘。然而以吾人考察，早在史前时代，这个盆地的诸种族已通过羌族的关系，与中原诸夏发生接触。

据考古学的报告，史前时代的诸羌之族，大半分布于甘肃西南及青海沿岸一带。安特生《甘肃考古记》云：

　　吾人采掘古物之地，大都致力于以下三大肥沃之河谷中，即贵德盆地之黄河河谷，西宁河谷及洮河河谷是也。考远古殖民，多喜就此佳丽之河谷，尤以仰韶时代及辛店时代为甚。盖彼时谷中林木畅茂，禽兽繁多，而牧畜种植等事，亦可得极良好之机会故也。[①]

同书又云：

　　当吾人作此盐湖（即青海）之旅行，发见远古之陶片多处。其具有村落遗址之特征者，共有两处。其在湖之东端者，尤堪注意。湖之南岸，颇有多处，适于地形上之观察。余曾见旧时之湖岸，高出近代湖面约三尺；湖之东端，此旧岸高出今水面六公尺，此外更无其他湖面扩张之迹。此等旧时湖岸构成一种极低平而明显之山脊，山脊之顶则文化层在焉。[②]

　　此外，据安特生报告，在"宁定县属洮河河谷之两侧，见仰韶期之葬地，位于侵蚀平原所成之山顶。此等葬地，多见于八羊沟深谷之北，面向洮河河谷。葬地全面，统名半山区，盖从半山名也"。[③]同时"在洮河西岸，与导河县城隔岸相对者，见辛店期之葬地一处"。[④]安氏称之曰"四时定葬地之位置"。亦从今名也。吾人由此而知在史前时代，今日甘肃西南及青海沿岸一带，实为诸羌之族生养死葬之地。而且从其"村落遗址之广阔，文化层之深厚，凡此皆示其居住之悠久。设非务农为本，则殊难以自存。且陶器上之绳纹及格纹，则示当日有纺织植物之

————————————

　　① 安特生（J.G.Andersson）：《甘肃考古记》，乐森珣译，载《地质专报》甲种第5号，农商部地质调查所，1925年6月，北京印本，第5页。

　　② 安特生：《甘肃考古记》，第5页。

　　③ 同上书，第7页。

　　④ 同上。

培养。村落遗址采骨之多，则示当日畜家之繁。此等设施，非农业之社会，当不克维持者也。"[1]

与甘肃西南之羌族平行发展，史前塔里木盆地诸种族也进到了新石器文化的历史阶段。

塔里木盆地在今日已经变成充满了流沙的塔克拉玛干大沙漠。据《斯坦因西域考古记》云：

> 在这片地方以内，自东到西，径长一千五百哩，自南到北，也在五百哩以上。而生物可以居住的，只严格的限于几线沙漠田，这些沙漠田除去些许地方以外，比较又都是很小的地方，此外就是一望无垠的沙漠了。这些沙漠无论散布在高峻的山脉之上，或是位于山麓，挟带冰川，穷荒不毛，以及流沙推动的平原上，几乎是任到何处，滴水全无。[2]

但是在太古时代，这里因为承受天山、昆仑山及帕米尔高原三面的冰河之灌注，今日之大沙漠，在当时却是一个大内海。这个内海到新石器时代，随着冰河之退去，水源的减少而逐渐涸竭，但尚没有完全变成沙漠。所以在旧石器时代末期，蒙古高原系人种之一分支，便逾过天山东麓，西徙于这个盆地，而他们便成为这个盆地之最初的人种。在整个新石器时代，他们都在这里发育滋长。他们在这里留下了不少新石器文化的遗物，近来已为考古学家所发现。

据《斯坦因西域考古记》云：

---

① 安特生：《甘肃考古记》，第44页。

② 斯坦因（Sir Aurel Stein）：《斯坦因西域考古记》，向达译，中华书局，1936年，上海版，第2页。

在（古楼兰）风扫光了的地上屡屡拾得石器时代的石箭镞，刀片，其他小件器具，以及很粗的陶器碎片。至于荒凉的地域我们还很少的进到里面去。更向前进，每隔不远，又见着同样的东西。就我们的路线而言，我们极力地保持取直线前进，实际上不许向左右寻找，而这种发现屡见不已，可以证明这些地带在史前时代末叶，必然已为人类占有。①

同书又云：

这里（在干涸了的库鲁克河）②所得正确的古物证据，对于遗址毗邻地方地文年代的断定，有特别的价值。有史时代及其以前不久，罗布泊区域的水文和古代占领的情形，由此可以呈现光明。属于后述一期者，在风蚀了的地面上，得到很多新石器时代的箭镞玉斧一类的石器。③

同书又云：

在我们到楼兰去的两大站途中，再经过一些连续不断的古河床，两岸夹有成行倒去了的死野白杨树。河床的方向很明白指出那是属于古库鲁克河所成的三角洲地方。风蚀的地面上，有些处所发见石器时代的遗物。④

---

① 《斯坦因西域考古记》，第95页。
② 库鲁克河，一称干河的南支，在干涸了的罗布泊中，以前河水是流向楼兰废址的。
③ 《斯坦因西域考古记》，第106页。
④ 同上。

根据以上考古学的发见，吾人又知史前塔里木盆地，也是一个新石器文化繁荣之区。在史前时代，这里的人类，与甘肃西南的羌族，东西辉映，放出历史的光辉。

二　考古学发现中所见史前羌族文化之西渐及其与塔里木盆地诸种族的史前文化之关系

现在我们进而考察甘肃史前文化的创造者与塔里木盆地史前文化创造者是否曾经发生接触。换言之，即羌族与西域诸族是否在史前时代即有着血统与文化的交流呢？关于这一问题，今日既存之考古学的发现，尚不足资以为充分之说明。唯沙井期的文化遗址之发现，至低限度，可以使吾人想像此两大文化种族在史前时代，颇有接触之可能。

安特生《甘肃考古记》云：

> 镇番县者，实一巨大繁盛之沙漠城也。有一河自南山之麓，经凉州之东北，流入沙漠。镇番西部之沙漠中，吾人所见之远古遗址，为数甚夥。据余个人研究所得，盖为远古文化之最晚者，因名之曰沙井期。沙井者，为镇番西三十里之小村。吾人所见之村落遗址三处，葬地遗址二处，其地皆为沙丘湮没。但此等沙丘，当发生于古址之后，自无可疑。[1]

同书又云：

> 吾人于镇番县之附近，寻获古址多处，为沙丘所没。古址之

---

[1]　安特生：《甘肃考古记》，第8页。

中，葬地住处均有发现，后者（住处）四侧，围以土壁，盖地势平坦之中自当藉此以为屏障也。①

按如前所述，安特生所发现之甘肃史前文化的遗址，皆在甘肃西南，唯沙井期文化遗址，则发见于甘肃西北镇番西三十里之地。同时，沙井期文化又为甘肃史前文化中最晚期的文化。②此种晚期的文化，发现于甘肃的西北，这就证实了在新石器时代中期以后，羌族——甘肃史前文化的创造者之一支，已沿南山北麓之小河，徙向凉州一带、凉州西北一带，今日已成为一片荒凉的沙碛之地。唯据安特生根据地层构造考察，此间的沙丘系发生于古址之后，即发生于晚期新石器时代以后。当史前羌族游牧于此之时，此间固为一水草肥美之草原，最足以引诱原始牧人之勾留也。唯直至今日，吾人于凉州与甘肃西南史前遗址之间，尚未发现史前人类之遗迹，因而沙井期似为一孤立之古址。但是考古学的发现，指示吾人，沙井期的文化，显然与甘肃西南的史前文化有其传统的承袭关系，因而沙井文化的创造者之来自甘肃西南，实无可疑。

羌族在史前时代已西徙于今日之凉州一带，此为已经确证之事。唯羌族在史前时代是否曾由凉州继续西徙，以达于塔里木盆地，直至今日，吾人于沙井遗址与塔里木盆地史前诸遗址之间，尚未发现史前文化遗址，因而无从确切证实。唯据安特生考察，沙井所出彩画陶器与苏萨所出者颇有类似之处。《甘肃考古记》云：

多数之沙井陶器，上绘清晰之红色条纹，最特别者，为绘鸟形

---

① 安特生：《甘肃考古记》，第15页。
② 安特生：《甘肃考古记》，第16页云："在沙井葬地遗址及村落遗址之中，吾人采获铜器之小件无数，内有带翼之铜镞，乃精工之作。职是之故，著者因视与沙井相同之文化，当为甘肃各期之最晚者。"

之横行花纹，使吾人忆及苏萨之图案。[①]

同书又云：

> （沙井）陶器则质较粗，其形颇杂，如附图第十一版第三图及第六图所示，器之大半均无彩纹，否则器之一部，另加红色之衣，于附图第十一版第三第五两图可以得见其详。更有少数陶器，上绘精致彩纹，其主要者为直立之三角形，及有鸟形之横带纹（第十版第一图及第二图）。此等彩色陶器，显与苏萨陶器之鸟形花纹者极为相似，因使吾人视二者之文化互有关连。但沙井期之文化，似又较苏萨者为晚。[②]

按沙井村在甘肃凉州，而苏萨则在波斯，沙井的史前文化果受苏萨文化之影响，则势必通过塔里木盆地诸种族之仲介。因此之故，若非塔里木盆地诸种族东徙于甘肃西北，则必系羌之族由甘肃西北西徙于塔里木盆地，否则沙井文化与苏萨文化决不能发生接触。余因此而疑在史前时代，诸羌之族已由凉州再向西徙，进入塔里木盆地之内矣。而沙井村者，则为史前西徙羌族在其西徙途程中寄顿之所，亦即史前甘肃西南与史前塔里木盆地两大文化区域之间的一个文化的驿站。

诚然，当人类社会达到一定历史阶段的时候，即达到相当定住生活的时代，任何地域的人类，都不必藉其他种族的文化之影响，而能自发地发明陶器，并且依据其原始艺术程度之发展，而能在陶器上施以彩色绘画或雕刻。此种彩色绘画或雕刻也可能偶然地相同。故沙井期文化与苏萨文化中的陶器彩绘之相同，不能认为是这两大文化相互接触之绝对

---

① 安特生：《甘肃考古记》，第19页。
② 同上书，第16页。

的证据。唯据《斯坦因第三次中亚考古略记》有云：

> 其（塔里木盆地）南沙漠中，……风霜吹刮之处时可发现史前
> 时代之石器以及彩色陶器甚多。与里海附近米索不达米亚、俾路芝
> 及中国西陲发见铜器时代遗物之形式（即辛店、寺洼、沙井三期文
> 化）颇相类似。①

据此，则史前塔里木盆地的文化，已接受中亚及甘肃的史前文化之
影响，而表现为一种复合的型式。塔里木盆地的史前文化，余未及见，
但果如斯坦因所云，则塔里木盆地一带，在史前时代，已为东西文化交
流之处，而此间之有羌族的徙人则又为必然之事也。

三　传说中所见史前羌族之西徙的神话与塔里木盆地诸种族的关系

关于史前羌族的西徙，中国有着不少的传说，其中最有兴趣者，为
西王母的故事。这个传说实际上就是暗示史前诸羌族与塔里木盆地诸种
族的关系。

传说中把西王母的像貌，描写得像一个半人半兽的司芬克司
（Sphinx）。《山海经·西山经》云："西王母，其状如人，豹尾、虎
齿，而善啸，蓬发戴胜，是司天之厉及五残。"故汉世相承，皆以西王
母为女仙人。其实所谓"豹尾、虎齿"者，乃原始种族所习用之一种假
面具。此种假面具在后来的西域诸种族中尚习用之。据《隋书·音乐
志》（下）云："始齐武平中，有鱼龙烂漫、俳优、朱儒、山车、巨

---

① 《斯坦因西域考古记》附《斯坦因第三次中亚考古略记》，第247页。

象、拔井、种瓜、杀马、剥驴等，奇怪异端，百有余物，名为百戏。"
其中鱼龙、巨象、杀马、剥驴，皆假面具戏也，而此种假面具戏，则来
自西域。至于"蓬发"，亦为西方诸种族之一种习俗，所谓西戎之人披
发左衽者，此之谓也。所谓"戴胜"者，郭璞注云："胜，玉胜也。"
即石环之类，盖一般原始种族用以为颈饰者也。总上所述，则所谓半人
半兽之西王母，乃一种披发，带假面具而以石环为颈饰之原始种族也。

传说中对于西王母之邦的所在，不一其词。如云：

> 玉山，是西王母之所居也。（《山海经·西山经》）
>
> 低徊阴山，翔以纤曲兮，吾乃今日睹西王母。（司马相如《大
> 人赋》）
>
> 西王母石室"在金城郡"临羌西北至塞外。（《汉书·地理
> 志》（下》）
>
> 酒泉南山有石室西王母堂。（《十六国春秋》）
>
> 西王母在流沙之濒。（《淮南子·地形训》）
>
> 西王母居昆仑之山。（《河图玉版》）
>
> 西海之南，流沙之滨，赤水之后，黑水之前，有大山，名曰昆
> 仑之丘，……有人戴胜，虎齿有豹尾，穴处，名曰西王母。（《山
> 海经·大荒西经》）
>
> 安息长老传闻条支有弱水、西王母。（见《史记·大宛列
> 传》、《汉书·西域传》）
>
> 其国（大秦国）西有弱水、流沙，近西王母。（见《后汉
> 书·西域传》、《魏书·西域传》及《魏略·西戎传》）

如传说所述，所谓西王母之邦，其范围似在甘肃以西，西至中亚一
带，而这一带正是两汉时代所谓西域之范围也。唯依据《穆天子传》卷4

所云："自群玉之山以西，至于西王母之邦三千里。"按群玉之山，即今日甘肃西部之南山山脉，由此以西三千里，正是塔里木盆地。故知最初所谓西王母之邦，实即指塔里木盆地而言。到两汉时代随着西域的范围之扩大，故又将西王母之邦推而远之，至于条支。

因此，所谓西王母者，并非如汉人之所设想为一不死之女仙人，亦非如近人之所附会为周穆王之女，[①]为图伯特语"浓波"[②]或乌孙语"昆莫"[③]之对音，乃至为波斯古传中之襄西陀王[④]或《旧约》中之阿剌伯的示波女王，[⑤]而诚如王应麟所云："西王母者，不过女真、乡姐、八百媳妇之类"，盖指史前塔里木盆地诸种族而言也。传说中又谓自黄帝以至尧、舜、禹，皆与西王母有往还聘献之事，如云：

黄帝时，西王母使使乘白鹿来献白环之休符，以有金也。一云舜时西王母遣使献玉杯。（《瑞应图》）

尧身涉流沙地，封独山，西见王母。（《贾子·修政篇》）

舜时西王母来献白环及玉玦。（《世本》）

舜摄行天子政，巡狩。……西王母使使乘白鹿驾羽车建紫旗来献白环之玦，益地之图。（《金楼子》）卷二（《兴王篇》）

舜以天德嗣尧，西王母来献白玉琯。（见《尚书大传》，此

①　《穆天子传》载西王母为《穆天子吟》，其词有曰："我惟帝女"。学者因附会此语，谓西王母为周穆王之女。其实，此所谓帝女者，乃指上帝而言。

②　"浓波"或系"赞普"之误。"赞普"者，图伯特人所谓王也。

③　"昆莫"者，乌孙人称其君之尊称，犹言王也。法人拉克伯里（Ter rian De La Leupere）以为中国古读王音近昆，因疑西王母者，即乌孙之君。

④　台爱尔（T.Teijel）英译《穆天子传》，据波斯诗人富尔达伊（Firdousse）引《波斯古传》襄西陀王（Jamshid）与马贞王（Mechin）马亨（Mahang or Mahenk）通婚，因以马贞为大秦，即支那，马亨为周穆王；而襄西陀为西王母，盖以马贞王与襄西陀王之结婚，附会为穆王与西王母之事也。

⑤　伏尔克（A.Forke）因见《旧约》中有阿剌伯示波女王（Konigin uon Sabo）访问琐罗门（Solomon）王于耶路撒冷之事，又以示波与西王母音相协，故以示波女王为西王母。

外《大戴礼·少闲篇》、《汉书，律历志》《风俗通·声音篇》、《晋书·律历志》、《宋书》乐志、符瑞志皆有尧时，西王母来献白玉琯之记载）

　　禹、益见西王母。（《论衡·无形篇》）

　　禹学于西王国。（见《荀子·大略篇》、《新序·杂事》及《韩诗外传》）①

　　羿请不死之药于西王母。（《淮南子·览冥训》）

　　以上诸神话人物所特征之历史时代，正是中国新石器时代的中期以至晚期。这些人物皆与西王母有往还，即无异暗示在新石器时代中期以后，属于夏族系统的诸羌之族，已与塔里木盆地诸种族有了血统的文化关系。同时，从西王母之贡物看来，又皆系白环玉玦；从西王母之饰物看来，又为玉胜；而且其所居之处，又称瑶池；则西王母之邦，必为产玉之地，若以今日地理按之，当在于阗一带。准此而喻，则在史前时代，诸羌之族其西徙之支裔，或已达到今日于阗一带？

　　除西王母的传说以外，还有许多传说，都暗示史前中国与塔里木盆地诸种族的关系。如《穆天子传》卷二云：

　　　　天子升于昆仑之丘，以观黄帝之宫。

　　　　《淮南子·天文训》谓："共工与颛顼争为帝，怒而触不周之山。"王逸、高诱两氏皆谓："不周山在昆仑西北。"

　　　　《山海经·海外南经》谓："羿与凿齿战于华寿之野，……在昆仑虚东。"

　　　　《山海经·海外西经》谓："大乐之野，夏后启于此舞九

① 王先谦：《荀子集解》卷十九《大略篇》《集解》曰："西王国，未详所说。或曰：大禹生于西羌。西王国，西羌之贤人也。"

伐。"此云大乐之野，余以为即"沃民之野"。《山海经·大荒西经》云："沃民之野……鸾鸟自歌，凤鸟自舞，爰有百兽，相群是处，是谓沃民之野。"而此所谓"沃民"，《淮南子》作"乐民"。该书《地形训》云："乐民挐间在昆仑弱水之洲。"故"沃民"即"乐民"，亦即"大乐"，而其地则在昆仑之虚。

综合以上诸传说以与考古学的发现相印证，则史前羌族之西徙塔里木盆地，实有蛛丝马迹可寻。

四　结语——禺氏、禺知、虞氏与月氏

《管子》书中，盛称禺氏为产玉之地。如云：

> 玉起于禺氏。（《国畜篇》）
> 北用禺氏之玉。（《揆度篇》）
> 玉起于禺氏之边山，此度去周七千八百里。（同上）
> 禺氏不朝，请以白璧为币乎？昆仑之虚不朝，请以璆琳琅玕为币乎？……怀而不见于抱，挟而不见于掖，而辟千金者，白璧也，然后八千里之禺氏，可得而朝也。簪珥而辟千金者，璆琳琅玕也，然后八千里之昆仑之虚可得而朝也。（《轻重甲篇》）
> 金出于汝汉之右衢，珠出于赤野之末光，玉出于禺氏之旁山，此皆距周七千八百余里。（《轻重乙篇》）

如上所述，禺氏既为产玉之地，又去周七千八百里，而且与昆仑之虚并提，则其地必为今日于阗一带无疑。吾人由此又知在春秋时塔里木盆地诸种族为中国所知者有禺氏。

余以为禺氏即虞氏。虞氏在后来的文献中有各种变称，如《左传》中之"虞"，《穆天子传》卷一中之"禺知"，《史记·大宛列传》之"月氏"，皆虞氏二字一音之转也。盖古代有音无字，后人以字记音，此种纷歧讹误，正不可免。犹之后来译音，不能尽同，同一理由。如吐火罗之为睹货逻，印度之为身毒也。

考虞氏，史称有虞氏，为夏族中之一原始氏族，原住在鄂尔多斯一带。以后一支东徙中原，一支西徙甘肃，但仍有一部分残留于原处，故《逸周书·王会解》、《伊尹献令》列月氏于正北。《穆天子传》卷一所谓"禺知之平"，据王国维考证，亦在雁门之西北，与《伊尹献令》合。唯虞氏之另一分支，在史前时代即已西徙塔里木盆地。《管子·小匡篇》云："西服流沙西虞"，此西虞者，实即指西徙流沙之虞氏。此西徙之虞氏，到春秋时，遂以禺氏之名闻于中国。到汉代，更以月氏之名而出现于西域。吾人由此又知所谓月氏者，实即虞氏一音之转，其族类之开始西徙，固早在史前时代。至于汉初大月氏之西徙，[①]则不过追踪其祖先之足迹而已。唯此次羌族之西徙，已由塔里木盆地西逾帕米尔高原，远至于中亚。自是以后，诸羌之族，遂布满帕米尔高原西南山谷之间[②]以及印度之西北。[③]

---

① 《汉书·西域传》（上）云："大月氏，本行国也。随畜移徙，与匈奴同俗，……本居敦煌、祁连间，至冒顿单于攻破月氏，而老上单于杀月氏，以其头为饮器，月氏乃远去，过大宛，西击大夏而臣之，都妫水北为王庭。其余小众不能去者，保南山羌，号小月氏。"按月氏之由敦煌一带西徙伊犁，大约在文帝前元八年至后元三年之间（西纪前172年至161年间），其由伊犁一带再徙妫水流域，则大约在武帝建元二年至元光六年之间（西纪前139年至129年间）。

② 《汉书·西域传》（上）云："蒲犁及依耐，无雷国，皆西夜类也。西夜与胡异，其种类羌氏。"按此诸国皆在今日帕米尔高原西南山谷之间，所谓葱岭诸国者是也。

③ 《汉书·西域传》（上）云："昔匈奴破大月氏，大月氏西君大夏，而塞王南君罽宾。"按汉时罽宾即北印之迦湿弥罗，塞王，即希腊在大夏的统治者，因月氏入据大夏，于是希腊人被迫由濮达高附储地（今阿富汗境）逶迤而下，南入罽宾。但月氏人亦踵而蹑之，因而所谓"南君罽宾"之塞王，不久亦见逐于月氏。羌族之裔，遂徙入印度与希腊人及北印之雅利安族混种而构成所谓Inde——Soktyiano。

　　吾人由此而愈益相信，发现于凉州西北之沙井文化遗址，实为羌族西徙塔里木盆地途程中的寄顿之所。假若我们再作广泛搜求，则在凉州与古楼兰之间，必能再发现类似沙井期文化之遗址。盖南山北麓这一道天造地设的走廊，自古以来就是甘肃与塔里木盆地之通道，史前的古人，也自然是经由这一自然的走廊通达于塔里木盆地也。

　　人们或许怀疑，自甘肃西至塔里木盆地，虽在今日，亦为畏途。因为中间需要经过罗布沙漠，这个沙漠，会使通过他的人感到有无法克服的困难。①史前人类何能克服此种困难，但是我们一定要想到，在史前时代，这里还是一个波涛荡漾的罗布泊，而不是罗布沙漠。②至于南山北麓这一道横贯东西的走廊，并不如何的荒凉。据《斯坦因西域考古记》，第6页云："肃州河极西端的河谷一带，植物都异常丰富。"同页又云："肃州河同甘州河河源处空阔的河谷地方，虽是很高，有些处所，甚至达一万一千呎以上，但是仍有极优美的夏季牧草，真是一个很动人的经验。再向东南，雪同雨量愈增，南山极北山岭中，甘州河灌域所及的河谷里，因此能容许更能丰富的森林在那里生长。"由此，我们可以想像，史前时代的羌族，他们驱着畜群，沿南山北麓一带富于森林与植物的山岭与河谷缓缓西徙，忽然发现了一个梦想不到的大盆地，是如何地高兴啊！

　　塔里木盆地，三面高山，诚如《斯坦因西域考古记》第2页所云："从地图上看来，这一片地方很像是自然有意在地球上发生大文明的

_____

①　《马可勃罗游记》第五十六章对于罗布沙漠，有如次的描写："这一片沙漠很长，据说由一头骑马行到那一头要一年以上。此处较狭，横越过去，也得要一个月。全是沙丘沙谷，找不到一点可吃的东西。但是骑行一日一夜以后，便可以得到淡水，足够五十到一百人连牲口之用，多了可不行。"《斯坦因西域考古记》第116页也有如次的描写："我们完成这一次的沙漠旅行，一共横渡十七大站地方。普通的算法，仍同马可勃罗时代一样，说是二十八段。……在这一次的旅行中，我们没有遇到一个行人，没有生命的岑寂容易使我体会到古代行旅者循着这条寂寞的碛道所生的迷信恐怖的感觉。"

②　《斯坦因西域考古记》，第118页云："较古时代吸收南山山脉一大部分积雪的疏勒河，原来是注入大罗布泊的。所以罗布泊的灌域，竟从右方的帕米尔起横越亚洲腹都，以及于太平洋。"

几处地域之间，造了这样一座障壁，隔断了他们在文化方面彼此的交流。"然而文化的浪涛，终于打通了这个障壁，反而使这个盆地，自有史以前下迄秦汉隋唐，都成为东西文化交流之处。而史前的羌族，则为东方文化西进的先锋。

（重庆《中苏文化》十五卷二期，1944年2月出版）

吐蕃人种起源考

一 吐蕃在中国史上的出现

西藏高原诸种族，直至唐贞观八年（634）始以吐蕃之名，见于中国史籍，在此以前，未尝通于中国。

当唐代与吐蕃接触时，吐蕃之族已经知道冶铸金属[①]，知道种植牧

[①] 《新唐书·吐蕃传》上云："其官之章饰，最上瑟瑟，金次之，金涂银又次之，银次之，最下至铜止，差大小，缀臂前以辨贵贱。"《旧唐书·吐蕃传》上云："吐蕃多金银铜锡"。二书皆不言有铁，意者唐时吐蕃尚在青铜器时代。

畜①，并且在这种社会经济基础上，形成了一个强大的种族国家。在这国家内，有君长曰"赞普"②，有各种臣僚曰"尚论掣通突瞿"③，有军队④，有监狱⑤，而且已经从印度传入佛教，因而也有僧侣⑥，唯尚无文字⑦。

吐蕃在唐太宗时（627—649），正开展其向四周的征服，北向青海，东向川边，成为大唐帝国西南之严重威胁。致使大唐帝国不能不把文成公主送到吐蕃，而下嫁于其国王弄赞⑧。到高宗时（650—683），吐蕃强盛达到极点，其国土北至甘肃西北凉州一带，东至四川松潘及西昌一带，南至印度西北，西至新疆南部，巍然为中国西南的一个泱泱的大

---

① 《旧唐书·吐蕃传》云："其地（吐蕃之地）气候大寒，不生粳稻，有青稞麦、蚕豆、小麦、荞麦。畜多牦牛、猪、犬、羊、马。又有天鼠，状如雀鼠，其大如猫，皮可为裘。……其人或随畜牧，而不常厥居。"

② 《新唐书·吐蕃传》云："其俗谓强雄曰'赞'，丈夫曰'普'，故号君长曰'赞普'，赞普妻曰'末蒙'。"

③ 同上书云："其官有大相曰'论茝'；副相曰'论茝扈莽'，各一人，亦号'大论'、'小论'；都护一人，曰'悉编掣逋'。又有内大相曰'曩论掣逋'，亦曰'论莽热'；副相曰'曩论觅零逋'，小相曰'曩论充'，各一人；又有整事大相曰'喻寒波掣逋'，副整事曰'喻寒觅零逋'，小整事曰'喻寒波充'，皆任国事，总曰'尚论掣通突瞿'。"

④ 《旧唐书·吐蕃传》云："军令严肃，每战，前队皆死，后队方进。重兵死，恶病终。"《新唐书·吐蕃传》亦云："（吐蕃）以屡世战没为甲门，败懦者垂狐尾于首示辱，不得列于人。"

⑤ 《旧唐书·吐蕃传》云："用刑严峻，小罪剟眼鼻，或皮鞭鞭之，但随喜怒，而无常科。囚人于地牢，深数丈，二三年方出之。"

⑥ 《新唐书·吐蕃传》云："其俗重鬼右巫，事羱羝为大神，喜浮屠法，习咒诅。"

⑦ 《旧唐书·吐蕃传》云："（吐蕃）无文字，刻木结绳齿木为约。"

⑧ 《旧唐书·吐蕃传》云："弄赞弱冠嗣位，性骁武，多英略，其邻国羊同及诸羌并宾伏。太宗遣行人冯德遐，往抚慰之。见德遐大悦。……乃遣使随德遐入朝，……奉表求婚，太宗未之许。……弄赞遂与羊同连，发兵以击吐谷浑。吐谷浑不能支，遁于青海之上，以避其锋，……于是进兵攻破党项及白兰诸羌，率其众二十余万，顿于松州西境（今四川松潘）。……太宗遣吏部尚书侯君集为当弥道行营大总管……以击之……弄赞大惧，引兵而退，遣使谢罪，因复请婚，太宗许之。……贞观十五年（641）太宗以文成公主妻之。"

国，与大唐帝国相匹敌。①

　　武后时，虽曾从吐蕃手中收复新疆西南四镇②，但是当时的吐蕃，西结大食（今之阿拉伯人），屡次企图由克什米尔北之小勃律（今吉尔吉特）侵入新疆。同时，东结南诏（在今云南、四川），扰乱西南；并常由青海方面威胁大唐帝国通达西域之孔道。所以到中宗时，又不得不把金城公主送到这个神秘的国土。③

　　玄宗时（8世纪中叶），阿拉伯人已经征服了妫水盆地，大唐帝国的西方，又感到一种新的危险。④为了抵抗大唐帝国在中亚的优势，吐蕃人与阿拉伯人携手，突入印度河流域，横越吉尔吉特（唐代称为娑夷水）和雅西尔的兴都库什地方，进到妫水流域的最上游处，向新疆的塔里木盆地进展。吐蕃与阿拉伯人的联合攻势，严重的威胁着唐代在西域的地位。为挽救这种危险，于是乃有玄宗天宝六年（747）大唐将军高仙芝横越世界屋脊的帕米尔和冰雪皑皑的兴都库什山达科特（即唐代所谓

　　①　《旧唐书·吐蕃传》云："（高宗）咸亨元年（670）四月，诏以右威卫大将军薛仁贵……率众十余万以讨之……为吐蕃……所败，……自是吐蕃连岁寇边，当、悉等州诸羌尽降之，……吐蕃尽收羊同、党项及诸羌之地，东与凉（今甘肃武威）松（今四川松潘）茂（今四川茂汶）巂（今四川西昌）等州相接，南至婆罗门（印度），西又攻陷龟兹、疏勒（于阗、碎叶）等四镇，北抵突厥，地方万余里，自汉、魏以来，西戎之盛，未之有也。"

　　②　"长寿元年（692）武威军总管王孝杰大破吐蕃之众，克复龟兹、于阗、疏勒、碎叶等四镇。"（《旧唐书·吐蕃传》）

　　③　《旧唐书·吐蕃传》云："神龙元年（705）……中宗以所养雍王守礼女为金城公主许嫁之（吐蕃）。"

　　④　《惠超往五天竺国传》（见《敦煌石室遗书》）中谓："当时西天竺、波斯均属大实（即大食）所管。吐火罗都城有大实兵在彼镇压。吐火罗国王被迫，向东走一月程，在普特山居，属大食所管。胡蜜（即护蜜）兵马少弱，现属大食所管，每年输税捐三千匹。安国、曹国、史国、石骡（即石国）、米国、康国，虽各有王，并臣属于大实。拔汗郍（即拔汗那）河南一王属大食，河北一王属于西突厥。由此可知当时阿拉伯人在中亚一带之势力。按惠超之往印度，不知在何年，但其归国，则在开元十五年（727），是在玄宗时，正阿拉伯人势力在中亚扩展之时。当时，适值吐蕃势力西展，故此两大势力得以相遇于中亚。"证之《唐书》所纪，当时拔汗那、安国、康国、俱密国、吐火罗国均有因大食之侵略而请援于大唐之事，就可证明。

坦驹岭）之远征。但是高仙芝的远征，终于在塔什干城附近一战，由于同盟军中的突厥人之背叛而归于惨败。不久安史之乱爆发，于是吐蕃遂乘间由青海方面大举北犯，进入陕西。[①]到代宗时，并攻陷大唐帝国的首都。[②]以后又再犯首都，唐朝借回纥之力才把吐蕃从近畿驱逐出去。[③]德宗时，唐朝有朱泚之乱，吐蕃又在"请助讨贼"的名义之下，一度进入陕甘。[④]自是以后，吐蕃内乱，逐渐衰弱。

吐蕃在8世纪中叶，勃然兴起于从无历史纪录的西藏高原，南略印度，东入川滇，北犯甘肃，西侵中亚，并且与阿拉伯人的势力结合，与大唐帝国展开争夺帕米尔高原内外一带世界的斗争。这一个新兴的势力之兴起于西藏高原，决不是偶然的，而是很早以前居住于这个高原的诸种族，在其长期的历史发展中孳殖与融混的结果。可惜吐蕃以前之西藏诸种族的历史，已消失于没有文字记载的历史时代之中。到现在，只剩下一些模糊影响，似是而非的传说而已。虽然，假如我们根据这些传说的暗示，则对于吐蕃的人种之来源，仍可以找到一些线索。假若我们对于吐蕃种族的渊源，找到了一些线索，则同时对于西藏高原诸种族的来源也就可以解决了。

---

① 《旧唐书·吐蕃传》云："吐蕃乘我间隙（安史之乱）日蹙边域。……数年之后，凤翔之西，邠州之北，尽蕃戎之境，湮没者数十州。"

② 《新唐书·吐蕃传》："代宗宝应元年（762）（吐蕃）陷临洮，取秦、成、渭等州……明年，入大震关，取兰、河、鄯、洮等州，于是陇右地尽亡。进围泾州，入之，……又破邠州，入奉天……代宗幸陕……高晖导虏入长安，……吐蕃留京师十五日乃走，天子还京。"

③ 《旧唐书·吐蕃传》云："（代宗）永泰元年（765）……仆固怀恩诱吐蕃回纥之众，南犯王畿。……至奉天界……京城戒严，……郭子仪于河中府领众赴援，……交战二百余阵……诣泾阳降款，请击吐蕃为效，子仪许之。于是……合……攻破吐蕃……京师解严。"

④ 《新唐书·吐蕃传》云："（德宗时）朱泚之乱，吐蕃请助讨贼……及泚平，责先约求地，天子薄其劳……于是虏以为怨。……泾、陇、邠之民荡然尽矣。诸将曾不能得一俘，但贺贼出塞而已。"

二 吐蕃的原始人种是羌族的苗裔

关于吐蕃种族的来源，《旧唐书·吐蕃传》云：

> 吐蕃，在长安之西八千里，本汉西羌之地也。其种落莫知所出也，或云南凉秃发利鹿孤之后也。利鹿孤有子曰樊尼，及利鹿孤卒，樊尼尚幼，弟傉檀嗣位，以樊尼为安西将军。后魏神瑞元年，傉檀为西秦乞佛炽盘所灭。樊尼召集余众，以投沮渠蒙逊，蒙逊以为临松太守。及蒙逊灭，樊尼乃率众西奔，济黄河，逾积石，于羌中建国，开地千里。樊尼威惠凤著，为群羌所怀，皆抚以恩信，归之如市。遂改姓为窣勃野，以秃发为国号，语讹谓之吐蕃。其后子孙繁昌，又侵伐不息，土宇渐广，历周（北周）及隋，犹隔诸羌，未通于中国。

《新唐书·吐蕃传》云：

> 吐蕃本西羌属，盖百有五十种，散处河、湟、江、岷间，有发羌、唐旄等，然未始与中国通。居析支水西，祖曰鹘提勃悉野，健武多智，稍并诸羌，据其地。"蕃""发"声近，故其子孙曰"吐蕃"，而姓"勃窣野"。或曰，南凉秃发利鹿孤之后，二子，曰樊尼，曰傉檀。傉檀嗣，为乞佛炽盘所灭。樊尼挈残部臣沮渠蒙逊，以为临松太守。蒙逊灭，樊尼率兵西济河，逾积石，遂抚有群羌云。

按新旧《唐书》皆载吐蕃为南凉秃发利鹿孤之后的传说，此外此说亦见《通典·西戎吐蕃》条、《通考·四夷吐蕃》条、《唐会要·吐蕃》条、《太平寰宇记·四夷》、《宋史·外国·吐蕃传》。而《新唐书》吐蕃出于西羌之说，则不见于以上各书，不知其说何所本。

按以上二说，一谓吐蕃之族为南凉秃发利鹿孤之子樊尼之后，"吐蕃"之得名，乃"秃发"之音转；一谓吐蕃之族为发羌之苗裔，"吐蕃"之得名，乃"蕃"、"发"二字一音之转。

考秃发利鹿孤者，秃发乌孤之弟。秃发乌孤曾于东晋末年据甘肃凉州一带，建立一个短期王朝，是为南凉。《十六国春秋·南凉录》云：

> 秃发乌孤者，河西鲜卑人也。世祖疋孤，率其部自塞北迁于河西。孤子寿阗立，寿阗卒，孙机树能立……尽有凉州之地，武帝为之盱食。能死，从弟务丸立……丸死，孙椎斤立；斤死，子思复鞬立：部众渐盛，遂据凉土。鞬死，子乌孤袭位，……徙于乐都。

据此，则秃发利鹿孤者，鲜卑人也。《后汉书·鲜卑传》云："鲜卑者，亦东胡之支也。别依鲜卑山，故因号焉。"鲜卑之族，在西汉时，尚远在辽东塞外，西阻匈奴，南隔乌桓，未尝通于中国。直至东汉末叶，桓、灵之际，匈奴西徙，中原大乱，鲜卑之族始乘间西徙，占领匈奴故地。以后，其族类渐次分徙于陕甘北部塞外，及塔里木盆地之东北一带。由此而知所谓秃发族者，乃自东汉末以迄西晋，在鲜卑西徙的猛潮中，徙入凉州之一支。在秃发族以前，中国西部甘肃一带，乃匈奴与西羌交错之地，并无鲜卑之族类也。

秃发族确为鲜卑族中向中国西南突入之一支。据《十六国春秋辑补》云："（当秃发族全盛之时，）其地东至麦田、牵屯，西至湿罗，南至浇河，北接大漠。"按浇河，在今青海东北，或即湟河。是秃发盛时，其族类已进入青海。

唯秃发族种落甚小，不久即为其他鲜卑种之乞伏族所驱散。当其散亡时，确有一支，在樊尼领导之下，由乐都再向西徙。《十六国春秋·傉檀传》云：

> 乞伏炽盘乘虚来袭，旦而城溃。安西樊尼自西平奔告傉檀，谓众曰："今乐都为炽盘所陷，卿等能为吾籍乙弗之资，（著者按：乙弗乃乞伏之讹，此族当时在秃发之西，因傉檀于乐都陷落之时正西征乙弗，大破之，获牛马羊四十万，故炽盘得以乘虚而入，此所谓乙弗之资者，即指傉檀之虏获物）取契汗以赎妻子者，是所望也。"遂引师而西，众多逃返。遣征段苟追之，苟亦不还。于是将士皆散。

但《十六国春秋》仅谓樊尼引师而西，不及其所至何地，且谓"众多逃返"。是则秃发之族，即使有西济黄河逾积石建国于羌中者，其种落亦必甚小。过去的历史家，因不明吐蕃种族的渊源，见秃发族有自青海西徙之事，而"秃发"与"吐蕃"之声又极相似，故谓吐蕃为秃发之音讹，于是推而论之，谓吐蕃即秃发。果如此说，则直至东晋末年，西藏高原一带，始初有人类。而此种人类，在短短二百年左右，即发展为一强盛的吐蕃，岂非历史的奇迹？实际上，据传说所云：秃发者，乃鲜卑语"被"之称谓[①]；而吐蕃则为西藏语之释音（详后节），两者之音虽偶同，而实则毫不相干。

再考吐蕃出于发羌之说。

考发羌之名，首见于《后汉书·西羌传·滇良》条。其中有云：

> 迷唐（烧当羌滇良之后裔）遂弱，其种众不满千人，远逾赐支

---

① 《十六国春秋辑补》云："寿闻之在孕，母胡掖氏（此句亦见《广韵》）因寝而产于被中，鲜卑谓'被'为'秃发'，因而氏焉。"

河首，依发羌居。

如上所记，则所谓发羌者，乃烧当羌南徙以前赐支河首以外的先住种族。据《后汉书》所载，烧当羌的南徙，在和帝十三年（101），是发羌之族，至迟在东汉以前，已定住在赐支河首一带。唯唐代吐蕃所居之地在今日西藏，赐支河首以外是否系今日之西藏，其说不一。但据《通典边防·西戎·党项羌》条云"党项羌在古析支之地……大唐贞观三年……后诸部相次内附，列其地为盼、奉、岩、远四州。"又《州郡·雪山郡·奉州》条云："奉州蛮夷之地，南接吐蕃。"则赐支以南，实即吐蕃之地，亦即今日西藏高原，殆无可疑。据此，我们又知在东汉以前已有发羌之族，分布西藏高原。

唯发羌之族是否为后来吐蕃之原始的渊源，则尚待考证。近人郑天挺氏曾著《发羌之地望与对音》一文，引申《新唐书》之说从音韵学上论证发羌即吐蕃。其中有云：

> 窃疑中国史传中之所谓发羌，实即西藏土名Bod（西藏自称其种族曰Bod，自称其人曰Bod-Pa）之对音。《广韵》月韵发，方代切，为合口三等非母字，Kar Cren氏拟读为piwdt。案《说文》"发，从弓发声"；"发，从癶，从殳"。段玉裁注："癶：亦声，普活切，滂母"；"癶，读若拨，北末切，帮母"；均属重唇。而从发得声之字拨，北末切，帮母；拨，普活切，滂母；亦属重唇音。钱大昕云："古读发如拨。《诗》鳣鲔发发。《释文》补末切，此古音也"，一之日觱发，《说文》潎波，此双声，亦当为补末切。《释文》云："如字误矣，说文波分勿切。"此古音上发可读拨之证。

郑氏即据此而作出发羌即吐蕃之音转的结论。余以为发之古音读拨为一事，而发羌之是否为吐蕃又为一事。盖藏语pod之音为"拨"，决不能于"拨"之前加上一个"吐"字之音。若谓系pod-pa之译音，则应译"拨巴"，而"拨"音总应在前。诚如郑氏所云，中国古代翻译名词，亦有省略者，如"帆衍那"之译"帆延"或"帆引"，"阿修罗"之或译"修罗"，"迦毗罗婆"之或译"迦毗"，但只有略音，决无凭空添注原文无有之音节如pod之前而加一吐字音者，故吐蕃为发羌之对音，实不能通。

余近考藏语中有To-po一语，其音读如"吐拨"，其意义则为"上西藏"（uper　Tibet）。此语阿拉伯人译为土伯特（Tobet），嗣后英人转译为底伯特（Tibet）。中国后来亦称西藏为土伯特，或图伯特，皆系出于To-Po之译音。中国古音拨与番通，故译为吐蕃。因此，余以为吐蕃者，乃藏语To-po之直译，而非发羌之对音也。

吐蕃种族，既不始于东汉之发羌，亦不始于东晋末之秃发。其最古的远祖，可能是史前时代的羌族。盖羌族在史前时代，即有一分支由甘肃西南缓缓南徙。

关于史前羌族的南徙，吾人至今于甘肃与西藏之间，尚未发现史前人类之遗迹。唯步达生氏曾于其所著《甘肃河南晚石器时代及甘肃史前后期人类头骨与现代华北及其他人种之比较》一书中云："甘肃晚期旧石器时代的人类头骨，与西藏B种及'甘姆斯人种'（Khams Tibetitns）有许多形状相同。"按甘肃史前人种，即系后来所谓羌族。此种史前人种的肉体型，与西藏B种及甘姆斯人种的肉体型，有相同之处，则后者必然出于前者，因而吾人以为吐蕃最古的祖先，可能就是史前南徙的羌族之支裔。

其次，《铁云藏龟》一〇五页有一条云："贞。吴弗其哉，羌蜀"。"蜀"字之上冠以"羌"字，其意当然是指蜀中之羌。又《卜辞》中有"湔方"后上九页云："口乎湔光。"前七，四二页云："湔方"。按《许书》谓："湔水出蜀绵笮玉垒山，东南入江。"此湔方，余疑即《华阳国志》所谓"鱼凫王田于煎山"之"煎"，其地在四川西北松潘境内。《卜辞》为殷人之记载，《卜辞》中而谓蜀中有羌，是则当殷人进入四川以前，四川西北已有羌族之分布，其南徙之时，正值传说中之夏代也。

又据《后汉书·西羌传》云："羌无弋爰剑者，秦厉公时为秦所拘执，以为奴隶，不知爰剑何戎之别也。后得亡归，……诸羌……推以为豪，……至爰剑曾孙忍时，秦献公初立，欲复穆公之迹，兵临渭首，灭狄豲戎。忍季父卬畏秦之威，将其种人附落而南，出赐支河曲西数千里，与众羌绝远，不复交通。其后子孙分别，各自为种，任随所之。或为牦牛种，越巂羌是也；或为白马种，广汉羌是也；或为参狼种，武都羌是也。"

按广汉、武都，在今松潘，越巂在今西昌，这一带到西汉初，皆诸羌分布之地。《史记·西南夷列传》云："自巂以东北，君长以什数，徙、筰都最大。自筰以东北，君长以什数，冉駹最大。……自冉駹以东北，君长以什数，白马最大，皆氐类也。"余以为此等诸羌之南徙，必在秦献公时代以前。否则，不能在西汉初有如此广大之分布与繁盛之发展。而且据《史记》所载，在汉初西南诸羌已贩卖枸酱于南越，贩卖邛竹杖于身毒，则当时已与广东、印度发生关系。其入印度，可能是道出缅甸，也可能是道出西藏。余因疑西汉时代之羌族的一支，或者已于秦汉时代以前徙入西藏，特未被汉人所发见而已。而其南徙，则在史前时代也。故《水经注·河水注》引司马彪语曰："西羌者，自析支以西，滨于河首左右居也。"而这一带，正是今日之西藏。

至于诸羌之徙入西藏的路线，吾人于烧当羌之南徙，可以窥见一斑。《后汉书·西羌传》云：

　　自烧当至滇良，世居河北大允谷，种小人贫。而先零、卑湳，
并皆强富，数侵犯之。滇良父子……于是集会附落，及诸杂种，乃
从大榆入，掩击先零卑湿，大破之。……夺居其地，大榆中由是始
强。滇良子滇吾立，……滇吾子东吾立，以父降汉，乃入居塞内，
谨愿自守，而诸弟迷吾等数为寇盗。……迷吾子迷唐，……去大、
小榆谷。徙居颇岩谷。和帝永元四年（92）……蜀郡太守聂尚代为
校尉……乃遣译使招呼迷唐，使还居大、小榆谷。（和帝）十二年
（100）遂复背叛。……明年，……迷唐复将兵向塞，周鲔与金城
守侯霸及诸郡兵、属湟中月氏诸胡、陇西牢姐羌，合三万人，出
塞，至允川，与迷唐战。周鲔还营自守，唯侯霸兵陷陈，斩首四百
余级，羌众折伤，种人瓦解，降者六千余口，分徙汉阳、安定、陇
西，迷唐遂弱，其种众不满千人，远逾赐支河首。

　　按大允谷及大、小榆谷，皆在今日甘肃西南，赐支则在今日西藏。
烧当羌自大、小榆谷徙于赐支河首以外，是自甘肃西南徙入西藏，其间
有广漠的青海草原。古人要从甘肃西北徙入西藏，必须穿过青海草原。
据史乘所载，秦汉时代的诸羌之南徙西藏，以及东晋时代的秃发族，皆
系采取这条道路。是知自甘肃西南通过青海草原以达于西藏，自古以来
即有一条通道。所以自秦汉以至隋唐，这一通路几乎成为羌族通达西藏
的大道，尤其是他们在紧急环境中的一条逃亡路线。因而西藏高原不啻
为羌族的避乱所，积而久之，他们便聚成了许多种落，在一个新的世界
中，展开了他们新的发展。因此吾人推想史前的羌族之南徙川、藏一
带，亦或是采取这条道路。
　　总上所述，吾人因知羌族之南徙西藏，盖早在史前时代。发羌者，
不过南徙的羌族之一支，所以吐蕃的人种之主要的成份是南徙之诸羌，
并非发羌一族，更非后来之秃发族。

三 评吐蕃人种来自印度或缅甸诸说

学者亦有疑吐蕃人种来自印度者。盖吐蕃建国在西藏与印度接境，其间仅隔一喜马拉雅山。印度人种逾过喜马拉雅山徙入西藏，实至为可能。而且至今西藏人的典籍中尚有西藏人种起源印度的传说。唯此类传说之反面，皆谓吐蕃族形成之前，西藏尚无印度人种。近人冷亮氏节译《西藏纪年史》中有云：

> 吾人导师释迦牟尼涅槃后，圣人观世音菩萨化身为猿猴，降临西藏，修道于某黑山中。黑山中有一魔女，一日来至菩萨处，告以相爱之忱，菩萨无所动也。魔女白菩萨曰："余以夙孽，转生为魔，已大不幸，今复为情欲所驱，眷念于汝，愿与汝缔为因缘。汝或不许，余则与其他男魔为婚姻，诞育魔类，以荼毒于藏土。汝若有不忍人之心，则从余之所请。"菩萨聆言，发慈悲心，遂与魔女为夫妇。生六男六女，菩萨饲以神谷，于是其子女身上之毛渐脱落，尾亦缩短，终至消灭。……菩萨携此六子六女，至于马亚磋森林中自相配偶，由是族类繁衍，以后孳裂为十二国。

按此神话首云："吾人导师释迦牟尼涅槃后"，则神话之构成时代必在佛教进入西藏以后。次云"圣人观世音菩萨化身为猿猴，降临西藏。"考观世音菩萨之出现于佛教诸神中，在亚历山大远征印度之后。当时希腊艺术家麇集犍陀罗，把许多希腊诸神改装为佛教的诸神。观世音菩萨者，即希腊诸神中之埃西，印度称之曰阿利帝母，到中国则称之曰观世音，或简称观音。亚历山大之远征印度在公元前330年，而观世音之出现则又当在此时之后。其辗转以传播于西藏，而成为西藏土人之信仰，恐在隋、唐之际。因其中所谓魔女、魔男，乃指异教徒而言。据《西藏纪年史》所载，在佛教未传入西藏之前，西藏地方，流行一种黑教，藏文称之曰"班"，此种宗教系由阿拉伯输入，乃系一种崇拜自然的宗教。即《新唐书》所云："事鄉虓为大神"者是也。当佛教进入西藏时，此种黑教曾与佛教作激烈之斗争。西藏之通于阿拉伯，正在唐代，亦即吐蕃全盛的时代。故黑教之传入西藏，亦当在唐代。此时即有印度人种之加入，亦与吐蕃之种族来源无关。所以传说中虽欲制造西藏人种来自印度之假说；然而在这个神话的反面，却露出了当观世音菩萨未化身入西藏以前，西藏高原早已布满魔男、魔女。而此魔男、魔女，正是信奉阿拉伯黑教的吐蕃种族。是印度人在西藏所遇到的，不是一块无人的世界，而是强大的吐蕃族。

同书中又载一类似之神话云：

昔印度释迦族中阿育王之后，有玛加达与结巴者，孪生兄弟也。以政见不睦，玛加达太子，被窜于藏土。或曰太子生而状不类人，手指足趾间，皆缀有薄膜若鹅鸭之蹼然。其眼皮复自下而上覆，有如鸟雀。其父以为不祥，故放逐之。太子至于藏边，登拉纳子（按即喜马拉雅山），乃纵望藏土。于是逾雪山，良地阿隆，至于真塘之贡比纳山。由此降于山麓，遂为郊原牧人所见。牧人询之曰："君从何来？"太子以手指天，意谓来自高山之上。牧人误其意，以为自天而降，神也。乃负之归其部落，戴以为王，是为仰赐赞普。仰赐赞普者，西藏首出之人王也。

按玛加达，在公元前5世纪即出现于印度。而阿育王之时代则在公元前264年至227年。故神话中谓玛加达为阿育王之后，时代颠倒。玛加达与释迦族同系雅里安人种，但是否属于释迦族，则不得而知。佛典中谓净饭、白饭、斛饭、甘露，皆为释迦族，但未见玛加达。从世界史的文献考察，当公元前5世纪时，正是佛教兴起的时代。当时雅里安种族已进到恒河流域，建设了强大的国家。他们的势力，几乎扩大到全印度。从犍陀罗到亚梵提之间，散在有十六个国家，而玛加达与哥萨拉最为强大。据《摩挐法典》所载，当时印度已有六十种职业，想见当时手工业分工之发达。佛典中亦常有关于商人之记载，或者在当时已有少数玛加达的商人逾过喜马拉雅山而至于西藏，亦未可知。但是诚如传说所云：当玛加达的太子到达西藏之时，西藏高原已经有了"郊原牧人"之部落。此"郊原牧人"之部落，即吐蕃之原始种属也。

由此看来，吐蕃族中即使有印度人种之血液，也是非常稀薄的。

学者又或疑吐蕃之族来自缅甸。因今日西藏的语言系统属于缅甸语系。英人查理贝尔氏（Charles Pell）于其所著《西藏之今昔》（Tibet Past and Present）一书中即谓西藏人中一部分来自东北（甘肃一带），一部分来自南方阿萨密（Assam）与缅甸。

按缅甸人种属于南太平洋系统。此种人种之一分支在史前时代，即与南徙于西昌一带的诸羌发生接触。在当时，南北两系人种之间当然有血统与文化的交流。但当时彼此皆处于无文字的历史阶段。甚至到唐代，吐蕃种族还是没有文字。故西藏的语言即使受南太平洋系人种之影响，亦为吐蕃占领西藏以后之事。考西藏人种与南太平洋人种之繁密接触，当在唐代中叶。吐蕃族与南诏角逐于西南山岳地带之时，当时吐蕃与南诏在联盟[①]

---

① 《旧唐书·南诏蛮传》云："明年，（剑南竹度使鲜于）仲通……进兵逼大和城，为南诏所败。自是阁罗凤北臣吐蕃，吐蕃令阁罗凤为赞普钟，号曰东帝，给以金印。蛮谓弟为钟，时天宝十一年也。"同上书又云："大历十四年……吐蕃役赋南蛮重数，又夺诸蛮险地立城堡，岁征兵以助镇防，牟寻厌苦之……乃去叶蕃所立帝号。"

与战争①中，确实有着血统与文化的交流。但其时在吐蕃种族形成之后，与吐蕃人种之渊源无关也。

　　由此，吾人又知吐蕃之人种与印度、缅甸人种无关。因而余以为其种族之来源乃自史前以迄秦、汉时代南徙诸羌之汇合也。

（重庆《中山文化季刊》第一卷第四期，1944年5月出版）

---

　　①　《旧唐书·南诏蛮传》云："初（贞元十年），吐蕃因争北庭，与回鹘大战，死伤颇众，乃征兵于牟寻，须万人。牟寻既定计归我，欲因征兵以袭之，乃示寡弱……遣兵五千人戍吐蕃，乃自将数万踵其后，昼夜兼行，乘其无备，大破吐蕃于神川。"

南明史上的弘光时代

一 燕京沦陷以后

1644年3月19日，李自成陷北京，崇祯死难。当时明朝驻守山海关的将军吴三桂缟素投清，开关延敌，与清联兵，共同进攻中原。李自成的队伍，在明、清联军压迫之下，退出了北京，自是清朝遂定鼎燕京。

随着李自成的大军向山、陕退却，清兵便追踪前进。于是太行以东，大河之北，遂非复为明朝所有。而这就是多尔衮所谓"国家不惮征缮之劳，悉索敝赋，代为雪耻"①者是也。

当此之时，明代的遗臣故老和残余的将领，以国破君亡，宗社为重，相与迎立福王由崧于南京。福王以五月十五日即位，改明年为弘光元年，是为南明第一个政府。

当弘光之世，大明的天下虽已在内乱与外患交逼并乘之中陷于崩溃决裂，但衡量大局，并非不可挽救。以言物力，则当时大河以南尚全为明朝所有。以淮、扬之繁富，江南之殷盛，东南沿海之鱼盐，西南半壁之土产，供应军需，实不成问题。以言兵力，则江北四镇，分布淮、泗，不下数十万人；郑芝龙及郑采的闽军，分屯沿江沿海，亦不下数十万人；左良玉的三十六营，雄据武汉，号称百万；此外袁继咸的赣军，何腾蛟的湘军，以及粤、桂、黔、滇之军，总计当有数百万人；至用于围剿"流寇"的川军尚不在内。以掌握如此庞大之人力与物力的弘光政府，假使发奋为雄，抗清第一，则据河南以规复河北，进而克复北京，非不可能。即不然，划江而守，亦足以如东晋南宋，偏安江南，与清成南北对峙之局。但是事实的演变，却出人意料之外，不期年而弘光殄祀，福王政府几如昙花一现，遂尔萎谢，这"虽曰天命，岂非人事哉！"

二　福王政府的成立与阉党再起

说到弘光之败，不能不首先说到福王之立，因为后来的一切问题，都从这里伸引出来。假如弘光的历史是一幕悲剧，则福王之立便是这幕悲剧的楔子。

按福王名由崧，系神宗次子福王常洵之子。神宗有五子，长常洛，

---

① 三馀氏：《南明野史》卷上，第24页。

是为光宗。次福王常洵，次瑞王常浩，次惠王常润，次桂王常瀛。光宗早死，福王常洵亦死于崇祯十四年李自成陷洛阳之役，其存者仅瑞、惠、桂三王。但当北部沦陷之时，瑞、惠、桂三王，皆远在藩封。适于此时，福王由崧、潞王常淓则以避乱，系舟淮安。如依皇家伦次，则潞王为疏，而福王为亲。如依贤不肖，则潞王精明仁厚，为当时人望所属，福王骄奢荒淫，为当时物议所讥。因此当拥立之时，曾发生伦序与立贤之争。

陈贞慧《过江七事》之《计拥立》篇，对于当时拥立之争议，纪录甚详。据所云云，大概当时南中大臣中的忠贞分子，如史可法、姜曰广、刘宗周辈，皆主张立贤，拥戴潞王监国。而以马士英为首之奸佞分子，则借口序伦，主张迎立福王，以邀拥立之功。结果奸佞分子因有江北四镇的实力派为后盾，得了胜利，福王于是乎即位于南京。

福王政府虽为奸佞分子所拥立，但当时国难严重，所有忠诚救国的元老重臣，也都牺牲成见，参加这个政府。据史载，"福王即位，用可法、曰广及南储高弘图为阁臣，从物望也。当是时，可法实秉中枢，高、姜居中票拟，张慎言为大冢宰，刘宗周为总宪，九列大臣，各得其任。"[①]但同时，奸佞分子如马士英、王铎，皆任为大学士。士英因定策有功，而王铎则为福王藩邸旧人。所以当福王政府成立之初，虽奸、忠并列，而荣枯已有别了。

这样的局面，并不长久。不久马士英拥兵入朝，遂开始从中央政府中排除忠贞分子的工作，企图以此转变政权的性质，即由抗战转向妥协。首先被排除的是史可法。三馀氏《南明野史》云："既而士英拥兵入朝，假援中宫，请留辅政。于是有内外均劳之议。可法请督师江北，而士英专国。"

---

① 三馀氏：《南明野史》卷上，第2页。

关于史可法被马士英排出中央，督师江北之事，应喜臣《青磷屑》（下）记之甚详。其中有云："朝议既定，以史公督师淮、扬，苏州吴县廪膳生卢渭率太学诸生抗疏争之，有'秦桧在内，李纲在外，宋终北辕！'等语，朝野传诵，以为名言。时人比之陈东云。"

马士英一面排除忠贞的元老重臣，一面又引用无耻小人，以为党羽。第一个被引用的便是阮大铖。阮大铖，是魏忠贤阉党的余孽，为士君子所不齿，而且名列逆案，天下共知。当魏阉败死，阮大铖曾一时匿迹皖省故乡。后因迫于"流寇"之乱，又逃寓南京。当时正值崇祯末年，天下萧萧，不可终日。于是阮大铖遂谈兵说剑，企图再起。当时阮大铖自署其门曰："无子一身轻，有宦万事足。"[1]由此可以想见其怀抱。后经复社诸名士顾杲、侯朝宗、陈定慧、吴应箕等联名发表留都防乱揭帖，痛加声讨，又才稍稍敛迹。福王政府成立，阮大铖适在南都，因厚结马士英以求复用，故有推荐之事。关于阮大铖史实，钱秉镫《藏山阁文存》卷六《皖髯事实》中载之甚详，这里不及琐述。像这样一个人物一旦提出，当然要使得举朝大骇，一倡百和，舆论哗然。三馀氏《南明野史》曾录当时朝中士大夫反对之言，其中如：

> 高弘图曰："臣非阻大铖。旧制京堂必会议，乃于大铖更光明。"
>
> 姜曰广曰："臣前见文武纷竞，既惭无术调和。近见钦案掀翻，又愧无能豫寝。遂使先帝十七年之定力，顿付逝波；陛下数日前之明诏，竟同覆雨。梓宫未冷，增龙驭之凄凉；制墨未干，骇四方之观听。惜哉维新，遂有此举。臣所惜者，朝廷之典章；所畏者，千秋之清议而已。"

---

[1]　夏完淳：《续幸存录·南都杂志》，第10页。

郭维经曰："案成先帝之手，今实录将修。若将此案抹杀不书，则赫赫英灵恐有余恫，非陛下所以待先帝。若书之而与今日起用大铖对照，则显显令旨，未免少怼。并非辅臣所以爱陛下也。"

吕大器曰："先帝血肉未寒，爰书凛若日星。而士英悍然不顾，请用大铖。不惟视吏部为刍狗，抑且视陛下为弁髦。"

王孙蕃曰："枢府以大铖为知兵乎。则《燕子笺》、《春灯谜》，枕上之阴符，而床头之黄石也。"

虽然举朝反对，但阮大铖仍然做了兵部尚书。小人道长，则君子道消。自阮大铖掌兵部以后，当时忠诚谋国的元老重臣如张慎言、姜曰广、高弘图、刘宗周、黄道周、陈子龙等都被排挤而先后退归田里；同时，魏阉余党，如张捷、杨维垣、虞廷陛一流的小人，都弹冠相庆，走进了朝堂。像钱谦益那样无耻的文人，也因巴结阮大铖，起复了原官。《南明野史》记钱谦益之下流有云：

谦益之起也，以家妓为妻者柳如是自随。冠插雉羽，戎服骑入国门，如昭君出塞状，都人咸笑之。谦益以弥缝大铖得进用。乃出其妾柳氏为阮奉酒。阮赠一珠冠，值千金。谦命柳姬谢，且移席近阮。闻者绝倒①。

钱谦益的故事，亦见夏完淳《续幸存录》，当系事实。虽然，如钱谦益者，不过丑声外播者而已。实际上，当马、阮专国以后，在福王政府中，其以献妻献妾而蟒玉加身者，正不知有多少。从这里，我们可以看出所谓福王政府，不过是一群阉党余孽和无耻之徒的政府。这个政府

① 三徐氏：《南明野史》卷上，第10—11页。

不但与当时明朝的人民没有关系，而且与明朝的士大夫也没有关系。

三　妥协政策的执行

马士英、阮大铖把政权转移到自己手中以后，第一件事，便是企图与清谋妥协，不久派赴清廷的使节便出发北上了。当时派遣的使节是左懋第、马绍愉和陈洪范三人。陈洪范曾著《北使纪略》纪述奉使北行的经过。其中有云：

> 忽接礼部札付，奉旨召对。始知为吴三桂借（夷）破贼，顾大宗伯荐往北使，蒙皇上回（命）（召）对。国事多艰，惟命所之，义（不）敢辞。但使（命）甚重，非武臣可以专任，必得文（臣）同往。部仪兵部侍郎左懋第、太仆寺卿马绍（愉偕）行。以银十万两、金一千两、缎绢一万匹，为酬（夷）之（仪），因以祭告祖陵，奠安先帝后，封吴三桂为蓟国公。本镇恐（夷）情甚狡，事难（遥）度，就中机宜，必奉庙算，可以奉行，共疏（上）请，复蒙皇（上）召对亲切……[1]

从陈洪范的记载看来，当时派赴清廷使节的主要使命，是为了答谢清兵替明朝打退了李自成的农民军，并因便祭告祖陵，奠安崇祯皇帝，同时封拜开关延敌之吴三桂将军。很显然地，这三位使臣之中，陈洪范在"召对亲切"之时，已面奉秘密"机宜"，这就是要他通过吴三桂的关系，与满清谋妥协。不料当时清统治者气势方盛，黄金白银，并不足以满其贪欲；联兵西讨，亦不足以激其义愤；他根本不承认福王政府的

---

[1] 《北使纪略》，第1页。

合法地位。关于这一点从多尔衮致史可法书中可以看出，书中有云："比闻道路纷纷，多谓金陵有自立王者。夫君父之仇，不共戴天。《春秋》之义，有贼不讨，则故君不得安葬，新君不得即位。所以防乱臣贼子，法至严也。"[①]这虽然是汉奸的手笔，但确是清统治者的意思。因此，对福王的使节，便毫无礼貌。同时吴三桂又已经"外施复仇之虚名，阴作新朝之佐命。"[②]也不与福王的使节见面，接受他们带来的封爵。陈洪范看见情势不佳，为了脱身，就把南朝的虚实完全报告清廷，所以后来左懋第、马绍愉在回来的路上被清廷截回，皆不屈而死，独陈洪范安然南返。夏完淳《续幸存录》云："洪范与虏合谋，宵夜逃归，遂成秦桧之奸计。"《北使纪略》一书乃是陈洪范为自己洗刷而作。

北行的使节显然是失败了。吴伟业《鹿樵纪闻》云："陈洪范还，言王师必至。"[③]和议已无成矣。但这种结果是出乎马、阮意料之外的，而且这样的消息传到南都，也是后来的事。当北行使节出发以后，在马、阮等想来，清政府充其量也不过如"契丹和宋，多输以金缯，回纥助唐，原不利土地。"[④]而且正准备与清联兵西讨，问罪秦中，企图假借外力，完成其武力统一之迷梦。

当时，马、阮乃至南朝大多数的士大夫都有一种错见，他们总以为清统治者也和他们一样，对李自成的农民军，亦有不共戴天之仇。以为清兵的入关，真如多尔衮所云："徒以薄海同仇，特申大义，""以报尔君父之仇。"只有史可法知道清统治者是"乘我蒙难，弃好崇仇；规此幅员，为德不卒。"实际上，清兵之入关，不自此次始。其欲闯进中原，已非一日。当崇祯之世，清骑之屡犯冀、鲁，果何为乎？为"报尔

---

① 三馀氏：《南明野史》卷上，第24、26页。
② 蒋良骥：《东华录》卷八。
③ 吴伟业：《鹿樵纪闻》卷上，第9页。
④ 三馀氏：《南明野史》卷上，第24、26页。

君父之仇"耶? 则崇祯尚高据宝座也。

诚然, 在福王政府看来, 李自成确为大逆不道; 但在清统治者看来, 则"闯贼但为明朝崇耳, 未尝得罪于我国家也。"反之, 他们正要利用明朝内部的矛盾, 挥游刃以戳其要害。站在清政府的立场, 福王政府与李自成, 同为明朝人, 亦即同为他的仇敌, 固无所谓谁为正谁为逆也。多尔衮说得明白, 他说: "今君拥称尊号, 便是天有二日, 复为勍敌。予将简西征之锐卒, 转旗东征。且拟释彼重诛, 命为前导。"又说: 如果福王政府投降, 则将"遣将西征, 传檄江南, 联兵河朔, 陈师鞠旅, 戮力同心, 以报尔君父之仇, 彰我朝廷之德。"总之, 他对于福王政府与李自成, 盖一视同仁, 并无亲疏厚薄之分, 同在剿灭的预算之内。所以多尔衮说: "兵行在即, 可东可西。"①

自然, 清统治者也想诱降一个, 打击一个。但他知道诱降政策对李自成的集团是不可能的。因为李自成一直退到陕西以后, 对清统治者的答复, 还是六十万大军在潼关的反击。《明纪·福王始末》云: "大清兵攻潼关, 伪伯马世耀以六十万众迎战。"即因李自成不能诱降, 所以他又转而诱降福王政府中的将领。他深知福王政府中, 除史可法外, 都是一些无能之辈。只要史可法投降, 江北四镇失其统驭, 则福王政府即归瓦解。所以他写了一封信给史可法, 要他劝福王政府投降。其中有云:

> 诸君子果识时知命, 切念故主, 厚爱贤王, 宜劝令削号归藩, 永绥福位。朝廷当待以虞宾, 盛承礼物。带砺山河, 位在诸侯王上, 庶不负朝廷伸义讨贼、兴灭继绝之初心也。至于南州诸君子, 贲然来仪, 则尔公尔侯, 列爵分土, 有平西王 (吴三桂) 之典例

---

① 三馀氏:《南明野史》卷上, 第2—25页。

在。惟执事实图利之。

但是史可法的回答，是"鞠躬致命，克尽臣节。"

清诱降史可法失败，又曾诱降高杰。《南明野史》云："先是清朝副将唐起龙，其父唐虞时致书于杰，劝以早断速行，有'大者王，小者侯，不失如带如砺，世世茅土'之语。杰皆不听。"[1]以后清肃王又致书高杰诱降，但因高杰出身"流寇"，富有爱国之心，终不为动。

以上情形，马、阮并非完全不知，然而总以为江、淮不能飞渡，妥协尚有希望；因为当时北行使节死难的消息，尚未传至南都也。

四　文恬武嬉的局面

马士英、阮大铖等阉党余孽所执行的政策，显然是内除忠臣，外谋妥协，以求偏安江左的政策。因此，一切中兴大计，皆置之度外，而日以排除异己，援引私党为务。当时应天府丞郭维经曾上书曰：

> 圣明御极将二旬，一切雪耻除凶、收拾人心之事，丝毫未举。今伪官纵横于凤、泗，悍卒抢攘于瓜、仪，焚戮剽掠之惨，渐逼江南。而廊庙之上不闻动色相戒，惟以慢不切要之务盈庭而议。乞令内外文武诸臣，洗涤肺肠，尽去刻薄偏私，及恩怨报复故习，一以办贼复仇为事[2]。

给事中陈子龙亦上书曰：

---

[1]　以上分别见三馀氏：《南明野史》卷上，第24、27、29页。
[2]　《明纪·福王始末》第3、4页。

中兴之主，莫不身先士卒，故能光复旧物。今入国门再旬矣，人情泄沓，无异升平。清歌漏舟之中，痛饮焚屋之内，臣不知其所终。其始皆起于姑息一二武臣，以致凡百政令，皆因循遵养，臣甚为之寒心也①。

由此看来，当时并非无明达之士，见危知惧；惜官卑职小，其言不足以耸听闻。以当时之形势而论，福王政府之首要任务应该是致全力于军事措置，以准备迎击清兵之攻势。首先应将江北四镇的军队扼河而守，据淮为阵，以进窥河北之势，作退守中原之计。其次应将闽军开赴苏、皖沿江，以扼长江之险，作保卫南都之备。再次，应将左良玉驻屯武汉之三十六营调赴河南，北伐中原，以大张明朝之声势。尽调何腾蛟之湘军出屯武汉，与袁继咸之赣军相为犄角，以巩固长江上游之防守。再次则应调集粤、桂、黔、滇之军，北向中原，以为后续的部队。最后，则应号召沦陷区域的人民，武装起义，从敌人的后薄发动战争，以响应明朝的攻守。最好是能进一步招抚李自成、张献忠的农民军，使其卷土西秦，东出关、陕。如此，则敌以倾国来，我亦以倾国赴，天下为清为明，尚未可量也。

但是当时马士英等阉党，正玩弄妥协的阴谋，他们特别强调，国家的仇敌，不是清兵，而是"流寇"，企图以此缓和清兵之进攻。所以左良玉的百万大军始终不令其离武汉一步。而其任务，则为阻止李自成由陕西南窜与张献忠由四川东下。因而在客观上，形成与清兵夹击农民军的形势。《明纪·福王始末》云："李自成之败于关门也，左良玉得以其间，稍复楚西境之荆州、德安、承天。王进良玉宁南侯，以上流之事专委之。"所谓"上流之事"即堵截李、张之事也。

---

① 《明纪·福王始末》第3、4页。

即因左良玉之军不出，而中原遂空虚无备。即因以"上流之事"专委左良玉，湘、赣之军遂不能前进，西南各省几不知有清兵入关之事。

说到江北四镇，早已骄横放纵，眦睚杀人，拦路劫货如盗贼。应喜臣《青磷屑》（下）有云："四镇各私设行盐，理饷，总兵，监纪等官，自画分地。商贾裹足，盐壅不行。各私立关税，不系正供。东平（刘泽清）则阳山（山阳）、安东等处，兴平（高杰）则邵伯、江堰等处，多凶横。"由此可以想见一般。

史可法之督师江北，原系马士英之政治阴谋，并非一种有计划的军事布置。但史可法到扬州后，却想把四镇的兵力引用于抵抗外敌。他首先指定四镇的防地，规定其兵额，确定其粮饷。《南明野史》云："（可法）以总兵刘泽清辖淮、海，驻淮北，海、邳、赣十一州县隶之，经理山东一带。高杰辖徐、泗，驻泗水，徐、泗、宿、亳、丰、砀十四州县隶之，经理开、归一带。刘良佐辖凤、寿，驻临淮，寿、颍等九州县隶之，经理陈、杞一带。靖南伯黄得功辖滁、和，驻庐州，庐、巢、无为十一州县隶之，经理光、固一带。每镇额兵三万人，本色米二十万，折色银四十万，悉听各属自行征取。"①同时并奏请政府，晋封黄得功靖南侯，高杰兴平伯，刘泽清东平伯，刘良佐广昌伯，以奖励之。

史可法的分防计划并没有顺利实现。因为高杰以徐州苦寒，欲据扬州。当时扬州富甲天下，有新旧二城，城外列肆，子女瑰宝累万万。但扬州乃系史可法督师所驻之地。而高杰悍然不顾，竟攻入扬州，放手剽掠，屠脍日以百数，并将史可法拘于善庆庵（《续幸存录·南都杂志》谓史困于福缘庵），后可法化装为道士，始得脱险。但以史可法之忠诚，不久高杰亦为感化，由跋扈一变而为忠勇之良将。不幸之事，层

---

① 三馀氏：《南明野史》卷上，第2—3、33页。

出不穷，以后刘良佐亦不愿调庐州，将与高杰争扬州。二镇水火，至演成土桥的火并。好容易高杰之军开赴归德防地，而又为许定国劫杀于睢州。可法闻而大哭曰："中原不可复图乎？"①

至于闽军，除郑鸿逵一部开抵镇江一带，其余大部分皆未出动。至于号召义军，虽史可法曾一度建议，如《明纪·福王始末》所云："（可法）请颁监国、登极二诏，慰山东、河北军民心；开礼贤馆，召四方才智。"亦未实行。

当时明达之士深感局势危急，无不纷纷上书，切言时弊。刘宗周上书有曰："言今日大计，舍讨贼复仇，无以表陛下渡江之心。非毅然决策亲征，无以作天下忠义之气。"②尤以史可法慷慨陈辞，不仅一次。其一疏有云：

> 自三月以来，大仇在目，一矢未加。昔晋之东也，其君臣日图中原，而仅保江左；宋之南也，其君臣尽力楚、蜀，而仅保临安；盖偏安者，恢复之退步；未有志在偏安而遽能自立者也。大变之初，黔黎洒泣，士绅悲哀，犹有朝气。今则兵骄饷绌，文恬武嬉，顿成暮气矣。③

此外，章正宸亦上疏云：

> 两月以来，闻大吏锡肇矣，不闻献俘；武臣私斗矣，不闻公战；老臣引退矣，不闻敌忾；诸生卷堂矣，不闻请缨。如此而日兴

---

① 三馀氏：《南明野史》卷上，第2—3、33页。
② 《明纪·福王始末》，第5、25页。
③ 同上书，第5、26页。

朝气象，臣虽愚，知其未也。臣以进取为第一义……①

但是言者谆谆，而听者藐藐。

五 贪污腐化的政治

马士英、阮大铖等以北使既出，则清兵不致南下；左良玉专主上游，则"流寇"不致东窜；因而以为从此可以偏安江左，千秋万世。于是卖官鬻爵，贪污腐化，福王政府的政治遂不堪问了。

当时的贪污腐化，是从上而下，一贯到底的。福王本人就是一个贪污腐败的头子。据《南明野史》云：

时太后来自河南。帝谕户工部，限三日内，搜括万金，以给赏赐。……又谕选内员及宫女，闾巷骚然。②

吴伟业《鹿樵纪闻》云：

是时又将大婚，内府造皇后礼冠，需猫睛石、祖母绿及珠，自一钱以上者百十颗，商人估价数十万。

关于选宫女事，《明纪·福王始末》云：

庚辰，命选淑女，隐匿者邻里连坐。陈子龙言："中使四出

---

① 《南明野史》卷上，第15、20页。
② 同上书，第15、20页。

搜巷，凡有女之家，黄纸贴额，持之而去，间井骚然。明旨未经有
司，中使私自搜采，甚非法纪。"乃命禁讹传诳惑者。寻复使太监
李国辅等，分诣苏、杭采访，民间嫁娶一空[①]。

又吴伟业《鹿樵纪闻》云：

> 丁未，选淑女黄氏、郭氏入宫，仍命再选，有母女自尽者。

据《续幸存录·南都大略》云：当时，福王"端拱宫中，后宫女
子以千计。"又据孔尚任《桃花扇》所传，福王不但选淑女，而且把当
时秦淮河的歌妓，也选了不少，在宫廷中组织了一个戏班。所以《南明
野史》有云："帝深居禁中，惟渔幼女，饮大酒，杂伶官演戏为乐。巷
谈里唱，流入内廷。梨园子弟，教坊乐人，出入殿陛，诸大臣呼为老神
仙。"[②]福王常住的宫殿，曾有一联云："万事不如杯在手，百年几见月
当头。"[③]

但是福王还感到声色不足以恣其淫乐，表示不满。同上书云："除
夕，福王在兴宁宫，色忽不怡。韩赞周言新宫宜权。福王曰：'梨园殊
少佳者。'赞周泣曰：'臣以陛下令节，或思皇考，或念先帝，乃作此
想耶？'"

当时马士英、阮大铖等则卖官鬻爵，公行贿赂。《南明野史》云：
"士英请免府州县童子应试，上户纳银六两，中户四两，下户三两，得
赴院试。又诏行纳贡例，廪纳银三百两，增六百两，附七百两。"是贪
污已经侵入文化教育了。

---

① 《明纪·福王始末》，第19页。
② 《南明野史》卷上，第27—28页。
③ 徐鼒：《小腆纪年》卷八，第28页。

至于各级官职，都有定价。《南明野史》云："又立开纳助工例。武英殿中书纳银九百两，文华殿中书一千五百两，内阁中书二千两，待诏三千两，拔贡一千两，推知衔一千两，监纪、职方万千不等。"官有高低，价有大小，也许还有黑市。即因官可以买，所以当时百姓少而官僚多。时人为之语曰：

> 中书随地有，都督满街走。监纪多如羊，职方贱似狗。荫起千年尘，拔贡一呈首。扫尽江南钱，填塞马家口。

又有谚云：

> 都督多似狗，职方满街走。相公只受钱，皇帝但吃酒。[①]

又《青磷屑》载，当时有人书《西江月》一首于演武场云：

> 有福自然轮着，无钱不用安排，满街都督没人抬，遍地职方无赖。本事何如世事，多才不若多财，门前悬挂虎头牌，大小官儿出卖[②]。

夏完淳曰："朝事征诸野，太史陈风，时事可知矣。"[③]

除公开的买卖以外，还有黑市交易。《南明野史》载有曾降张献忠之明朝都督刘侨，即因贿马士英而复职。其礼物为"赤金三千两，女乐十二人"。士英接到礼物后，笑曰："此物足以释西伯。"

---

① 以上分别见《南明野史》卷上，第32、23页。
② 《青磷屑》卷上，第9页。
③ 《续幸存录·南都杂志》，第13页。

马士英专有一人司理赃物。同上书云："士英方黩货无厌，贿赂千名百品，日令门下僧利根次其高下。"同样，阮大铖的贪污，也不在马士英之下。因此当时的人民痛恨马、阮，比之"闯贼"。《南明野史》载：当时有人署马士英之门曰：

　　两朝丞相，此马彼牛，同为畜道；二党元魁，出刘入阮，岂是仙宗①。

《青磷屑》载：当时有人署司马门曰：

　　闯贼无门，（马）匹马横行天下；元凶有耳，（阮）一人浊乱中原。

在上者如此，下必有甚焉。于是军官也做起买卖来了。《青磷屑》有云："扬州为高杰藩汛地，不隔碍不行，复以周某为理饷总兵，兴贩米豆，官私夹带，上下为奸，利之所入，不全在官。"②至于四镇将官，则白昼行劫，毫无忌惮。这真是乘火打劫，混水捉鱼，利用国难，大家发财。

当时福王又大兴土木，修兴宁宫、慈禧殿，及赏赐宴乐，皆不以节。因此而国用匮乏，苛捐杂税，乃乘时而出。据《南明野史》云："佃练湖，放洋船，瓜议制盐，芦洲升课，税及酒家，每斤钱一文。"

马士英等一心搜括，不问别事。黄金白银，贿赂如山；翠袖红裙，歌舞彻夜；如有闲暇，则斗蟋蟀。《南明野史》云："时羽书仓皇，士

① 以上分别见《南明野史》卷上，第23、30页。
② 《青磷屑》卷上，第9页；卷下，第17页。

英犹与门下僧谈禅，斗蟋蟀，人号蟋蟀相公。"①

在这样的情形之下，不但大小名流相继告罢，即宦官之有人心者如韩赞周四十疏乞休，卢九德殿前痛哭。而群小盈朝，专饱私囊，置军费于不管如故也。当时史可法曾屡次上疏，劝告福王俯念人民艰难，勿忘恢复大业，一切从俭，以所有的人力物力用于战争。他说：

> 陛下践祚，初祗谒孝陵，哭泣尽哀，道路感动。若恭谒二陵，亲见凤、泗，蒿莱满目，鸡犬无声，当益悲愤。愿慎终如始，处深宫广厦，则思东北诸陵魂魄之未安；享玉食大庖，则思东北诸陵麦饭之无展②。

又说：

> 夫我即卑宫菲食，尝胆卧薪，聚才智之精神而枕戈待旦，合方升之物力而破釜沉舟，尚恐无救于事。以臣视朝堂之作用，百执事之经神，殊未尽然。……至兵行讨贼，最苦无粮。似宜将内库本相，概行催解，凑济军需。其余不急工役，可已繁费，一切报罢。朝夕宴衍，左右献谀，一切谢绝。即事关典礼，万不容废，亦宜概从俭约。乞陛下念念思祖宗之洪业，刻刻愤先帝之深仇，振举朝之精神，萃四方之物力，以并于选将练兵一事。庶乎人心犹可救，天意尚可回耳③。

疏入，不报。

---

① 《南明野史》卷上，第28页。

② 《明纪·福王始末》第5—6页。

③ 《南明野史》卷上，第27页。

六　党狱繁兴

像这样贪污无能、置中兴事业于不顾的新政府，当然要引起当时士大夫的风议，特别是东林遗老和复社诸生，他们看到阉党逆案中的干儿子，又做了当代的要人，更是愤愤不平。

为了镇压士大夫的风议，马士英、阮大铖等阉党余孽，乃恢复东厂缉事的组织，并翻刻《三朝要典》，更立"顺案"。"东厂缉事"者，以现代语译之，就是今日法西斯国家中的特务队。"顺案"者，是以李自成的国号为名，因为复社的名士周钟曾为李自成起草过登极的诏书，这完全是用以对付复社诸君子所指摘之逆案的。其意抑若曰：我们不过做过逆阉的干儿，而你们之中，却有李自成的党羽。

"顺案"成立了，首先被捕的就是周钟之弟周镳和雷演祚，以后逮捕的范围扩大到一切爱国的士大夫乃至七郡清流。大敌当前而党狱再起矣。朱一是《可堂集·周雷赐死始末》云：

> 阮大铖居金陵，诸生顾杲等出留都防乱公揭讨之，以示镳，镳力任，大铖以故恨镳。会马士英以逮治从逆之周钟并及镳，大铖复罗致镳与演祚曾主立潞王，为姜曰广之私党。于是朱统𨰥疏刻曰广，并及二人。而演祚以效范志完周延儒等，廷臣交忌之，遂有是逮。

同书又云：

> 大铖遂谋杀周雷，乘间潜告士英曰："检相君者，史同谋也，周雷实主之，日夜谋不利于相君。不击南昌（姜曰广），无以杀周雷；不杀周雷，无以遏诸生之横议；而东林祸君未有已也。"士

英心动，风奸人朱统锸攻南昌姜相曰广去；次周雷，又次士大夫及七郡清流，如黄道周、杨廷麟、吴甡、刘宗周、周孝廉、茂才杨廷枢、顾杲、吴梦笙、沈寿民、沈士桂、白梦鼎、梦鼐等七十二人皆不免。大指谓谋立疏藩，别图拥戴，于是缇骑遍七郡，而周雷投狱刑部矣。

虽然如此，仍然不足以泄马士英阮大铖的深仇夙恨，于是又再制造一个僧大悲的案子；企图利用僧大悲的口供，把南中所有的正人君子都加他们一顶东林或复社的帽子，一网打尽。僧大悲的案子，是南朝三疑案之一，因为此外还有伪太子，伪妃二案，合称三疑案。关于僧大悲案，钱秉镫《藏山阁文存》卷六《南渡三疑案》云：

> 甲申年，南渡立国。十二月，有僧大悲，踪迹颇异。至石城门，为逻者所执，下锦衣卫狱。……据供称先帝时封齐王，又云吴王，以崇祯十五年渡江。又言见过潞王。其语似癫似狂。词连申绍芳、钱谦益等，于是阮大铖、杨维垣等，令张孙穷治之，欲借此以兴大狱，罗织清流，遂造为十八罗汉，五十三参（七十二菩萨）之名，如徐石麒、徐汧、陈子龙、祁彪佳等皆将不免。东林复社，计一网尽之……谦益、绍芳各具疏辩，士英亦不欲穷其事，遂以弘光元年三月，弃大悲于市。

阮大铖又想借伪太子案，陷害东林复社的君子。据徐鼒《小腆纪年》所载："大铖作正、续《蝗蝻录》、《蝇蚋录》。盖以东林为蝗，复社为蝻，诸从和者为蝇为蚋。"[1]他想把这些蝗蝻蝇蚋和伪太子连系起

---

[1] 《小腆纪年》卷九，第19页。

来。但审判的结果，伪太子不是东林，也不是复社，而是故驸马都尉王
昺的侄孙王之明。

关于伪皇后的事，也是大大的疑案。福王既立，有妇人童氏，声言
为福王之妃，但福王坚不承认，虽欲一见而不许。并投之牢狱，说是伪
妃。即因童氏的出现，明朝当时的人，遂有怀疑福王本人不是老福王的
儿子。因为当李自成陷洛阳时，福王父子，都被李自成作了福禄酒，福
王的世子，早已死了。后来做了弘光帝的福王，是马士英随便找来做傀
儡的。钱秉镫说：“童氏但知德昌即位，以故妃诣阙求见；而不知今日
之德昌，非昔者之德昌也。”黄宗羲也如此说，大概有些道理，不然何
以不敢见面呢？

总之，弘光时代的南京，不仅是贪污的渊薮，也是杀人犯的巢穴。
那些阉党余孽，他们不敢打清兵，也剿不平流寇，但他们有本领来屠杀
赤手空拳的正人君子、士大夫。在这个时候，人民所看见的不是大军北
伐抵抗清兵的南下；而是缇骑四出，搜捕爱国的志士。不是严惩汉奸降
将，以整肃民族战争的阵容，而是罗织“顺案”，强调内部的矛盾。在
大乱当前之时，而黑狱繁兴，冤号载道，这样倒行逆施，当然天怒人
怨，还说甚么中兴大业呢？当时御史祁彪佳，曾上疏曰：

　　洪武初，官民有犯，或收系锦衣卫狱。高皇帝因见非法凌虐，
二十年遂焚其刑具，移送刑部审理。是祖制原无诏狱也。后乃以
锻炼为功，以罗织为事。虽曰朝廷之爪牙，实为权奸之鹰狗。口辞
从迫勒而来，罪案听指挥而定，即举朝尽知其枉，而法司谁雪其
冤？……迨后东厂设立，始有告密之端。用银而打事件，得贿而鬻
刑章。飞诬多及善良，赤棍立成巨万。招承皆出于吊拷，怨愤充塞
于京畿。……本无可杀之罪，乃致必杀之刑。……盖当血溅玉阶，

肉飞金陛，班行削色，气短神摇。即恤录随颁，已魂惊骨削矣[1]。

但是祁彪佳的忠谏，并未发生效力。以后礼科袁彭年也上疏请废厂、卫。其疏有云：

> 夫即厂、卫之兴废，而世运之治乱因之。顷先帝朝亦尝任厂、卫访缉矣，乃当世决无不营而得之官，中外自有不胫而走之贿。故逃网之方即从密网之地而布，作奸之事又资发奸之人以行。……刁风所煽，官长不能行法于胥吏，徒隶可以迫胁其尊上，不可不革[2]。

疏上，贬浙江按察司照磨。

七　内战爆发

福王政府本为马士英等少数阉党余孽所包办。他们"外假复仇之虚名"，阴通清廷，残杀正士，引用奸邪，剥削人民，可以说无恶不做。当时的士大夫虽然眼见就有灭亡之祸，但迫于马士英等的淫威，或被屠杀，或被囚禁，或被放逐，已经无力挽救危亡了。唯当时尚有一有力之人物，这就是巍然雄据于武汉的左良玉。他看到群小盈朝，早已不满，曾一度派遣湖广巡按御史黄澍同承天守备何志孔入朝，弹劾马士英。黄澍有疏曰：

> 自古未有奸臣在朝而将帅能成功于外者。必陛下内秉精明，外采舆论。国人皆曰可杀则杀之。毋因一时之才情博辩，误信小人，

---

① 《南明野史》卷上，第17页。
② 同上书，第20页。

使党羽既丰，祸患骤至。

又云：

> 正人君子，乞陛下师事数人以树仪表。使辇毂之下，贪污结舌，邪佞闭气，无所容其树党庇奸之私，而后讨国门以外之贼无难[①]。

黄澍等的疏奏，当然不能被采纳。以后为伪太子案，左良玉又上书，请保全东宫。其言有曰："前者李贼逆乱，尚锡王封，不忍遽加刑害。何致一家反视为仇。明知穷究，并无别情；必欲辗转诛求，遂使陛下忘乌屋之德，臣下绝委裘之义。普天同怨，陛下独与二三奸臣保守天下，无是理也。"左良玉的疏奏，亦未被采纳。

四月初四日左良玉反了。他捧着伪太子的血诏，为坛而哭，洒血誓师。一面部署三十六营，沿江而下；一面传檄江西，缴袁继咸联兵，同清君侧。同时，并发布了讨马士英的檄文，号召天下。其檄文云：

> 盖闻大义之垂，炳于星日；无礼之逐，严于鹰鹯。天地有至公，臣民不可囿也。奸臣马士英，根原赤身，种类蓝面。昔冒九死之罪，业已侨妾作奴，削发为僧。重荷三代之恩，徒尔狐窟白门，狼吞泗上。会当国家多难之日，侈言拥戴劝进之功。以今上历数之归，为私家携赠之物。窃弄威福，炀蔽聪明。持兵力以胁人，致天子闭目拱手；张伪旨以誉俗，俾兵民重足寒心。本为报仇而立君，乃事事与先帝为仇，不只矫诬圣德；初因民愿而择主，乃事事拂兆

[①]　以上分别见《南明野史》卷上，第12、39页。

民之愿，何由奠丽民生。

　　幻蜃蔽天，妖蟆障日。卖官必先姻娅，试看七十老囚，三木败类，居然节钺监军，渔色罔识君亲，托言六宫备选，二八红颜，变为桑间濮上。苏、松、常、镇，横征之使肆行；槜李、会稽，妙选之音日下。江南无夜安之枕，言马家便尔杀人；北斗有朝慧之星，谓英名实应图谶。除诰命赠荫之余无朝政，自私怨旧仇而外无功能。类此之为，何其亟也。

　　而乃冰山发焰，鳄水兴波。群小充斥于朝端，贤良窜逐于崖谷。同己者，性侔豺虎，行列猪豝，如阮大铖某某等数十巨憝，皆引之为羽翼，以张杀人媚人之赤帜；异己者，德并苏、黄，才媲房、杜，如刘宗周、姜曰广、高弘图数十大贤，皆诬之为朋党，以快如蛇如虺之狼心。道路有口，空怜"职方如狗，都督满街"之谣；神明难欺，最痛"立君由我，杀人何妨"之句。呜呼！江汉长流，潇湘尽竹，罄此之罪，岂有极欤？又况皇嗣幽囚，烈祖悲恫。海内怀忠之臣，谁不愿食其肉。……本藩先帝旧臣，招讨重任。……是用厉兵秣马，讨罪兴师。当郑畋讨贼之军，忆裴度闲邪之语。谓朝中奸党尽去，则诸贼不讨自平，倘左右凶恶未除，则河北虽平无用。①

　　左良玉的军队，很快就由武汉到了九江。袁继咸的部将郝效忠、郭云等见左军入境，遂大掠九江，左良玉的军队也加入抢掠，九江大火。左良玉在船上看见大火，顿足呕血而死。左良玉虽死，但他的儿子左梦庚还是劫袁继咸挥兵东下，破安庆，进迫采石。

　　当时南京的群小见左兵渐逼首都，起了恐慌。于是马士英不管清

---

① 《南明野史》卷上，第41—42页。

兵南下与否，内战第一，竟从江北国防前线上调回黄得功、刘良佐的队伍，并派遣刘孔昭、阮大铖、方国安、朱大典一齐出马，指挥内战。从来没有提过军事的兵部尚书阮大铖，这次却告了奋勇，他"衣素蟒，围碧玉"亲自督师江上。虽见者骇为"梨园装束"，但他演的却是一幕真枪真刀的活剧。夏完淳说得好："大兵大礼，皆娼优排演之场，欲国之不亡，安可得哉！"①

自黄得功、刘良佐的队伍南撤以后，刘泽清亦借口勤王，率兵大掠而南，徐、邳、扬、泗，秩序大乱。当时史可法以清兵正大举南进，淮、扬吃紧，接连上疏请停撤江北之军。但福王的回答是："上游急则赴上游，北兵急则赴北兵，自是长策。"史可法又上疏曰："上游不过欲除君侧之奸，原不敢与君父为难。若北兵一至，宗社可虞。不知辅臣何意蒙蔽至此！"其时朝中稍有国家观念的官吏如姚之孝、尚宝卿、李之椿、吴希哲等都请准备迎击外敌，但马士英厉声指诸臣曰：

> 此皆良玉死党，为游说。其言不可听。臣已调得功、良佐渡江矣。宁可君臣皆死于清，不可死于左良玉手。瞋目大呼："有异议者斩！"②

阮大铖也说：

> 与其左兵之来，不若清师之来，我且用清师以杀左氏。

---

① 《续幸存录》，第12页。
② 以上分别见《南明野史》卷上，第43、44页。

八 灭 亡

当福王政府进行内战最热烈的时候，清兵的统帅多铎已攻陷西安，击溃李自成的农民军，李自成已走死于九宫山。二月己未，多铎奉命移师进取江南。三月，多铎出兵虎牢关，并分遣固山额真出龙门关，尚书韩岱由南阳进军，三路同趋归德。当时四镇之兵，都在南京附近从事内战，江、淮之间空虚无一兵一卒。清兵至归德，许定国杀高杰，与李际遇先后迎降，约为向导。于是清兵遂破泗州，渡淮而南，进迫扬州。

史可法闻清兵大举南下，一面向政府告警，请派援兵；一面率其所部进至清江浦，迎击清军。后因援兵不至，遂又驰还扬州，闭城死守。多铎屡次致书史可法，招其投降，史可法都置之不理。当时守扬州的军队，仅总兵刘肇基等兵二万人，又无后援。结果城陷，史可法殉国。关于史可法守扬州事，《青磷屑》载之甚详。史可法孤军抗战，至死不屈的精神，真是替中华后来的儿女，留下了最好的榜样。

清兵破扬州，屠城十日，关于这一段惨绝人寰的史实，王秀楚《扬州十日记》写得很详细。王秀楚是扬州人，曾身遭其难，其所述清军在扬州之烧杀奸淫，皆亲见之事。

清兵屠扬州十日，继续南进。五月初，进抵至长江北岸。当时福王方面守镇江的是郑鸿逵的闽军。当清兵迫镇江北岸时，郑鸿逵并无丝毫防御，每天只是捕杀从江北溃退下来的自己的败兵，一共杀了一万多人，杀得以后败兵不敢南渡，大部分都投降了清朝。但是郑鸿逵冒指所杀自己的溃卒为清兵，上表告捷。《南明野史》云：

> 高杰溃卒之渡江也，郑鸿逵掩而杀之，不下万人；余卒北走降清。鸿逵乃露章告捷。玺书褒封靖虏伯，世袭。赐蟒衣金币。京口

民皆祝，且为建寺峙碑。自前月（四月）二十五日至是月（五月）之朔，日报虚捷，军门鼓角，将士凯歌，声沸江滨。鸿逵开藩京口，民争以牛酒犒师。

镇江军中鼓乐喧阗，福王也演戏祝捷，并下令求虾蟆为房中药。《南明野史》云："午日，百官进贺，帝以演戏不视朝。忽有中旨命乞子捕虾蟆为房中药，时目为虾蟆天子。"

正当南朝君臣祝捷之时，清朝的军队已乘着大雾渡过长江，袭破了镇江。《南明野史》云："清师既破扬州，沿江问渡。初七日，鸿逵军中大宴，歌舞喧阗，……清师编筏张灯向京口，而别由上游大宁洲老鹳河渡。黎明，尽抵南岸，遂袭破镇江。郑兵尽弃军实，扬帆东遁。"[①]向浙江、福建溃退。

清军既克镇江，遂转旗而西，连陷丹阳、句容，直迫南京。时天子已无心求虾蟆，相公亦无兴斗蟋蟀，大家都要准备逃亡了。关于清军陷南京的情形，明佚名氏《江南闻见录》逐日纪载，记之甚详。据云：初十日，都门昼闭，大风猛雨，二鼓，福王从通济门出，所携唯太后一妃及内相数人。是夜，士英入朝，见帝已逃，亦以川兵三千人为卫走浙江。十一日早晨，宫门洞启，妃嫔杂走，百官争窜。"（百姓）男女蜂拥出门，扶老携幼，不可胜数。间有妖媚少艾，金莲踯躅，跬步难行，见者心恻。既去而复，十有八九，以路上兵多也。已而闭门，欲返而不得者，十居二三，莫竟其终矣。"这样的情形，是何等混乱啊！

就在十一日，百姓打开了阉党的黑狱，释放了政治犯，拥伪太子监国，并毒打奸臣王铎，劫其家。

十四日，清军薄城。忻城伯赵之龙缒城而出，迎降清军。满街满

---

①　以上均见《南明野史》卷上，第45页。

巷，都贴出了清兵安民的告示。

十五日，赵之龙拥伪太子王之明出洪武门，到清营投降。

十六日，清军进南京。

百官递职名到清营。赵之龙令百姓设香案，俱用黄纸书"大清国皇帝万岁万万岁"及"风调雨顺，国泰民安"和"顺民"等字样。

十八日，"文武官员及乡保方长人等，送币帛、牲醴、米面、熟食、茶叶、果、烟、糖、酒等物于营，络绎塞道，举国若狂。"汉奸赵之龙又送了十五个戏班，进营演戏。

二十四日，清豫王在迎降的队伍中进入南京。"豫王进城，穿红锦箭衣，乘马，入洪武门。官员红素服不等，分班两旁迎贺。预（前）一日，礼部红榜遍贴城市，故无一不至。"

现在，内战不打了，皇军也好，叛军也好，大家都把武器交给清兵。据史载，当福王从南京逃到芜湖黄得功军中时，刘泽清已入海，刘良佐已降清，阮大铖在逃亡的路上被清兵所俘，投降了清朝，同时左梦庚三十六营也降了清朝。而且刘良佐奉清朝之命，追擒福王。二十五日黄得功战死，福王被俘，弘光亡。

是时李自成已在明清两军夹攻之中败死。这诚如桂王致吴三桂书中所云："逆贼授首之后，而南方一带土宇非复先朝有也。"[1]

（《中国史论集》第二辑）

---

[1]　蒋良骥《东华录》卷八，康熙元年二月条。

南明史上的永历时代

一　一般的形势

　　1646年（顺治三年）清兵已经奠定河北，削平中原，西入陇、蜀，南下闽、浙。且继续利用中原的人力与物力，驱使汉奸与败类，以压倒之势，长驱而入西南。企图一击而下荆、楚，再击而践粤、桂，三击而入黔、滇，以完成其最后的征服。

　　在这一时期，李自成、张献忠已先后败没，弘光、隆武已接踵覆亡，中原人民反抗清兵的斗争遭受了极大的挫折。但历史的挫折，并不能消灭中原人民反抗清兵的斗争，反而作了这个斗争走向新的阶段之杠杆。不久，新的反清政府，又在中国西南出现了。

顺治三年十月，明代的遗臣夙将，瞿式耜、丁魁楚、何腾蛟、王大澄、吕大器、严起恒以及李自成的残部李赤心、高必正等，他们鉴于民族国家的灭亡，迫在眉睫，不能不树起反抗清朝之最后的旗帜，保卫大西南，因相与推戴桂王由榔监国于肇庆，重组政府，继续抗清斗争。这个政府，是为桂王政府，他是南明第三个政府，也是南明最后的一个政府。

桂王政府成立以后，改元永历，诏诰天下，奖励文武兵民，同仇恢复。在新政府的政治号召之下，西南人民无不慷慨激昂，奋袂而起，在湖南、江西、两广，最后在云、贵，展开了反抗清兵之最残酷的武装斗争，这个斗争支持了十六年之久（1647—1662），终顺治之世，在中国的西南，还有一个"明朝"存在。

无论从哪一方面看，永历时代的客观环境，较之弘光隆武时代，都要恶劣得多。以统治地域而论，当时控制在桂王政府之下的领土，只有湖南、两广、云、贵五省及川南和鄂西之一小部分。而且在此等地域内，当时亦有汉奸头子洪承畴所领导的敌伪政治和军事的秘密破坏运动，如在湖南，则有江禹绪；在广东，则有吴惟华；在云贵，则有丁之龙。这些大大小小的汉奸，他们在敌人驱使之下，揭起"招抚使"的旗帜，到处组织汉奸，收买军队，充任清王朝进攻西南的鹰犬。这较之弘光时代尚据有江、淮以北，隆武时代尚掩有大江以南，已不可同日而语了。

以言兵力，当时桂王政府直辖的军队，只有丁魁楚所部的粤军，何腾蛟所部的湘军。而所有的粤军已腐化不堪，湘军又骄横无比。《永历实录》云："（丁）魁楚制粤两年矣，岭北溃乱，魁楚犹怗安不修戒备，将吏以贿为进退，唯日遣水军涸灵羊峡取砚石于老坑，至是武备单弱，不能自振。"①是以当李成栋进攻广东之役，遂全军覆没。至于湘军，据同书记何腾蛟语云："湖南重兵猬集，已复之土，弃为青磷白骨之场。而诸将狼戾狐疑，制臣不能辑之，臣又何以辑之？唯有孤掌鸣号，誓死报国而已。"②是以自孔有德进攻衡阳之役以后，湘军十三营"皆自为盗贼"。由是两粤空虚，江、楚骚然，而政府遂无一兵一卒。这较之弘光时代尚拥有江北四镇、左良玉三十六营和川、湘、闽、赣之军；隆武时代尚拥有庞大的闽军、浙军以及集结在江西的新旧军，也不可同日而语了。

以言物质资源，当时永历政权已经退处西南山岳地带，这里山林多而耕地少，土地所出，仅足自给，军需供应，大成问题。而且这里为少数民族的故乡，苗、瑶杂处。由于明代政府对少数民族之一贯的高压政策，土、汉的情感，极为恶劣。因之，当明代政权退到西南以后，不但不能得到少数民族的帮助，而且经常受到他们的威胁。如永历元年九月，当清兵陷全州逼桂林之时，土司覃鸣珂即乘危攻陷柳州。又如永历十二年十月，当清兵由广西西犯贵阳之时，土司岑继禄即为清兵作向导。像这样的现象，对于动员人力与物力，当然是严重的障碍。这较之弘光时代尚拥有淮、扬繁富之区，隆武时代尚拥有闽、浙滨海之地，又不可同日而语了。

然而弘光、隆武，皆不过一年左右即归覆亡，桂王政府反而能把抗清斗争支持到十六年之久，岂非奇迹！或曰，此乃"天眷中国，不殄明祀。"但是我们知道，"弘光殄祀，隆武就戮"，天之殄明祀者，已一而再矣。是天命之说不可信也。或曰，地理条件，保障了桂王的斗争。但是我们知道，长江、大河之险，并不能保障福王于不败；钱塘、仙霞之阻，亦不能巩固唐、鲁两王于闽、浙，是地利之说亦不可信也。我以

---

① 王夫之《永历实录》，卷三、卷七。
② 同上。

为桂王政府在更恶劣的客观条件下而能支持较长的时期，既非天命未绝，亦非地理保镖，而是当时南明社会内部不协调的因素之消解，与各阶层的人民最后大团结之结果。

我们知道，当弘光时代，南明社会内部尚存在着强烈的矛盾对立。当时的政府，一面要抵抗清兵的进攻；一面又企图和清"连兵西讨，问罪秦中。"因之不能集中力量迎击强敌，以致结果与李自成并倒。到隆武时代，虽由于李自成残部之归附，局部地缓和了内部的矛盾对立，但督剿张献忠，仍为当时政府主要任务之一，因之亦不能集中全力，迎击清兵，以致结果唐、鲁两王又与张献忠同归于尽。到永历时代，李自成和张献忠的残部都在民族国家的危乱之前，变成了支持桂王政府的主力军。在这一时代，桂王政府已无"寇"可剿。若谓有"寇"，则此所谓"寇"已经不是以前的"流寇"，而是大明王朝的"叛将"与"贼臣"。即因社会内部矛盾对立的消解，因之桂王政府便只有一个敌人，一个任务，即反抗清兵的进攻，收回大明的天下。

其次，我们又知道，弘光隆武两朝的政府，完全是明代残余官僚和士大夫的政府，他们没有把政权建筑在广大的人民基础之上。所以在当时虽然出现了史可法、张煌言等这一些出类拔萃的大英雄，结果，也还是敌不住马士英、阮大铖、郑芝龙这一类卖国求荣的大汉奸。至于桂王政府则与以前两个政府不同，他不是纯官僚士大夫的政府，而是官僚士大夫和被称为"流寇"的农民军，下至塾师、游客、卜筮、胥吏、寒士、落魄书生、江湖豪侠，以及一切不愿做亡国奴的人民大众之政府。换言之，桂王政府是当时社会各阶层的人民之"混合政府"。所以在当时士大夫金堡看来，简直就是"匪人"的政府。即因桂王政府变质为"混合政府"，所以他才能在更恶劣的客观环境中，支持16年之久。

二　政权的性质

桂王政府的改变，并非主观的意图，而是客观的必然。因为明代的抗清斗争，发展到永历时代，已经经过了两次大惨败。在残酷的历史考验之下，大多数的官僚和意识薄弱的士大夫，他们已经经不起历史的压力，不断地从民族斗争的战线中叛变出去，当了汉奸；或是放下武器，做了顺民。当此之时，许多"旧朝之重镇"，如洪承畴、吴三桂、尚可喜、孔有德、耿仲明之流，早已摇身一变，出现为"新朝之勋臣"。其他"世膺爵禄"的高官显宦，"藩封外疆"的总制巡抚，到这一时代，大半皆已"剃发为奴"，"变服称臣"了。虽然此外也还有一部分良心未死的士大夫，他们不肯投降清朝，但也没有勇气参加这个最后的而又似乎是没有希望的斗争。关于这一点，王船山《永历实录》有云：

> 朝廷建立三四年来，搢绅衰落。吕大器、李若星、李永茂既以志不行，无意再起；北方久陷，寂不知有岭海立国事。吴、浙阻远，旧臣或潜避山谷，略闻音息，终莫能起，唯有南望慨叹，或赋诗寄意而已。当上初立，旧臣如万元吉、杨廷麟、刘同升、郭维经，皆旋死事。诏征用者，文安之、王锡衮、郭都贤、李陈玉、印司奇、尹民兴、刘若金，俱中道阻不得达。熊开元、倪嘉庆辈，又皆披缁放浪江湖，无兴复志。闽、蜀搢绅稍有至者，率庸猥无足采，或复寒士，起草茅大用之，类皆斗筲劣琐，自媒躁进。故任使空匮，列位多虚。严起恒，金堡皆以清品汇求实材为务，而猝不得应者。

这段纪事，暗示出当时一般被清军吓昏了的官僚和士大夫回避斗争的情形。其中除少数死于国难，其余不外如次的几类，一类是"无意再起"，一类是"推托不知"，一类是"潜避山谷"，一类是"放浪江湖"，一类是"南望慨叹"，一类是"阻不得达"。总而言之，他们都读过圣经贤传，记得"危邦不入"的教训。所以桂王政府虽空悬"任使"，多虚"列位"，而"不得应者"。于是王船山慨乎其言之曰："搢绅衰落"。

当"搢绅衰落"之时，亦即民族斗争达到严重阶段的顶点之时。当此之时，那些草茅寒士却远自闽、蜀而来，足见当时道路并非阻而不达也。这些草茅寒士，虽然"庸猥无足采"，但他们却不"潜避山谷"或"放浪江湖"，而怀抱着救亡图存之壮志。《永历实录》云：

> 及（上）居武冈……群臣皆遁去，莫肯扈从……于是江、楚间塾师、游客、卜筮、胥吏，皆冒举贡，自称全发起义，赴行在求仕[①]。

从这里，我们又可以看出当寒士们"赴行在求仕"之时，并非斗争的高潮时代，而是"群臣皆遁去"的时代。在这样一个时代，除了那些看不清风头的寒士，谁还来参加这个已经没有油水了的斗争呢？至于他们之"冒举贡"，这又指明直至永历时代，反对清兵的斗争还是士大夫的特权，不是"举贡"就没有参加抗战政府的资格。

当时寒士大多数皆效命前线，《永历实录》云：

> 江、楚、川、黔起家监纪，率皆落魄书生，依诸将自售，遽欲得部院衔，陈乞敕印，糊口行间……干请不遂，则号哭阙下[②]。

① 《永历实录》卷四，第1页。
② 同上书，卷二十一，第2、3页。

　　即因桂王政府中有不少的寒士参加，所以金堡慨乎其言之曰："今日之大患，莫甚于阃外不知有朝廷，而朝廷复以匪人持政柄。"^①诚然，当时朝廷中确有不少的"匪人"，但所谓"匪人"，不一定都是寒士，大半都是官僚或士大夫中的败类。这些"匪人"不顾国家的危急，贪赃枉法，骄奢淫侈，不减承平时代。关于这一点，《永历实录》中可以找出很多的例子。

　　例如进士出身的何吾驺，"销银为小山，高广丈余，凡十余所。"^②"素有文望，颇自矜名节"的萧琦，"以贿为命，鬻武弁札，至十余金而得副总兵衔，积金帛巨万，以数舰载至象州。"^③历官至都指挥的马吉翔，"征乐纵酒，遥执朝政。"^④故御史郭子章之孙郭承昊，"挟宝玉金币巨万，女乐十余人，从上至武冈。"^⑤位列九卿的侯恂之弟侯性，"蓄无赖健儿将百人，沿两江（自南宁）东至三水，劫掠士宦商贾。"^⑥这些人中间没有一个是起于草茅的寒士。

　　又如在将领方面，"大掠衡、湘间"的是马进忠。"各恣焚杀，尸横五百里"^⑦的是王进才。"夺民田以耕，日与苗夷相仇杀"^⑧的是张先璧。"每月辄驱疲卒万人，掠萍乡、永新、万载……民稍触其怒者，即磔剥之"^⑨的是黄朝宣。在这些将军中又没有一处是流寇出身的。

　　又如在封建政治体制中的宦官，直至永历时代，也还是存在。此辈

---

　　① 《永历实录》，卷二十一，第3、2页。
　　② 同上书，卷四，第2页。
　　③ 同上书，卷十九，第5页。
　　④ 同上书，卷二十四，第2页。
　　⑤ 同上书，卷二十四，第2页。
　　⑥ 同上书，卷二十四，第2页。
　　⑦ 同上书，卷九，第2页。
　　⑧ 同上书，卷十，第4页。
　　⑨ 同上书，卷十，第4页。

宦官依旧盘据宫廷，作恶多端。如宦官王坤，则"弄权卖国"①，侮辱大臣。宦官夏国祥，则"频以太后旨取库金"②。像这样的现象，稍有良心的士大夫无不为之痛心，当时大学士李永茂曾慨乎其言之曰：

> 国势孤危如此，而犹唯内竖意，掣辱大臣，吾宁死草间，不能为此辈分任亡国之罪。③

自然，宦官和士大夫中，也有高风亮节之士如瞿式耜、张同敞，亦有舍身效命之人如何腾蛟等。他们或主政中央，或转战前敌，殉国死难，临危不苟。即在宦官中，也有一个李国辅，他在南京沦陷后，曾两度剃发变服，由广西赴南京，潜祭孝陵。他在星月下登钟山，望陵焚香，又履行周视，望见孝陵"殿垣陵甃，毁坏无余；茅茨塞望，狐啸蜑吟，如荒山穷涧。"④这较之当时士大夫如洪承畴者，一再榜令南京诸门，"非伐钟山树者，不准通樵苏"⑤，真有人兽之别。

总之，桂王政府中，确有不少寒士参加，但主持中央大政的还是官僚和士大夫，而且在官僚士大夫中，还是有不少贪污腐朽残民以逞的败类。这些败类只知在混水中摸鱼，几乎不知尚有强敌压境。即因他们腰缠万贯，所以性命非常要紧，每当时局吃紧，便逃匿无踪。"百官溃散"，是南明史上常有的纪载。在桂王政府中，主持大政的虽然是官僚和士大夫，但以英勇的战斗支持这个政府的，却是广大的人民。因为桂王政府的官军，早在即位之次年就在三水的火并战争中消灭了，继之而起以与敌人战斗的，是人民义勇军，和反正的伪军，最后是张献忠的残

---

① 《永历实录》，卷二十五，第2、1页。
② 同上书，卷十七，第4页。
③ 同上书，卷五，第1页。
④ 同上书，卷二十五，第2、1页。
⑤ 同上书，卷二十五，第2、1页。

部，即所谓"流寇"者是也。即因有这些人民的力量接踵继起，所以桂王政府，才能把抗清斗争坚持到底。但是桂王政府何以终于覆亡呢？这就因为他没有好好地组织这些力量，领导这些力量，发挥这些力量，使这些力量一个跟着一个被清兵消灭。因而永历的历史，也就不能不成为弘光、隆武之续，在明史上，添上一幕悲剧。

三　可耻的内战

当桂王政府成立的当时，正值清兵两路南犯，一路由汉奸李成栋指挥，由漳泉疾趋潮惠，进迫广州；一路由汉奸孔有德指挥，由岳阳攻陷长沙，逼近衡阳。正当此时，南明统治者内部，却发生了轰轰烈烈的内战，这就是桂王与唐王在三水的火并，所以桂王政府演出的第一幕是内战。

据史载，当丁魁楚等拥立桂王之时，由江西溃退下来的一部分军人苏观生等又拥立唐王聿𨮁在广州成立了另外一个政府。《明纪》云：

> 十一月癸卯朔，观生与（何）吾驺及布政使顾元镜、侍郎王应华、曾唯道等，拥唐王监国于广州。丁未，王自立，改元绍武，就都司署为行宫。……时仓猝举事，治宫室，服御、卤簿，通国奔走，夜中如昼，不旬日，除官数千，冠服皆假之优伶云[①]。

苏观生为甚么要另组政府呢？这是因为丁、吕等排斥他，拒绝他参加桂王政府。《明纪》云：

---

①　《明纪·桂王始末》，第2页。

丁魁楚等之立（桂）王也，苏观生欲与共事，魁楚素轻观生，拒不与议，吕大器亦叱辱之[①]。

《南明野史·永历皇帝纪》亦云：

福京旧辅苏观生，粤人也，督师援赣。赣破，撤兵度岭。魁楚故与观生有隙，兼闻赣败，仓卒与司礼监王坤趣监国，走梧避之[②]。

当时瞿式耜看到这样的情形，甚不以为然。他说：

今日之立，为祖宗雪仇耻，为生民援涂炭，正宜奋大勇，以号令远近。今强敌日迫，东人复不靖。苟自懦外弃门户，内衅萧墙，国何以立[③]？

瞿式耜的调解，不发生效力，于是广州就出现了唐王政府。唐王政府出现以后，南明的力量分裂为二，而且丁魁楚与苏观生个人的对立，很快就扩大为集团的对立，对于在大敌当前之时，展开了内战。《明纪》云：

（观生）遂治兵相攻，以番禺人陈际泰督师。（桂）王遣总督侍郎林佳鼎等御之，战于三水。唐王兵败。复招海盗数万人，遣总兵官林察将，十二月甲戌，战海口，斩佳鼎[④]。

① 《明纪·桂王始末》，第2页。
② 《南明野史》卷下，第3—4页。
③ 同上。
④ 《明史》，第3页。

正当内战方酣之际，李成栋的伪军，却由潮、惠袭入广州，内战的英雄们，一个个"拒户自缢"，"投环而绝"。《明纪》记其事曰：

> 时大清已下惠、潮，长吏皆迎附，即用其印，移牒广州，报无警，观生信之。望日，唐王视朝，百僚咸集，或报大兵已逼。观生叱之曰："潮州昨尚有报，安得遽至此，妄言惑众斩之。"如是者三，大兵已自东门入，观生始召兵搏战，兵精者皆西出，仓猝不能集。观生……拒户自缢。……唐王……投环而绝，周、益、辽等二十四王俱被杀[1]。

内战结束了，广州已非复南明所有。假使苏观生自江西撤退广东以后，桂王政府不排斥他，令其疾趋潮、惠，以扼漳、泉，则清军何致长驱入粤，如入无人之境。即在成立广州政府以后，假使不发生内战，则以西扼三水的精兵保卫广州，以内战海口的数万海盗，作为迎击敌人的前锋，则又何致清军入城不知，即知而无兵可以应战。吾知当苏观生拒门自缢之时，当知内战实为亡国丧身之因也。

三水的火灾，不但失了广州，而且几乎替桂王政府做了结论。当李成栋的伪军，占领广州以后，并企图一举而覆灭桂王政府。当时李成栋挥军溯三水而上，在毫无抵抗的情形之下，占领了肇庆。又分兵两路，一路入雷州半岛，陷沿海州县；一路西向广西，攻陷梧州。这时桂王政府统帅丁魁楚，带着大量的金银弃梧州而走。《南明野史》记其事曰：

> 丁魁楚之去梧也，以三百余艘载黄金二十四万两，白金二百四十余万两。方至岑溪，成栋追及之。战于藤江，魁楚被杀，

---
① 《明史》，第3页。

阖门尽没[1]。

梧州既失，则广西之门户大启。永历元年三月，清兵遂西陷平乐，进迫桂林。当时桂王及所有政府要人，刚从肇庆逃到桂林，又要弃桂林而逃。唯有瞿式耜反对望风而逃，主张死守桂林。他说：

> 在粤而粤存，去粤而粤危。我进一步，则人亦进一步。我去速一日，则人来亦速一日。楚不可遽往，粤不可轻弃。今日不遽往，则往也易；今日若轻弃，则更入也难。海内幅员，止此一隅。以全盛视粤西，则一隅似小。就粤西恢中原，则一隅甚大。若弃而不守，愚者亦知拱手送矣[2]。

瞿式耜并不能阻止桂王及其官吏的逃亡，他们还是跑到湖南武冈去了。正当此时，孔有德等的伪军也由宝庆而南，迫近了桂林，桂林遂陷于两路敌军夹攻之中。如果没有瞿式耜孤军苦战，如果没有广东人民义勇军袭击广州，则桂林早已陷落，而桂王政府也就结束了。

桂王政府可以说是以内战揭幕，而且几乎以内战结束。但这种残酷的历史教训，并不能使他警惕，不久在四川又发动了内战。据《明纪》所载：永历二年正月，在明代宗室朱容藩者，自称监国天下兵马副元帅，据夔州，建行台，称制封拜。当时已有堵胤锡，责以大义，晓以利害，稍散其众，事情本可以和平解决；而桂王政府必欲发动内战，命大学士吕大器尽督西南诸军，会讨朱容藩。内战总算是政府方面得到了胜利，可是南明抗清的力量却在自相残杀中削弱了。假使桂王政府不消灭朱容藩而命其镇守夔府，则不但可以巩固巴东的门户，并且足以抵应

---

① 《南明野史》卷下，第6页。

② 同上。

江、楚的反攻。可惜不此之图，而自相芟夷，结果，清兵乘机入川，蜀中诸将望风而靡，抑何勇于内乱而怯于外御其侮？

四　人民义勇军的奋起

桂王政府的官军，首之以三水火并，继之以清兵两路进攻，终之以桂林保卫战，已经完全覆没了。继官军之后，奋起与清兵肉搏于沦陷区域之内者，完全为人民义勇军。所以桂王政府第二幕，是人民义勇军的战斗。

自从桂王诏诰天下，奖励文武兵民同仇恢复的号召发出以后，广大人民在广东、湖南、湖北、江西、浙江到处起义，响应桂王政府的号召。特别是广东人民义勇军的战斗，更为壮烈。

据史载，当时广东的义军一时蜂起，如陈子壮、陈子升兄弟起义于海滋，朱维四起义于海滋上游，王兴起义于新会，石、马、徐、郑四姓的人民起义于花山岛，陈邦彦起义于高明，余龙起义于甘竹滩，张家玉、韩如璜起义于东莞，陈文豹起义于新安，赖其肖起义于潮阳。他们或孤军抗战，相互策应，与敌兵白刃相接，恢复了高、雷、廉及其他沿海州县。并且为了解桂林之围而英勇地袭击广州，使敌兵不得不回军自救，因而使桂王政府转危为安。可惜当时桂王政府没有想到去组织他们，领导他们，以致结果被敌兵各个击破。关于这些人民义勇军的战斗，史乘只有简略的纪载。如云：

> （陈子壮）举家航海，招义旅……拥义兵居海滋不下。已而李成栋破广州，子壮即军中益号召，约舟师数万，复沿海诸县。清远贡士朱维四率义兵自上流应之，兵薄广州。子壮戎服督战，……举

军覆溺，子壮死之①。

子壮既战没，（弟）子升收其余众。结石、马、徐、郑四姓，据花山岛。有杨光林者，拥兵万余，遥与联应。海南王兴，号绣花针，亦拥众数万，互为犄角。成栋归附，子升释兵入见（桂王），……端静无所附和，不合于时，移病告归。海上诸兵，为李成栋所摧抑，皆瓦解。王兴屯雷廉间……不为朝廷用②。

（余龙等）聚甘竹滩为盗，他溃卒多附，至二万余人。……陈邦彦起兵说龙乘间围广州，而已发高明兵，由海道入珠江，与龙会。……邦彦等遂攻广州，大清兵引而东，桂林获全。"③ "（后，汉奸）佟养甲访求其家，获其妾何氏并子和尹虞尹于肇庆，厚待之。为书招（降）邦彦。邦彦不复书，但判其楮尾曰："妾辱之，子杀之，身为死臣，义不私妻子也。④

李成栋陷广州，（张）家玉毁家招义兵，据东莞，与陈子壮相应。⑤

家玉与举人韩如璜结乡兵攻东莞，知县郑霖降，乃藉前尚书李觉斯等资以犒士，奉表于王……无何，大清兵来击，如璜战死，家玉走西乡。祖母陈，母黎，妹宝石，俱赴水死；妻彭，被执不屈死；乡人歼焉。时新会王兴，潮阳赖其肖，亦皆起兵。

西乡大豪陈文豹，奉张家玉取新安，袭东莞，战赤冈。未几，大清兵至，数日，家玉败走铁冈，文豹等皆死。李觉斯怨家玉甚，发其先垄，毁其家庙，尽灭家玉族，村市为墟。家玉过故里，号哭而去。

---

① 《永历实录》卷六，第1、2页。
② 同上。
③ 《明纪》，第8页。
④ 《南明野史》卷下，第8页。
⑤ 《永历实录》卷十八，第1页。

　　（后）张家玉道得众数千，取龙门、博罗、连平、长宁，遂攻惠州，克归善。大清兵来攻，家玉走龙门，复募兵万人。家玉好击剑任侠，多与草泽豪士游，故所至归附。乃分其众为龙、虎、犀、象四营。

　　张家玉攻据增城，冬十月，大清兵步骑万余来击……大战十日，力竭而败，被围数重，诸将请溃围出，家玉叹曰："矢尽炮裂，欲战无具，将伤卒毙，欲战无人，乌用徘徊不决，以颈血溅敌人手哉！"因遍拜诸将，自投水死，年三十三[①]。

以上史实，指出了当时广东人民义勇军及其领袖，是何等的不顾身家性命与敌军作决死的斗争。《永历实录》载张家玉之诗曰："真同丧狗生无赖，纵比流萤死有光。"至今读之，犹有余哀。

与广东的人民义勇军同时，在湖南方面，也有管嗣裘与王船山举义兵于衡山。以后兵败，溃走山中，"冬月负败絮，采苦菜以食。"至永历二年，当清兵再举犯湘之时，湖南的义勇军，又到处蜂起。其见于《永历实录》者有：

　　刘季矿……联络江、楚义旅……间道（由吉安）走衡、永，所至慕义者津送之。至鄞县，遂纠众起，号召响应，复鄞、茶陵、兴宁、永兴、常宁诸县。

　　周鼎瀚……翱翔郴桂间，号召义兵。

　　时有田辟者，河南人，……匿韶、郴间，纠义旅。

这不过举例而已，实际当时江、楚一带人民，"破家起义，全发效

---

①　以上分别见《明纪》，第7、8、11、12页。

节"者，"日有所闻"。

在江西、福建的边境，因为沦陷较早，人民义勇军的历史也较为悠久。《永历实录》云：

> 弘光中，抚、建、汀、赣之阉、王、宋三姓，据帘子洞，倚山为寇，张肯堂、李永茂剿抚之，未定。隆武元年，江西陷，（揭）重熙乃诱令归正为义军，以抗清兵。以事上闻，授重熙佥都御史，督江、福义旅。重熙以便宜授诸渠帅札官，遂据抚州。金声桓反正，檄重熙解兵，重熙姑令退屯山中。……南昌陷，（声桓败死，其部将刘）一鹏弃抚州，走就重熙于山寨。重熙收辑之，与义军合，出攻临川、永丰、兴江，迭有收复，未能守也①。

> 姜曰广……阴结抚、赣义勇，思间道入闽、粤，未及行，俄而声桓反正……时抚州王盖八起义兵满数万。赣州阉、王、宋诸贼，归义效命，众亦数万。吉安刘季矿所号召，西连鄙、耒、郴、桂所在响应，咸听命于曰广。曰广欲辅合之为声桓援，声桓不从②。

此外在赣、鄂边区，还有一支富有历史意义的义勇军。《清鉴》云：

> 先是元末陈友谅遗孽，分为柯、陈二姓，盘据江西武宁、湖广兴国，而居兴国者尤蕃衍黠悍。迄明之亡……有柯抱冲者与何腾蛟结连，自立为王，以其党陈珩玉为帅。倚山结寨，焚劫郡县，攻陷兴国州，杀（清）武昌同知张梦白，势甚猖獗。（清）湖广总兵柯永盛遣将征剿，十日内凡八战，皆破之。擒抱冲、珩玉斩之，余党

---

① 以上分别见《永历实录》卷十八，第1页、卷十七，第6页、卷十八，第4、5页。
② 《永历实录》卷六，第4页。

悉平[①]。

根据以上的史实，因知江西的人民义勇军，他们虽旧为盗贼，反对明代的政府；但一到江西沦陷，都反正为义军，迎击外敌。

在湖北方面，也有不少的人民起义，但始终没有与桂王政府取得联系。《永历实录》曾记杨锡亿向政府之建议曰：

> 德安，北捍楚塞，为汉新市故墟，人尚豪侠可用。应山杨主事之易，忠孝世家，为三楚望，立"盖天营"，为国死守。豪杰遥附甚众，憾不知朝廷所在耳。亿请间行号召为汉南应援，若敌践荆、岳，亿率义旅起，乘其背以掎之，此英布制楚法也。

惜政府不纳杨锡亿之议，因而一座孤悬德安的"盖天营"，后来也就没有下落，而这位请缨不遂的杨锡亿，后来遂"入南岳老龙池，痛哭为僧去，不知所终。"[②]

浙江、福建的广大人民，大半都参加到郑成功和鲁王的抗清组织中，飘泊于闽浙附近的海岛。此外与海军相犄角，浙东一带也有许多山寨。《明纪》云：

> 先是浙东多结山寨，鲁王兵部侍郎王翊等为之主，遥应海外，累年不下。会大清兵谋取舟山，先廓清山寨以绝其援，于是诸寨皆破……大清兵下舟山[③]。

---

① 《清鉴》卷二，第91页。
② 《永历实录》卷七，第11页。
③ 《明纪》，第26页。

此外，华北一带沦陷区域中，也有不少反清志士领导的武装斗争。可惜他们的起义尚在组织中，即为敌人所发觉，那些领袖人物，都在"妖贼"的名义之下被清政府屠杀了。如永历二年，天津妇人张氏和同志王礼、张大保"私制玉印令旗，谋为不轨。"[①]永历八年，朱议溯与其同志僧人文秀、道士张应和起义。永历十六年，有男子张揩，化装僧人，自充明王子在河南柘城组织起义。他们都是"事觉伏诛"。其曾经揭起义旗并与清兵战斗八个月，收复了七八个县城的，只有永历十六年山东于七的起义。

可敬的这些忠实而又英勇的人民，他们在危亡的时候，既不知道顺风转舵而披发入山，又不知道"南望慨叹"而"赋诗寄意"，更不甘心认贼作父，而委身为奴为虏，他们只知道拿起武器与敌人作生死的决斗，保卫家乡，保卫民族；生为忠义之士，死为壮烈之鬼。从以上的史实，我们可以看出，他们或"倚山结寨"，或"入海招兵"，或新起草茅，而聚众抗清，或旧为盗贼而反戈向敌，或连族而起，保卫家乡，或孤军奋战，攻陷城邑，或父母妻子，惨遭杀戮，或祖宗丘墓，横被发掘。这种破家起义，杀身成仁的伟大精神，比之当时一般官僚和士大夫懦怯畏缩，全躯保妻子，甚至毫无廉耻，迎拜于敌人马首之前甘为奴虏者，岂可同日而语哉！明末中原人民的起义，虽然失败了，但在南明史上，却留下了不朽的一页。

五 伪军大反正的局面

人民义勇军消灭了，接着便到来了一个伪军大反正的局面。所以桂王政府第三幕，是反正伪军的斗争。

---

① 《清鉴》卷二，第107页。

伪军反正，最初发动于江西，以后在广东、广西、湖南等处，到处都有伪军反正，当此之时，长江以南，几乎又变成了大明的天下。

伪军为甚么在这一时代反正呢？具体的史实指示出来，是清统治者对伪军将领开始压迫乃至凌辱的结果。金声桓、王得仁举江西反正的原因，便是一个最好的例子。《南明野史》有云：

> 巡抚章于天至，遇诸将益倨。日从诸将索珍宝奇货。呼声桓曰金副总，得仁曰王把总。先此二人在外，固已自称都督，自文于偏裨。至是部曲亦骇。一日，章宴藩司，铺毡席地坐声桓等于毡外。酒半，嬉笑视曰："王得仁，汝欲反耶？"是日，得仁归，大愧其从骑。声桓亦失色，俯首韡鞭还帅府[①]。

像这样的侮辱，金声桓或可忍受，而"流贼"出身的王得仁便不能忍受了。所以不久便借追饷之事，大大地发泄了。据同书载："丁亥七月，得仁提兵如建昌。章于天遣官票追其饷三十万。得仁大怒，捶案大呼曰：'我，流贼也，大明崇祯皇帝为我逼死，汝不知耶？语汝官，无饷可得，杠则有之。'声如嘶吼，目睛皆出，杖其差官三十杠，曰：'寄章于天，此三十万饷银也。'"

侮辱尚不仅此，据《永历实录》所载，有如次难堪之事：

> 董御史（成学）者按江西，得仁囊鞬庭参，不为起，又索其歌妓。得仁未及遣，董御史怒骂曰："不闻大清有借妻例耶？吾行索得仁妻侍寝，何况歌妓！"

---

① 《南明野史》卷下，第18页。

像这样的事情，如果在"淫奸献妾"的南明士大夫钱谦益看来，正是"不甚荣幸之至"；然而在起"群盗"的王得仁听到，便按剑而起曰："王杂毛作贼二十年，然自知有男女之别，安能一日随犬豕求活耶！"于是遂举兵杀清总督以下诸官，于永历二年二月，拥金声桓反正于南昌，举江西附于桂王。

江西反正，则深入广东之李成栋的伪军，受到了压迫，加以其养子元胤涕泣陈大义，李成栋遂有反正之意。这里又有一个插曲，据《永历实录》云："（成栋）有妾，故松江院妓也。揣知之，劝成栋尤力，成栋不语而叹。妾曰：'公如能举大义者，妾请先死尊前，以成君子之志。'遽拔刀自刎，成栋益感愤。"①于是逮广东总督佟养甲，反正于广州，举广东附于桂王。

广东反正后，广西的伪军更受威胁，因而耿献忠遂被迫反正于梧州，而广西遂无敌踪。

反正的浪涛，不久就波及湖南。同年八月，陈友龙反正于黎平、靖州，并收复沅州、黔阳、平溪、清浪、镇远、箄子、武冈、宝庆，不到一月，收复二十余城，湖南的局面为之一变。

由于江西、广东的反正，深入湘、桂边境之孔有德的伪军不能不作战略上的撤退。《明纪》云："金声桓、李成栋之反也，大清兵在湖南者姑退。"②当清兵撤退之时，刘季矿的人民义勇军又收复了湘、赣边境六七县。同时，何腾蛟收复了全州、东安、永州、湘潭。曹志建收复了道州、郴州。马进忠收复了常德。李赤心、高必正的"忠贞营"也由巴东趋湖南，由常德、宁乡，进围长沙，东复攸、醴。是时，湖南的敌军，几乎肃清。

不约而同，在同一时候，姜瑰反正于大同，郑成功攻占福建沿海州

① 以上分别见《永历实录》卷十一，第3、4页。
② 《明纪》，第15页。

县，王祥克复川南一带。

由于反正军声势的浩大，武汉也动摇了。《永历实录》云："声桓复遣客至武昌，劝清总督罗锦绣降。时孔有德还师去楚未远，锦绣以为疑，然已密遣优人具冠带袍笏矣。"[1]

这的确是一个意外的好转。在这种好转的局势之下，桂王政府的紧急任务，应该是怎样调度这些反正的伪军，使之打成一片，以准备迎击必然到来之清军的反攻；应该是号召更多的伪军反正，以争取局势之更进一步的发展。但是不幸这一意外的胜利，竟冲昏了桂王政府中衮衮诸公的头脑，他们不此之图，而以为天下从此可以垂手而得，于是以前溃散了的文武百官，又一变而为扈跸大臣，由南宁迁回肇庆。他们在肇庆大开庆祝会，卿公台省纵酒征歌，官署军营巨烛辉煌，昏天黑地，几不知尚有清兵。

在这种狂欢的情形之下，政府当局对于如何援应江西的反正军，追击退却中的敌人，以及一切稳定胜利的设施，都不会感到兴趣。他们最热心的，是分党分派，争夺政权。于是吴党、楚党闹得乌烟瘴气。《明纪》云：

> 朝臣复分吴、楚两党，主吴者，朱天麟、堵胤锡……皆内结马吉翔外结陈邦傅。主楚者，都御使袁彭年、给事中丁时魁……皆外结瞿式耜，内结锦衣指挥使李元胤……王知群臣水火甚，令盟于太庙，然党益固不能解[2]。

像这样的情形，自然使得反正的将领失望。《永历实录》记李成栋之语曰："成栋叹曰：吾初归附，礼当以元旦诣阙贺正旦。此行也，誓

---

[1] 《永历实录》卷十一，第1页。

[2] 《明纪》，第17页。

死岭北，愿见上一决，因与公卿议善后计，及请催楚师出郴、赣间相应援。乃群小汹汹如此，吾不能剖心出血，坐受无君之谤，徒以血肉，付岭表耳。""除夕，泊三水，驰疏称警报迫，不得入朝，望阙大恸，溯清远去。曰：'吾不及更下此峡矣。'"①

当桂王政府昏迷于局势好转之时，而清政府却对正这一变局，立即执行其紧急的处置。他分遣谭泰攻江西，尚可喜、耿继茂攻广东，孔有德攻湘、桂，济尔哈朗攻湘西，而另遣多尔衮征大同，金励、刘之源、陈锦、田雄等攻闽、浙。在这样一个有计划的反攻之中，所有的反正军全被扫荡，而江西、湖南、广东复为清兵所有。孔有德的伪军并于永历四年十一月，攻陷了桂林，瞿式耜死之。同时，尚可喜的伪军也在叛将陈邦傅的迎降之中占领了梧州，清兵又深入广西了。

好转的局面，变成了大梦一场。当此之时，桂王政府中的衮衮诸公，既没有征歌纵酒的雅兴，也没有吴党、楚党的纷争了，他们仓皇由肇庆撤退，溯西江而上，逃到南宁。可是不久清朝的大军又在陈邦傅的向导之下，由梧州、柳州而疾趋南宁。南宁势在必失，于是桂王又不能不于五年六月由南宁向安南逃亡。从此以后，百官溃散，桂王遂栖迟于山谷之间。《也是录》的作者为之慨曰：

> 成栋之师既覆，腾蛟之功不成。翠华奔播于岩疆，黄屋飘零于瘴雨。无斟鄩之余烬可燃，无朔方之义（兵）可召，无海岛之战舰可航，帝至是虽有大可为之才，亦英雄无用武之地矣。

---

① 《永历实录》卷十一，第5页。

六　最后的支持者——张献忠的残部

反正军消灭了，继之而起支持桂王政府至13年之久的，是张献忠的残部孙可望、李定国等，所以桂王政府最后的一幕，是张献忠残部的斗争。

当桂王政府成立之时，张献忠的残部已经由孙可望等率领，撤退黔、滇。当桂王退守南宁时，孙可望等鉴于形势的危亡，曾遣使向桂王表示，愿意拥护政府，共抗清兵，因此有请求封王之事。请求封王者，即要求承认其合法地位。

当时政府中对孙可望请封王事，有两种主张，寒士出身的程源、万翱等则以"可望举全滇土地、十万甲兵以归我，功在可王。"①而况当时的孙可望，"封之王，不封亦王"，与其自王，不如封之。士大夫的领袖严起恒、金堡等，则谓："江粤之土，我已失之土也，滇未失之土也，金声桓、李成栋举已失之土而效顺，且不敢邀王封，而廷议亦唯祖制是守；今乃举而授之可望，则何以谢声桓、成栋于地下，而激励其部曲乎？"②因议论不一，终罢王封。

平心而论，金、李虽系举已失之土而效顺，但赣、粤之失，金、李实为清兵先锋。孙可望虽旧为"流寇"，但并未投降清朝，背叛民族。彼既自求归附，似不应加以拒绝。而况当时桂王政府只有两条路可走，不是偃旗息鼓，宣布灭亡；便是撤退云、贵，以孙可望等的力量为基础，展开最后的斗争。但是当时桂王政府中的士大夫，似乎宁愿逃亡海外，不肯撤退云、贵。《明纪》云：

> 时大清兵南征，势日迫，王召诸臣议，有请走海滨就李元胤

---

① 《永历实录》卷二十一，第3页。
② 同上。

者，有议入安南避难者，有议泛海抵闽依郑成功者。惟马吉翔、庞天寿结可望，坚主赴黔[①]。

等到南宁沦陷，百官溃散，这时桂王才接受孙可望的拥戴。当时孙可望遣兵迎王入贵州之安隆所，改为安龙府，奉王居之。但当时的士大夫，却一则曰："孙可望谋劫王以自重"，再则曰："王寄虚名于群盗之中。"

平心而论，当时孙可望雄据滇、黔，遥控川、湘，地方数千里，甲兵数十万，他继续做"盗贼"也可以，自己称王称帝也可以。再不然，举滇、黔土地而投降清朝，又何尝不可以。他又何必"邀封"才能自尊，"劫王"才能自重？而况欲自尊，则降清以后，"尔公尔侯，有平西王吴三桂之典例在"；欲自重，则与其"凭借桂王"，又何如追随南明士大夫之后，"凭借大国"，岂不更能"狐假虎威"，以鞭笞自己的同胞吗？退一步说，即使孙可望是"劫王自重"，但当时士大夫何以并"劫王自重"者亦无一人呢？是知当时的桂王，即使劫到手里，亦不能自重，不能自重而"劫"之，这是士大夫之所不为。士大夫所不为者而孙可望为之，这就证明了不是为了自重，而是为了要继承这一个没有希望了的民族斗争。

具体的史实指示出来，当桂王入黔以后，孙可望等立刻发动了一个大规模的出击，以迎接这个抗敌的政府。《明纪》云：

> （永历六年二月）孙可望使李定国、冯双礼由黎平出靖州，马进忠由镇远出沅州，会于武冈，以图桂林。刘文秀、张先璧由永宁出叙州，白文选由遵义出重庆，会于嘉定，以图成都[②]。

---

① 《明纪》，第26页。

② 同上书，第28页。

这一次的大出击，是两路并进。一路东征湘桂，一路北伐四川，两路都获得了胜利；而尤以东路的胜利，在桂王政府的斗争中，是空前绝后的。《永历实录》云：

> 定国自贵州出黎、靖，马进忠、冯双礼副之，……合兵十万，战象五十。四月，驰攻黎平，克之。五月，至靖州……两日夕，驰下武冈。清肃顺公弃宝庆走，定国收宝庆。遂自东安南攻孔有德于桂林……肉搏登城，王允成开门纳兵入，有德自焚死。执（叛将）陈邦傅，数其矫诏怀奸、叛王迎降之罪，并其子磔杀之。七月，收平乐梧州，马雄、线安国走广东，遂复柳州、南宁。
>
> 八月，举兵出楚，复永州，遂下衡州。出马宝军于连阳，收曹志建故部于贺县。遣马进忠、冯双礼北取长汉。召张光翠出宁乡，进复常德。十月，进忠略地岳州，所至披靡。别遣军攻永新、安福，下之，遂围吉安。兵出凡七月，复郡十六，州二，辟地将三千里，军声大振。

当东路军攻复南宁时，"刘文秀出川北，亦复潼川，攻进保宁，吴三桂驰救之，迎战大败，退师川南。"[1]《明纪》谓刘文秀曾一度进据成都，清兵为之震动[2]。

像这样一个惊人的胜利，就证明了中原人民并不是没有抵抗清兵的力量。以前的失败只是因为没有把这一部分力量运用起来。自从李定国把抗清的旗帜举起来以后，清统治者也就惊惶失措了。

但是不幸桂王及其从官，因为不满意孙可望的待遇，硬要分裂孙、李的团结。他们一方面说孙可望虐待桂王，企图篡窃；另一方面又说李

---

① 以上均见《永历实录》卷十四，第3页。
② 《明纪》，第29页。

定国恃功骄横，准备独立。并且一次两次的"密敕"、"血诏"，召李定国还师勤王。在这样挑拨离间之中，孙、李的感情，自然恶化了。

平心而论，像孙可望那样从农民出身的人，他当然不知道侍候皇帝的规矩，趋朝拜舞，呼万岁，不大熟习，因而失礼之处，也许有之，但说他篡位，就未免神经过敏。例如当时御史李如月指出孙可望篡位的证据，是说"可望擅杀勋镇，罪同操、莽"。但他所谓"勋镇"，是替清军当向导进攻南宁的陈邦傅。如果这样的"勋镇"亦不可杀，杀了就罪同操、莽，那就真是不能理解了。

谣言终于分裂了孙、李的关系，不久孙可望遂自贵阳帅兵出湖南，欲夺李定国兵柄。当时正值清敬谨王率三贝勒、八固山兵向湖南，李定国屯衡州，马进忠、冯双礼屯长沙，前军下岳阳。在湖南，正在酝酿大战。正当此时，孙可望密令冯双礼、马进忠从长沙撤退，于是李定国遂由衡阳败退宝庆。定国正拟死守宝庆，而可望驰召定国返武冈会议，三昼夜，书七至。定国不得已弃宝庆，西趋武冈。途中知可望有加害之意，遂折而南走，由永明趋平乐，下梧州，进围肇庆，欲东入粤，与郑成功连兵攻江、浙。遂南入钦、雷、廉诸府，克高明，陷新会。不幸为清兵所败，复由新会退南宁，更由南宁入滇，迎桂王入昆明。

同时，孙可望亦被清兵大败，精锐挫衄殆尽，扫兴而归。以前李定国收复之地，至是又完全丧失了。

胜利变成了失败，一个统一的力量，分化为两个对立的力量了。继之而来的便是孙、李的火并。在火并战争中，孙可望被迫投降了清朝。孙可望离开了民族斗争的战线，这是失败主义者的胜利。同时，亦即清朝统治者的胜利。

七　在缅甸的流亡政府及其灭亡

当孙可望领导的大出击失败以后，清政府即时对黔、滇布置了一个大包围的阵势。清政府派遣四川总督李国英驻保宁，经略洪承畴驻长沙，大将军辰泰及阿尔津先后驻荆州，尚可喜等驻肇庆诸州。他知道黔、滇地险，而诸将又皆出身"流寇"，身经百战，所以不敢轻举进犯。但并不是委黔、滇于不顾，只是等待机会而已。当时高绩看清了这种危机。他说："今内难虽除，外忧方大，伺我者，顿刃待两虎之毙，而我酣歌漏舟之中，熟寝爇薪之上，能旦夕安耶？"

果然，当孙、李火并之后，清师遂三路入黔，时永历十二年二月也。第一路，由吴三桂、固山额真、侯墨尔根、李国翰统所属清兵及汉中、四川各地清兵，由四川南下。第二路由赵布泰统所属清兵，及提督线国安统所属标兵，与湖南调发兵由广西西进。第三路，由济尔哈朗统领清兵及经略调取各兵，由湖南西进。此外洪承畴自率大军出黎靖，牵制李定国之军，以便三路大军乘虚而入。

永历十三年，吴三桂等由四川长驱南下，越遵义，由毕节直冲大理，分兵由建昌进捣平越。赵布泰等由广西南丹经那地，陷独山，进趋安隆。济尔哈朗等由湘西陷镇远，进薄贵阳。当时桂王政府也派兵遣将，分道应战。但是刘正国则溃于三坡，白文选则败于毕节，李定国的主力军，也失利于独山。同时，孙可望的旧部王自奇、关有才以待遇不平，叛降清朝。三路外攻，叛军内应，而贵阳遂陷。

当清兵三路会师贵阳以后，汉奸洪承畴与清信郡王多尼在龙旗飘扬之下，走进了贵阳。他们现在要进攻云南了。为了抵抗清兵的进攻，李定国曾经领导了一个最后的战斗。据《明纪》云："李定国与冯双礼等守盘江，扼鸡公背……遣白文选将四万人守七星关，抵生界立营，以牵蜀师。"但以众寡不敌都失败了。据《明纪》云：

> 十一月，蜀师出遵义，由水西趋天生桥。十二月，入乌撒，文
> 选惧，弃关走沾益。粤兵至盘江……入安龙，定国使怀仁侯吴子圣
> 拒之，大败。定国由盘江回师拒战，为大兵所击，破其象阵。又连
> 败于罗炎、凉水井、撒岩，诸将皆走。定国撤营遁归。……大清顺
> 治十六年（1659年）春正月，大兵入云南[①]。

桂王政府最后的首都沦陷了，桂王及其从官卫队四千余人仓皇由永
昌出走，经永平，南走腾越。当此之时，不顾生死与清兵肉搏于玉龙关的
是白文选，与清兵血战于磨盘山的是李定国，他们都是张献忠的部将。反
之，在逃亡的途中叛变桂王的，却是他最亲信的禁卫军。《也是录》云：

> （永历十三年正月）二十四日，甫下营而未炊，忽（总兵）扬
> 武兵到，传言后面满清兵随到，各营兵士俱忙乱奔散。马吉翔与司
> 礼李宗遗催驾即行，遂踉跄而奔，君臣父子夫妇儿女不复相顾。兵
> 马乱处，火光竟天，各营行囊皆（被）抢劫；上之贵人宫女，俱为
> 乱兵所掠。
> 二十五日，至铁壁关，孙崇雅叛，肆掠行在辎重，凡文武追扈
> 稍后者，悉为所掳。

桂王一行，总算到达了缅甸的边境，但缅人要查验国书并卸除弓矢
刀兵才许入境。他们不得已，在缅人的胁迫之下呈示了敕书并解除了武
装，然后才走进缅甸的国土。入缅境后，检阅从者，仅一千四百七十八

---

① 《明纪》第35、36页。

人了，因不得舟，乃分水陆两批，前往缅京，桂王等六百四十六人由水路往，余悉陆行。陆行者至哑哇对河，即遭缅人劫杀和被掳为奴，但桂王等一行，则安抵缅都。

这一群委弃了祖国，窜身蛮服的南明士大夫到达了缅京以后，自以为与世无涉，与人无争，可以"聊借缅人以固吾圉。"于是"呼卢博塞"，"纵酒酣歌"，开始了亡国大夫的生活。《也是录》记其事云：

> 时缅妇自相贸易，杂踏如市，诸臣恬然以为无事，屏去礼貌，皆短衣跣足，阑入缅妇贸易队中，踞地喧笑，呼卢纵酒，虽大僚无不然者。其通事为大理人，私语人曰："前者入关，若不弃兵器，缅王犹备远近。今又废尽中国礼法，异时不知何所终也。"
>
> 上患腿疮，旦夕呻吟，而诸臣日以酣歌纵博为乐。中秋之夕，马吉翔、李国泰呼梨园黎应祥者演戏，应祥泣曰："行宫在迩，上体不安，且此何时而行此忍心之事乎！虽死不敢奉命。"吉翔等大怒，令痛鞭之。时蒲缨所居，亦密迩西内，缨大博肆，叫呼无忌，上闻而怒，令毁其居，缨仍如故。

当时呼卢纵酒者，大半皆系腰缠厚资的。其时亦有流离异国、三日不能举火者。《明纪》云：

> 时诸臣困乏，有三日不举火者，马吉翔拥厚资不顾，为请于王。王无以应，乃掷国宝于地，吉翔取而碎之，以给诸臣。

《也是录》的作者亲眼看见这种情形，不禁为之叹曰：

> 诸臣好丑，盖难枚举，至文武升迁，仍由权贿。国事至此，尚

可问乎！

桂王一行用现代语说，也算是一个"流亡政府"，因为他们还保持着政治的组织，而且缅甸政府，也是把他们当作一个政治团体接待的。但是这个流亡政府已经忘记了他的任务，他们简直没有想到怎样打回祖国这件事情。而这就表现在他们拒绝与李定国等继续抗清斗争。

具体的史实指示出来，当清兵入滇以后，李定国并没有放下武器，他还是与他身经百战的弟兄在滇缅的边界继续与清兵相抗。当桂王之入缅也，李定国方与清兵苦战于磨盘山，他没有想到桂王会委弃祖国。既闻桂王入缅，乃急遣白文选率兵入缅，想把桂王接回。《永历纪年》云：

> 当是时（桂王入缅），李定国已遣白文选率兵迎驾。至哑哇城下，距驻跸五六十里，为缅人隔绝不相闻。

以后又遣将至芒漠迎驾。《也是录》云：

> 四月，芒漠来报，有我兵祁信者来迎驾，请敕止之。吉翔请以锦衣卫丁调鼎、考功司杨生芳往，至五月望后始还。祁兵得敕不进。吉翔复与缅官之把隘者敕一道云："朕已航闽，后有一切兵来，都与我杀了。"

《也是录》又载：

> 永历十四年（庚子）七月，缅人复招黔国公沐天波渡河，天波力辞。缅使曰："此行不似从前，可冠带而行。"至则遇之有加礼，始知各营将临缅城。晋王李定国率兵迎驾，有疏云："前后具

本三十余道，未知曾达御览否？今与缅定约，议于何处迎銮？伏候指示。"而诸臣在缅，燕雀自安，全无以出险为念者，缅营索勒朦胧而去。外兵久候，音问俱绝，遂拔营去。

同书又载：

> 永历十五年（辛丑）2月28日，巩昌王白文选密遣缅人赍疏至，云："臣不敢速进者，恐惊万乘，欲其扈送出关，为上策耳。候即赐玺书，以决进止。"后五六日，文选率兵造浮桥为迎跸计，相去行在六七十里，缅人复断其桥，文选候话不得，遂撤营去。

从这些纪载，我们一方面可以看出，当时李定国等尚拥有相当的兵力，同时也可以看出他们忠君爱国之忧异乎寻常。他们深入缅境，两围阿瓦，企图救出桂王，继续反清的斗争。可惜当时马吉翔、李国泰等一般阘茸之徒，相与狼狈，"恐（李）定国至，众将疾功，其恶不得自恣。"因而扬言桂王已经航闽，并嘱缅官之守隘者"后有一切兵来，都与我杀了。"岂不可叹！

最后的灾难降临了。自李定国撤兵以后，于是流亡政府的大小官吏遂不能不饮缅人之"咒水"。《明纪》云：

> 秋七月，（缅王）欲尽杀王文武诸臣，遣人来言曰："蛮俗贵诅盟，请与天朝诸公饮咒水。"黔国公沐天波疑有变，欲不行，王强之。马吉翔、李国泰邀诸臣尽往，至则缅人以兵围之，令诸臣以次出外。出辄杀之，凡杀四十二人。[1]

---

[1] 《明纪》，第40—41页。

永历十五年冬，明代的重镇吴三桂，"不避艰险，请命远来，提数十万之众，穷追逆旅之身。"[①]兵临缅京。十二月初二日，缅王以桂王献吴三桂军前。永历十六年四月初八日，吴三桂弑桂王于昆明，明亡。《也是录》序言曰：

> 鸣呼！国运之兴衰成败，天乎人也，人乎天也？仆每读史至国破君亡之际，未尝不掩卷歔欷而不忍多读者。嗟乎！天步之艰如此，人谋之失如彼，天人俱失，何以为国！呜呼，痛哉！

八　结　语

桂王政府覆灭以后，清政府已经最终地统一了全中国。当此之时，明代的勋臣重镇，都已"尔公尔侯"，拜受清王朝的茅土之赐，或则制礼作乐，为新朝草朝仪。但同时大明王朝却有一个孤臣孽子，这就是张献忠的部下李定国将军。《永历实录》云："定国闻变，还兵至缅甸，已无及，因缟素发哀，定国披发徒跣，号踊抢地，吐血数升，遂杀妻子，焚辎重，举兵攻缅甸屠之，率其军居彻外，两年愤恚，呕血卒。"

此外还有一位至死不投降的好汉，这就是李自成的部将李来亨将军。《永历实录》所纪，来亨曾参加湖南抗清战争，后自湘走蜀，据巴、巫间之九莲坪，屡挫清兵。桂王政府覆亡后，"来亨知不能久存，会诸将饮，大哭，分遣逃散。来亨母老矣，其中表舅有为清将者，曾招来亨降，不应。至是乃遣书以其母托之，遂举火焚岩，与妻子亲信，投火中死。来亨部凡三万余人，来亨死，或死或逸去。就俘执者，百五十人而已，余众散入秦、蜀山中，不知所终。来亨败没，中原无寸土一民

---

① 蒋良骐《东华录》卷八，康熙元年二月条。

为明者，唯诸郑屯海外。"

余曾跋《永历实录》曰：

　　余读永历诸人列传，而深有慨夫永历之际，孤臣孽子不出于世禄之家，儒者之林，而出于"盗贼、流寇"与草野下士也。当永历之初，破家起义，全发效节者，起草茅之豪杰也；举兵反正，奉土于王者，起"群盗"之诸将也。即桂林既陷，百官溃散，而一迎王于南宁，再迎王于南安者，"流寇"部将孙可望也。自是以后，桂王播迁黔、滇，遂托命于"群盗"之中，不复有衣冠之士趋承殿陛矣。李定国者，本榆林农家之子，为张献忠之部将，受命于危难之际，毅然奋其忠勇，誓师讨清，一军东出，纵横湘、赣、粤、桂之间，如入无人之境。走肃顺公于宝庆，诛孔有德于桂林，出马宝军于连阳，收曹志建于贺县，七月之间，复地三千余里，可谓壮类。惜乎祸起萧墙而前功尽弃，不旋踵而清兵三路入黔，贵阳不守，昆明继沦。然而当此之时，一挫敌于玉龙关，再挫敌于磨盘山者，李定国也。即桂王被困缅京，挥兵异国，两围阿瓦者，亦李定国也。殆至桂王北狩，蒙难昆明，缟素发哀，披发徒跣，号踊抢地，吐血数升，杀妻子，焚辎重，举兵攻缅甸而屠之者，又李定国也。至若为清军效命前驱，攻闽、粤，践湘、桂，使桂王奔播于山谷之间者，则为明代之凤将孔有德、尚可喜、耿仲明也。陷贵阳，入昆明，远征缅甸，破巢取子，使桂王窜身蛮服，卒至血溅蓬莱者，又明代之勋镇吴三桂也。余读史至此，不觉慨然而叹曰："嗟夫！夫果谁为顺而谁为逆，谁为忠而谁为奸，又谁为孤臣孽子，而谁为盗贼流寇也。"

（重庆《中华论坛》第一卷第十、十一期合刊1945年12月1日出版）

三国时内战中的民族军队

自汉末以至三国，是中国史上（汉族）内战最激烈的一个时代。在内战中，肝脑涂地者，当然为当时的农民，但亦有少数民族参加。早在汉末的大混战中，少数民族的军队，即出现于内战的战场，从史籍上可以看出当时的豪族，竞引少数民族，进行内战。如袁术之勾结匈奴于夫罗，袁尚之托庇乌桓，袁熙之投依蹋顿及辽西单于楼班等。特别是刘备，他的起家部队，就有乌丸杂胡。

降至三国，魏、蜀、吴鼎立而峙，仍各引少数民族，以相拒抗。所谓"疆场之戎，一彼一此"，即指此而言。

史载当时魏国曾引羌胡以拒蜀。《晋书·江统传》引《徙戎论》

云："汉末之乱，关中残灭。魏兴之初，与蜀分隔。疆场之戎，一彼一此。魏武皇帝令将军夏侯妙才讨叛氐阿贵、千万等。后因拔弃汉中，遂徙武都之种于秦川，欲以弱寇强国，捍御蜀虏。此盖权宜之计，一时之势，非所以为万世之利也。"

按魏徙氐、羌御蜀，系从邓艾之议。《魏书·邓艾传》载：艾上书云："闻刘豹部有叛胡，可因叛割为二国，以分其势。去卑功显前朝，而子不继业。宜加其子显号，使居雁门。离国弱寇，追录旧勋，此御边长计也。"

魏国的统治者接受了邓艾的建议，故邓艾伐蜀，即有羌胡兵马五千余人从征。《晋书·段灼传》载灼上武帝书云：

> 昔伐蜀，募取凉州兵马、羌胡健儿，许以重报。五千余人，随艾讨贼，功皆第一。

其在蜀国，刘璋时代，即有"叟兵"。《蜀书·刘璋传》：

> 璋闻曹公征荆州，已定汉中，遣河内阴溥致敬于曹公。……璋复遣别驾从事蜀郡张肃送叟兵三百人并杂御物于曹公。

按所谓"叟兵"，即越嶲夷兵。《蜀书·张嶷传》云："初越嶲郡自丞相亮讨高定之后，叟夷数反。"由此可知越嶲夷，又称叟夷。而叟兵，即越嶲夷兵也。唯刘备时，此种叟兵是否继续存在，史无所载。但据《张嶷传》载，嶷为越嶲太守，"诱以恩信，蛮夷皆服"。"种落三千余户，皆安土供职"。可能征发夷人以供兵役。

蜀国之有无叟兵，留以待考。唯在夷陵战役中，则确有蛮兵参加。《蜀书·刘备传》云：

（章武二年二月），先主自秭归率诸将进军，缘山截岭，于夷道猇亭驻营，自佷山通武陵，遣侍中马良安慰五溪蛮夷，咸相率响应。

同书卷九《马良传》亦云：

先生称尊号，以良为侍中。及东征吴，遣良入武陵，招纳五溪蛮夷，蛮夷渠帅皆受印号，咸如意指。

此外，蜀国亦有氐羌之军，如蜀之名将马超、姜维，余疑皆是羌人。按马超为马腾之子。史载马腾之父"与羌错居"，其母且为"羌女"①。马超是否为羌女所生，史无所载；但有羌人血液，则为事实。又超在入蜀以前，曾"走保诸戎"，"甚得羌胡心"②，其与羌人有密切关系，又可断言。其后超率以投依刘备的军队之为羌兵，更为事实。

至于姜维是否为羌人，史籍亦无明证；但曾诱致羌胡以拒魏，则见于史乘。《蜀书·姜维传》谓："维自以练西方风俗，兼负其才武，欲诱诸羌胡以为羽翼。"

吴国割据江南，亦尝捕捉山越，以充精锐。《吴书·陆逊传》云：

丹阳贼帅费栈受曹公印绶，扇动山越，作为内应。权遣逊讨栈。……应时破散。遂部伍东三郡，强者为兵，赢者为补户，得精卒数万人。

又《吴书·陈表传》云：

---

① 《三国志·蜀书·马超传》注引《典略》。
② 《三国志·蜀书·马超传》。

嘉禾三年，诸葛恪领丹阳太守，讨平山越，以表领新安都尉，与恪参势。初，表所受赐复人得二百家，在会稽新安县。表简视其人，皆堪好兵，乃上疏陈让，乞以还官，充足精锐。

吴国不但有山越之兵，且有山越之将，如祖郎、随春，皆系山越之酋，因战败而被俘者，以后皆为吴国判将。《孙辅传》云："（辅）又从（孙）策讨陵阳，生得祖郎等。"同书《吕范传》云："又从攻祖郎于陵阳。"又《孙辅传》注引《江表传》云："策自率将士讨郎，生获之。……署门下贼曹。"

关于随春，《吴书·吕岱传》有如此之记载：

（嘉禾）四年，庐陵贼李桓、路合、会稽东治贼随春、南海贼罗厉等一时并起。权复诏岱督刘纂、唐咨等分部讨击。春即时首降，岱拜春为偏将军，使领其众，遂为刘将。桓厉等皆见斩获，传首诣都。

以上所述，乃三国时的情形。降至西晋，依然如此。晋武帝之平吴，就准备用匈奴刘渊做统帅[1]。此事虽未实现，但在平吴战争中，仍然有匈奴的骑兵出现。《晋书·匈奴传》云，"武帝时，有骑督纂毋倪邪，伐吴有功，迁赤沙都尉。"

由此可知，借少数民族之力以进行内战，是中国统治阶级传统的故智，自古如此，于今为甚。

（香港《文汇报》1948年9月10日《史地周刊》第一期）

---

[1]　《晋书·刘元海载记》。

魏晋时代之塔里木盆地及其与中国的关系

一

两汉时期，中国西部的疆域，不仅已扩展到今日天山以南的塔里木盆地和天山以北的准噶尔高原；并且还越过帕米尔高原，把大汉帝国的国旗，插在中央亚细亚。

大汉帝国的昌盛时代，由于统治阶级的腐化，不久便成了过去。东汉末叶，围绕在边疆地区的四裔诸种族，正如阴云四合，从四方八面，向中原地区压缩，特别是匈奴和西羌，袭入甘、陕，遮断了中原通达塔里木盆地之唯一的道路——河西走廊，因而中原与这个盆地之和平交通的情形，就改变了。以后中原地区爆发了农民战争，演化而为豪族火并，内战削弱了国家的元气，因而对这个盆地的统治，遂不能维持。

三国时，魏、蜀、吴割据一方，互相火并，内战持续半个世纪。当时魏、蜀、吴的统治者，都以全力对敌国，更没有想到去恢复塔里木盆地的统治。西晋虽然结束了三国割据的局面，建立了一个统一的王朝；但这个新兴的王朝，一开始便把刀锋向内，在平吴的战役中，已经用尽了所有的国力。以后跟着又有八王之乱，骨肉相残，若屠犬豕。在内战中征兵征粮，弄得民穷财竭，四海困穷，更没有力量顾到遥远的塔里木盆地。

正当这时，南匈奴乘中原混乱，揭起自己种族的旗帜，在山西、河北一带，相煽而起，覆灭了西晋王朝。从此以后，氐、羌、鲜卑，像潮水一样涌进中原北部，僭号称尊，建立了许多短期的王朝。而司马氏政权遂退到长江以南，是为东晋。东晋偏安江左，西北为入主中原的民族封锁，当然与塔里木盆地的关系，更加隔绝。

因此，自三国以至两晋这两个世纪的时间中，中国史上对于塔里木盆地的纪录，甚为模糊。但是塔里木盆地自汉以来，对于欧、亚的贸易和文化，有着走廊的作用。即使在魏、晋时代，中原王朝的势力从塔里木盆地退出，但留在这个盆地的中国文明，并不会因此而消灭；同时也不会因此而使佛教文化及艺术就不从伊朗和印度继续流入这个盆地。因而在魏、晋时代，这个盆地还是应该有着或多或少的变化。

关于这方面的史料，《三国志》上根本没有记载。《晋书·四夷列传》中亦只有焉耆、龟兹两国的列传，而且记载极其简略。《焉耆传》不足四百字，《龟兹传》也不过一百二十字左右。可见当时的人对于这个盆地的情形，已不甚了了。只有在《三国志·魏书》卷三十《乌丸、鲜卑、东夷传》裴松之注引《魏略·西戎传》中对当时塔里木盆地诸国，略有记述；但亦不详。

其次，只有从那时候的一些中国僧侣经由这个盆地以向辽远的印度参拜圣迹的行纪中，可以反映一些；唯这一时期的行纪大半亡佚，今仅存者，只有法显的《历游天竺记传》。此书常名《佛国记》，或《法显传》。按《高僧传》谓法显以晋隆安三年（399）西度流沙至天竺。本纪则云以姚兴宏始二年（400），岁在己亥，发自长安，六年到天竺（404），停6年，还3年，往返15年。其赴天竺，系取道塔里木盆地，因而在其行纪中记有当时塔里木盆地诸国之事。

此外，则为晚近英人斯坦因（原籍匈牙利）及日人橘瑞超在尼雅河下流废址及罗布淖尔东北故城所发现的魏、晋间人所书的木简。这种木简之一部，王国维和罗振玉曾加以考释，收入《流沙坠简》中。虽然如此，要想确切地说明魏、晋时的塔里木盆地及其与中原地区的关系，还是十分不够的。

二

关于魏、晋时西域诸国的大势，据《魏略》所述，汉时五十余国。从建武以来，更相并吞。至三国时，存者只有二十国。其在塔里木盆地者，只有六国。《魏略》述塔里木盆地之兼并情形云：

> （由）南道西行，且志国（《汉书》作"且末"）、小宛国、精绝国、楼兰国，皆并属鄯善也。戎卢国、扞弥国（《后汉书》作"拘弥"）、渠勒国、皮山国，皆并属于阗。
>
> "（由）中道西行尉梨国、危须国、山王国（《后汉书》作'山国'），皆并属焉耆。姑墨国、温宿国、尉头国，皆并属龟兹也桢中国（《后汉书》卷一一八，《班超传》作'桢中城'）、莎车国、竭石国（《汉书》作'劫国'）、渠沙国、西夜国、依耐

国、满犁国、亿若国（《后汉书》作'德若国'）、榆令国、捐毒国、休脩国（《汉书》作'休循'）、琴国，皆并属疏勒。"

此外，天山以北，即今日之准噶尔高原，汉时诸小国，似已全部并属车师。《魏略》云：

（由）北新道西行，至东且弥国、西且弥国、单桓国、毕陆国（《汉书》作"卑陆国"）、蒲陆国（《汉书》作"蒲类国"）、乌贪国（《汉书》作"乌贪訾离"），皆并属车师后部王[1]。

其他乌孙、大宛、康居、奄蔡、大月氏、条支、安息、天竺、大秦等，或有变动，或无变动，因在葱岭以外，不在本文讨论之列。

从以上的记录中，我们可以看出，当中原王朝的势力从西域退出以后，塔里木盆地诸国即开始一个互相并吞的时代。并吞的结果，是两汉时代的西域五十余国逐渐被覆灭，吞并，或沦为邻国的附庸。到三国时，整个塔里木盆地，只存鄯善、于阗、焉耆、龟兹、疏勒五国。若并天山以北之车师后部计之，则存者六国。

这样的情形，到两晋时代，并没有什么改变。《晋书·四夷列传》，对于塔里木盆地诸国，虽只为焉耆、龟兹两国立传；但鄯善、于阗、沙勒（即疏勒）及车师后部的名字，皆散见于纪传之中。

又这样的情形，证之晋代残简，亦复相合。《流沙坠简·补遗考释》载晋简二：

其一云：

---

[1]　以上均见《三国志·魏书》卷三十《乌丸鲜卑东夷传》裴注引《魏略·西戎传》。

晋守侍中大都尉奉晋大侯亲晋鄯善、焉耆、龟兹、疏勒。（第
三简）

其二云：

于阗王写下诏书到。（第四简）

从以上二简，我们可以看出：

第一，晋代塔里木盆地诸国，确已相互兼并，只存鄯善、焉耆、龟
兹、疏勒、于阗五国。王国维云："此简（以上二简）所举五国，西域
长史所辖，殆尽于此。"

第二，上简所举，不见车师，则以当时车师不隶属于西域长史，而
是役属于鲜卑。据王国维考证："晋初车师后部当为鲜卑所役属。《魏
书·鲜卑传》注引王沈《魏书》云：鲜卑西部，西接乌孙。《晋书·武
帝纪》：咸宁元年六月，西域戊己校尉马循，讨叛鲜卑，破之。二年，
鲜卑阿罗多等寇边，西域戊己校尉马循讨之。时鲜卑当据车师后部之
地，故能西接乌孙，南侵戊己校尉治所矣。（上）简令诸国写下诏书，
而独不云车师王者，当由于此。然则晋初属西域长史诸国，唯鄯善、焉
耆、龟兹、疏勒、于阗五国而已，此西域诸国之大势得由上简知之者
也。"

第三，当时精绝国确已失掉了独立。据王国维云："此简所出之
地，当汉精绝国境。《后》书言，后汉明帝时，精绝为鄯善所并，而斯氏
后十年在此地所得木简，见于本书（《流沙坠简》）简牍遗文中者，其

中称谓有"大王"，有"王"，有"夫人"①，隶书精妙，似后汉桓灵间书。余前序中已疑精绝一国，汉末复有独立之事，今此简中，无精绝王而诏书乃到此者，必自鄯善或于阗传写而来，可见精绝至晋初又为他国所并矣。自地理上言之，则精绝去于阗近而去鄯善较远，自当并属于阗，而《魏略》则云，"并属鄯善。"无论何属，此时已无精绝国可知。

又法显《佛国记》所载塔里木盆地诸国，亦皆见于《魏略》。《佛国记》云：

> （自敦煌）行十七日，计可千五百里，得至鄯善国。
> 复（自鄯善）西北行，十五日到焉夷国。
> （自焉夷）西南行，……在道一月五日，得到于阗。
> （自于阗）进向子合国，在道二十五日，便到其国。
> （自安居）行二十五日，到竭义国。……从此西行，向北天竺②。

以上国名，有鄯善、焉夷、于阗、子合、安居、竭义六国。其中焉夷、竭义，不见《魏略》。而子合在《魏略》中，谓已并于疏勒。此则称国，是其不同。

---

① 《流沙坠简》释文卷三，录尼雅出土汉简，有如次各简：（一）"王母谨以琅玕一致问（面）王（背）。"（二）"臣承德叩头谨以玫瑰一再拜致问（面）大王（背）。"（三）"休乌宋耶谨以琅玕一致问（面）小大子九健持一（背）。"（四）"君华谨以琅玕一致问（面）且末夫人（背）。"（五）"大子笑夫人叩头谨以琅玕一致问（面）夫人春君（背）。"（六）"苏且谨以琅玕一致问（面）春君（背）。"（七）"苏且谨以黄琅玕一致问（面）春君（背）。"（八）"奉谨以琅玕一致问（面）春君猝母相忘（背）。"王国维曰："右八简隶书至精，其所致问之人曰'王'，曰'大王'，曰'小大子'，曰'且末夫人'，曰'夫人春君'，曰'春君'；其致问之物曰'琅玕'，曰'玫瑰'，曰'黄琅玕'。'斯君谓此简出土之地，当为精绝国，王君谓且末夫人，当是且末之女，女（嫁）于精绝者如齐姜宋子之类其说均至确。"
② 《佛国记》龙溪精舍丛书本（1—3页）。

按《佛国记》中之乌夷国，在鄯善西北十五日程，以地望推之，当在焉耆。据《汉书·西域传》云：鄯善去长安六千一百里，焉耆去长安七千三百里，由此知焉耆在鄯善西北一千二百里。以每日行八十里计，由鄯善到焉耆，十五日可到。《佛国记》谓自鄯善西北行十五日，到乌夷国，与此相符，故乌夷国实即焉耆之别称。

《佛国记》又云："（自乌夷）西南行，路中无居民。涉行艰难，所经之苦，人理莫比。在道一月五日，得到于阗。"据此，可知乌夷国在于阗之东北三十五日程。而在这三十五日所历的途程中，都无居民，这当然是三十五日的沙漠旅行。从这里，我们又知道当时中路与南路之间，还有一条横断今日塔斯马干沙漠的通路。

至于竭义国，当即《汉书·西域传》之劫国，《魏略》中之劫石国。唯《魏略》谓劫石国与子合国皆已并属于阗，而《佛国记》皆称国，并谓各皆有王。从这里，我们又知当时塔里木盆地诸小国之被兼并者，其中有王朝被覆灭者，如精绝；亦有保存其王朝而仅责其供纳者，如子合、竭义。总之，魏、晋时塔里木盆地诸国，已并为六国，则信而有征。

说到魏、晋时代塔里木盆地诸国的状况，《魏略》无一字记载，《晋书·西域列传》亦记而不详。唯从《佛国记》中可以看出；在晋代，佛教已经成为这个盆地的人民之信仰。《佛国记》云：

> （鄯善国）其国王奉法，可有四千余僧，悉小乘学。诸国俗人及沙门尽行天竺法；但有精粗。从此西行，所经诸国，类皆如是。唯国国胡语不同，然出家人皆习天竺书、天竺语。
>
> （乌夷国）僧亦有四千余人，皆小乘学，法则齐整。
>
> （于阗国）其国丰乐，人民殷盛，尽皆奉法，以法乐相娱。众僧乃数万人，多大乘学。

（子合国）国王精进，有千余僧，多大乘学。

（竭义国）有千余僧，尽小乘学。

据此可知当时佛教在塔里木盆地，已经获得了广大的信徒，特别在于阗，僧侣之数多至万余。又从"诸国俗人及沙门，尽行天竺法"一语看来，则这里的佛教信徒又不仅限于僧侣，而是在一般的俗人中，也建立了普遍的信仰。同时，从"出家人皆习天竺书、天竺语"一语看来，则当时的天竺语文，已经成为这个盆地的通行语文了。

跟着佛教信仰和文化的东渐，佛教的艺术也传到这个盆地。据《佛国记》所载：当时于阗国"人民星居，家家门前皆起小塔，最小者可高二丈许。"佛寺之多，小者不算，大者十四。其最大寺院曰"瞿摩帝，是大乘寺，三千僧其犍槌食。"又"有僧伽蓝，名王新寺，作来80年，经三王方成，可高二十五丈，雕文刻镂，金银覆上，众宝合成。塔后作佛堂，庄严妙好，梁柱户扇窗牖，皆以金薄。别作僧房，亦严丽整饰，非言可尽。"此外，对于佛像及诸天侍从的塑像，"皆金银雕莹"这些佛塔寺庙的建筑样式和佛像的雕刻，正是佛教艺术的精髓。这种佛教艺术，不仅存在于于阗，而是普遍存在于塔里木盆地诸国。《晋书·西域传》谓龟兹城内"有佛塔庙千所"，可以想见一斑。

由此可知，自3世纪初至5世纪这二个世纪中，佛教的信仰及其文化、艺术，已经掩袭这个盆地，成为这个盆地的人民之主要的精神生活和知识源泉。而待到南北朝、隋、唐时期，佛教遂成为中原地区人民之普遍的信仰。

三

魏、晋时代塔里木盆地诸国的兼并及其生活，已如上述。现在要说明的，是这一时代这个盆地的诸国家和内地的关系。《三国志·魏书》卷二《文帝纪》云：

> （黄初三年）二月，鄯善、龟兹、于阗王各遣使奉献。诏曰："西戎即叙，氐、羌来王，《诗》、《书》美之。顷者，西域外夷并款塞内附，其遣使者抚劳之。"是后西域遂通，置戊己校尉。

据此，则曹魏初年的势力又曾一度伸入塔里木盆地，并再建其统治。唯曹魏在这个盆地的统治继续到什么时候，不得而知。但明帝时，焉耆、车师后部、乃至大月氏，皆曾遣使朝贡，则为史籍所载。《魏书·明帝纪》云：

> （太和元年十月）焉耆王遣子入侍。
> （太和三年十二月）大月氏王波调遣使奉献，以调为亲魏大月氏王。

又《魏略》云：

> （车师后部）王治于赖城，魏赐其王壹多杂守魏侍中，号大都尉，受魏王印①。

这段记载，至少可以证明3世纪初中原和塔里木盆地乃至中央亚细亚的某些国家，尚保有名义上之隶属关系。但从此以后，迄于东晋前期的一百余年中，西域的消息不见于中国的史乘。直到4世纪中叶的东晋康帝

---

① 《三国志·魏书》卷三十《乌丸鲜卑东夷传》裴注引《魏略·西戎传》。

和穆帝时代，又才见有西域诸国向中原王朝的边疆官吏贡献的纪录。

《晋书》卷八十六《张骏传》云：

> 西域诸国献汗血马、火浣布、犎牛、孔雀、巨象及诸珍异二百余品。

按汗血马出大宛[①]；火浣布出大秦[②]；犎牛，孔雀，巨象出罽宾[③]；其他诸珍，则来自西域其他各国。由此，可知当4世纪中叶，中原与塔里木盆地及葱岭以西诸国，远至大秦，尚有往来。

不久以后，张骏便有远征塔里木盆地之举，而东晋的军队又出现于于阗与焉耆，《晋书》卷七《康帝纪》云：

> （建元）二年（344）春正月，张骏遣其将和驎、谢艾讨南羌于阗和，大破之。

《晋书》卷八《穆帝纪》云：

> （永和元年）（345）冬十二月，凉州牧张骏伐焉耆，降之。

张骏的远征军，胜利地征服了鄯善、车师前部、焉耆、龟兹及于阗，再建塔里木盆地的统治。《晋书》卷八十六《张骏传》亦云：

> （骏）使其将杨宣率众越流沙，伐龟兹、鄯善，于是西域并

---

① 《汉书·西域传》云："（大宛）多善马。马汗血。"
② 《后汉书·西域传》云："（大秦）作黄金涂、火浣布。又有细布。"
③ 《汉书·西域传》云：（罽宾）出犎牛、水牛、象、大狗、沐猴、孔爵……"。

降。鄯善王元孟献女，号曰美人，立宾遐观以处之。焉耆（车师）前部、于阗王并遣使贡方物。

据史籍所载，张骏之远征西域，其动机系应西域长史李柏的请求。《晋书》卷八十六《张骏传》云：

> 西域长史李柏请击叛将赵贞，为贞所败。

又云：

> 初，戊己校尉赵贞不附于骏，至是，骏击擒之，以其地为高昌郡。

从这个简单的纪录，我们可以看出，张骏远征西域之前，中原王朝在塔里木盆地尚驻有戊己校尉、长史，因而证明了在4世纪中叶以前，中原王朝在这个盆地的统治并未消灭，不管他们统治的地方有多大。

关于李柏的史料，晚近由日人橘瑞超在罗布淖尔北古城废址，已有所发现，计表文一通，书稿三通。

> 一
> 尚书
> 臣柏言焉耆王龙
> 月十五日
> 二
> 五月七日□□西域长史关内
> 侯李柏顿首顿首□□□□

恒不去心今奉台使来西月

二日到此（海头）未知王消息想国中

平安王使回复罗从北虏

中与严参事往想是到也

今遣使符太往相闻通

知消息书不悉意李柏顿首顿

首

三

五月七日西域长史关内侯李

柏顿首□□阔久不相□□

怀思想不知亲相念□

□见忘也诏家见谴□

来慰劳诸国月二日来到

海头不知王问邑邑天热

想王国大小平安王使

□遂俱共发从北虏中与

严参事往未知到未今

□使符太往通消息

书不尽意李柏顿

首顿首

四

五月七日西域长史关内

侯李柏五

以上四简，据王国维考证，皆前凉西域长史李柏书稿。王氏云：

第一纸仅存十三字。以文例求之，实柏上张氏表文也。……骏初称大将军凉州牧西平公，后称假凉王。李柏表文乃云上尚书，又自称臣柏者。《晋书》称骏虽称臣于晋，而不行中兴正朔，官僚府寺，拟于王者，而微异其名，二府官僚，莫不称臣，此盖纪骏称王后事。此表亦当上于骏称王之后矣。至后三书，则书中所署月日与所言之事，所遣之使，一一相合，实一书之草稿。其所致之人，当即焉耆王，书中云：王使回复罗从北虏中。北虏者，匈奴遗种。后汉以来，常在伊吾、车师间。谓之曰北虏，犹用后汉时语也。使回从北虏中，盖自敦煌直北行，取《魏略》之所谓新道，必北道诸国之使。案此时北道诸国，车师已微，唯有焉耆、龟兹、疏勒三国（见《流沙坠简·补遗考释》），而龟兹疏勒之使，当取碛道（即《魏略》之中道），不得从北虏中。唯往焉耆者，则或从北虏中，径高昌而西，或由碛道而北（即杨宣伐焉之道），有二道可从。故须明言回使所从之道，则此三书之致焉耆王殆无可疑[1]。

张骏在塔里木盆地的统治，究竟有若干时期，不得而知。但至苻坚时（东晋穆帝升平元年（357）—孝武帝太元十年（385））又曾一度派遣外交使节至西域，因而西域诸国又有朝献之事。《晋书》卷一一三《苻坚载记》（上）云：

先是，梁熙遣使西域，称扬（苻）坚之威德，并以缯彩赐诸国王，于是朝献者十有余国。大宛献天马千里驹，皆汗血、朱鬣、五色、凤膺、麟身，及诸珍异五百余种。

---

[1] 《流沙坠简·附录》一一二页。

又云：

> 鄯善王、车师前部王来朝，大宛献汗血马，……天竺献火浣
> 布，康居、于阗……皆遣使贡其方物。

但符坚时，塔里木盆地已无中原王朝之驻军，则为史籍所暗示。
《晋书》卷一一四《符坚载记》（下）云：

> 车师前部王弥寘、鄯善王休密驮朝于坚，坚赐以朝服，引见西
> 堂。寘等观其宫宇壮丽，仪卫严肃，甚惧，因请年年贡献。坚以西
> 域路遥，不许；令三年一贡，九年一朝，以为永制。等请曰："大
> 宛诸国虽通贡献，然诚节未纯，请乞依汉置都护故事。若王师出
> 关，请为向导。"坚于是以骁骑吕光为持节、都督西讨诸军事，与
> 陵江将军姜飞、轻骑将军彭晃（《吕光载记》尚有轻骑将军杜进、
> 康盛等）等配兵七万，以讨定西域。
> 明年（孝武帝太元七年，符坚建元十八年，382），吕光发长
> 安，坚送于建章宫。谓光曰："西戎荒俗，非礼义之邦。羁縻之
> 道，服而赦之，示以中国之威，导以王化之法，勿极武穷兵，过深
> 残掠。"加鄯善王休密驮使持节、散骑常侍，都督西域诸军事、宁
> 西将军，车师前部王弥寘使持节、平西将军、西域都护，率其国兵
> 为光向导。

在以上的记载中，如车师前部王及鄯善王请依汉故事设都护，并
请派兵出关，这就证明了当时中原王朝在塔里木盆地已无驻军，如加鄯
善王休密驮及车师前部王弥寘的官爵，这又证明当时盆地诸国，已无中
原王朝之属领。至于鄯善车师之请求符坚出兵，则是因为受到鲜卑的压

迫，即《晋书·焉耆传》所谓狯胡。当吕光西征之前，狯胡已侵入塔里木盆地之东北，焉耆、龟兹、温宿、尉须皆受其控制。即因鲜卑侵入塔里木盆地，车师前部及鄯善感到威胁，所以他们跑到中原，求援于苻坚。关于这一点，我们从吕光西征，一到龟兹，便碰到狯胡可以证明。《晋书》卷一二二《吕光载记》云：

> 光攻（龟兹）城既急，（龟兹王）帛纯乃倾国财宝请救狯胡。狯胡弟呐龙、侯将馗率骑二十余万，并引温宿、尉头等国王，合七十余万以救之。胡便弓马，善矛矟，铠如连锁，射不可入，以草索为羂，策马掷人，多有中者。众甚惮之。

吕光这次的远征，击溃了狯胡，征服了焉耆、龟兹等国，又重新在西域树立了中原王朝的声威；但是吕光的远征军，并没有占领他所征服的地方，他们不久便带着大批的胜利品，凯旋回朝。《吕光载记》云：

> （光）进兵至焉耆，其王泥流率其旁国请降。龟兹王帛纯距光，光军其城南，五里为一营，深沟高垒，广设疑兵，以木为人，被之以甲，罗之垒上。帛纯驱徒城外人入于城中，附庸侯王各婴城自守。……又进攻龟兹城，……光攻城既急，帛纯乃倾国财宝请救狯胡。……（光击败狯胡）斩万余级。帛纯收其珍宝而走，王侯降者三十余国。……诸国惮光威名，贡款属路，乃立帛纯弟震为王以安之。光抚宁西域，感恩甚著，桀黠胡王所未宾者，不远万里皆来归附，上汉所赐节传，光皆表而易之。
>
> 光既平龟兹，有留焉之志。时始获鸠摩罗什，罗什劝之东还，语在《四夷传》。光于是大飨文武，博议进止。众咸请还，光从之，以驼二万余头致外国珍宝及奇伎异戏、殊禽怪兽千有余品，骏

马万余匹。

即因吕光没有占领塔里木盆地，所以不久，盆地诸国又在北匈奴别种的支持之下背叛。这从凉武昭王又有远征西域之举，可以看出。《晋书》卷八十七《凉武昭王李玄盛传》云：

> （玄盛）又遣宋繇东伐凉兴，并击玉门已西诸城，皆下之，遂屯玉门、阳关，广田积谷，为东伐之资。

玄盛击下玉门已西诸城之后，显然又未继续占领，只是还屯玉门、阳关，以与盆地诸国相拒。按凉武昭王李玄盛之征西域，时在东晋之末，以后中国历史即进入南北朝，这时哦哒人已侵入塔里木盆地，后来代替汉族成为这个盆地的主人。

总之，在魏晋时，中原王朝在塔里木盆地的统治，虽时断时续，而这一具有欧亚贸易和文化走廊作用的塔里木盆地，仍然有苦行的僧侣和冒险的商人不断地穿过。据梁启超在其所著《千五百年前之中国留学生》一文中，谓魏蜀时代赴西域求佛法的中国僧侣之有姓名可考者有二十八人[①]，此外，在晋简中，亦有西域人入境之纪录。如：

> 卅中人黑色大目有髭须（二十九简）
> 月支国胡（三十简）
> 月支国胡支柱年廿九中人黑色（三十一简）
> 口胡（下漫灭）（三十二简）
> （上漫灭）有髭须著白布（三十三简）

---

① 见《梁任公近著》第一辑中卷二十八—三十七页。

有髭须（三十四简）①

这些黑色大目，而又有髭须著白布的人，当然不是中原人，而是来自塔里木盆地或中亚的商人和僧侣。由此足证魏晋时代，这个盆地，还是有东西文化在这里汇合，并不是一个寂寞的世界。

（上海《历史社会季刊》第一卷第二期，大夏大学历史社会研究部1947年9月1日出版）

---

① 《流沙坠简·补遗考释》七页。

给文成公主应有的历史地位

——看了田汉同志新编的话剧《文成公主》和昆曲《文成公主》以后

一

　　田汉同志新编的话剧《文成公主》已经由青年艺术剧院演出。在这出戏中，作者以历史主义的态度，民族平等的原则和高度的艺术技巧，把文成公主出嫁吐蕃这个历史事件搬上了舞台。作者肯定了文成公主这个历史人物，并且通过她热情地歌颂了汉藏两族人民的悠久的、深厚的友谊。

　　和话剧《文成公主》演出同时，北方昆曲剧院也以不同的艺术形式和不同的艺术结构演出了昆曲的《文成公主》。和话剧一样，昆曲中的文成公主，也是为了民族团结而献出了她的青春。

有人说文成公主太多了，我说不多。为什么不许同样的花开出不同的颜色呢？

作为一个观众，我欢迎这两出历史剧的演出，因为在这两出戏中，我们看到了一个凿通西藏高原的杰出的女性受到了她应该受到的赞扬，看到了一个藏族的历史人物以轮廓分明的英雄形象和充满了追求新生活的热情出现于舞台，看到了早在一千三百多年前统治西藏高原的松赞干布就曾经以吐蕃赞普的资格接受过大唐帝国的西海郡王和驸马都尉的封号和官爵。总而言之，在这两出戏中，我们看到了那些对喜马拉雅山抱着幻想的人们不愿意看见的历史。这些人希望我们忘记这些真实的历史，要我们相信帝国主义捏造的历史；如果我们不相信帝国主义捏造的历史，在他们看来就是碰到了"坚硬的石头"。告诉这些人们，应该小心一些，如果持这样的态度来对待历史问题，那到处都会碰到"坚硬的石头"。文成公主就是一块"坚硬的石头"，谁能从中国历史上把这块"石头"搬掉呢？

在这两出戏中，我们还看到了那些大唐的天朝主义者被当作愚蠢的冒险分子受到了嘲笑，看到了那些仇视邻人的吐蕃分裂主义分子受到了严厉的谴责，用一句话说，看到了田汉同志和昆曲的作者用他们的大笔在人民的舞台上扫除历史上遗留下来的大汉族主义和狭隘的种族主义或民族主义的影响。

有人说，文成公主值不得歌颂，我不同意这种说法。司马迁对于凿通西域的张骞曾经给他很高的评价，为什么对于凿通西藏高原的文成公主不给她以应有的历史地位呢？

文成公主是值得歌颂的，首先是她替吐蕃人民带去了文明的福音。田汉同志和昆曲的作者强调了这一点是完全正确的。应该着重地指出，文成公主替吐蕃人民带去的文明，不论是物质的或精神的，在当时的中国乃至当时的世界，都是最高水平的文明，这种文明有力地摧毁了吐蕃社会的原始闭塞性，把7世纪中叶的西藏高原带到了历史上文明时代的入口，难道这不是一件值得歌颂的大事？

文成公主的贡献还不仅仅在于她带去了一些物质的和精神的文明，更重要的是她打开了吐蕃人民通向中原文明区域的道路，使吐蕃加入了中原地区的高度发展的封建经济的体系，替吐蕃社会后来的发展，开辟了无穷无尽的泉源。难道这不是一件值得歌颂的大事？

根据义净《大唐西域求法高僧传》上的记载，我们还发现了文成公主出嫁吐蕃以后，很多大唐的僧侣经由吐蕃前往泥波罗（今尼泊尔）和印度，其中有些大唐僧侣如玄照一行，在他们去国和回国的途中，路经吐蕃，都见到文成公主，并得到她的资助。很有兴趣的是在这些僧侣中还有文成公主奶母的两个儿子。由此看来，文成公主不仅凿通了西藏高原，而且还凿通了经由西藏高原前往泥波罗和印度的道路，而这条道路在以前是不通的，至少在中国古典文献上没有这样的记载。难道这不是一件值得歌颂的大事？

上面所说的这些事实，充分地说明文成公主是值得歌颂的。应该指出，文成公主不是一个普通的公主，而是第一个把中原文化种子送到西藏高原的姑娘，是从中原地区前往西藏高原的最早的文化拓荒者，她的名字已经被历史铭刻在西藏人民的心灵上，成为永远不能磨灭的汉藏两族人民友谊的象征。当然话剧和昆曲的作者写这出戏的目的不仅仅是为了歌颂文成公主个人，而是通过一个人歌颂两个民族的团结。

二

话剧和昆曲的作者都掌握了与文成公主有关的史料，但他们只是把真实的历史当作底布，在历史的底布上绣出色彩鲜明的花纹，他们都发挥了艺术的虚构能力，用假设的人物和情节补充了历史资料不能体现出来的内容和情节，而这种虚构是当时历史条件下可能出现的。

田汉同志在他所写的话剧中，一开始就张开了思想的羽翼，飞向艺术的天国。他虚构了一个吐蕃的求婚副使，担任反面角色，让这个反面人物以虚伪的辞令和假装的友好隐蔽自己，进行破坏唐蕃友好的活动；而以求婚正使担任正面的角色，让他坚持唐蕃友好的政治使命。作者以此揭示了全剧的精神脉络，然后在剧情的发展中展开了民族友好和民族分裂的矛盾斗争。作者很巧妙地把有关文成公主的史实和传说组织在这个斗争之中，让戏剧在斗争中发展，而在最后则以民族分裂主义者的失败，保卫了民族友好团结，结束了这个斗争。在一个有汉藏两族人民参加的、隆重的、狂欢的婚典中，放下了幕布。留给观众的印象是民族团结的胜利。

田汉同志的虚构是合乎逻辑的。因为任何时代的任何种族都有保守分子，任何时代任何种族的保守分子都靠落后吃饭，吐蕃的保守分子也不例外。既然要靠落后吃饭，就必然要反对先进的文明和新鲜事物，就要坚持与文明世界的隔绝，把自己的人民封闭起来，让他们永远停滞在愚昧无知的状态中，甚至把文明当作灾难加以拒绝。田汉同志虚构的求婚副使和他的一党，就是吐蕃的保守分子，他们反对和大唐友好是理所当然。

历史告诉我们，当大唐王朝在亚洲东部广阔的平原上建立起一个强大的帝国的时候，分布在今日西藏高原、当时吐蕃境内的诸部落，还是闭关自守，死守着祖先传下来的古老的、落后的、粗野的游牧生活方式，过着相当原始的牧人生活。他们也种一点庄稼，如青稞、荞麦、小麦、豌豆之类，但农业在他们经济生活中并不重要。他们主要的生活资料是牛羊肉和乳酪，也有用石头砌起来的建筑物，但这些建筑物只是用为军事的堡垒，他们还是住在随时可以搬动的帐篷内。他们已经知道冶炼金银铜锡，似乎还不知道冶铁。也不知道纺织，穿的是粗糙的毡锃。

当时的吐蕃究竟处于什么历史阶段，资料太少，不能做出判断。根据历史和传说的记载，他们已经有了私有财产和阶级分化。有奴隶和奴隶主，有一个以赞普为首的世袭的贵族集团，这个集团高踞于吐蕃各部落之上，是吐蕃最高的统治集团。他们掌握着阶级压迫的机器：政权机关、庞大的武装部队、地下牢狱和对千千万万吐蕃人民生杀予夺的大权。像这样一个社会，是否可以称为奴隶社会尚待研究。文成公主在吐蕃遇到的社会，就是这样一个社会。

由于崇山峻岭，吐蕃与中原地区隔绝，若干年来，他们的帐篷还是按照原来的形式架起来的，毡锃还是按照原来的方法制成的，金银还是按照原来的方法冶炼的，乳酪还是按照原来的方法调制的，甚至妇女脸上的赭膏也还是按照原来的方法涂上去的。总之，一切已经死去的世代的传统都被当作神圣的东西沉重地压在吐蕃人民的胸膛上，使他们透不过气来。然而这种情况就是那些从母亲乳汁中就吸取了这种保守的精神和原则的一部分吐蕃大贵族或大奴主认为最满意的情况。因为吐蕃的大贵族或大奴主的政治特权正是建筑在这种最保守最落后的社会基础之上。

为了把西藏高原的统治牢固地固定在自己手里，吐蕃的大贵族或大奴主必须保卫落后，因为保卫落后，就是保卫他们的特权。为了保卫落后，吐蕃的保守分子用种族主义的外衣掩盖他们的阶级偏见，把保卫阶级统治说成是保卫种族，并且利用种族主义筑成抵抗文明的堤坝。他们可以在铠甲上面留下两个小孔，让他们的眼睛能够看见邻人的财富，但决不肯在吐蕃的边境上打开一个窗户，让文明的光辉射入吐蕃。由于保守分子的顽固，因而在中原地区早已归入历史范畴的东西，如抉目、劓鼻、刖足、人殉和恐怖的地下牢狱等等，在吐蕃还是被保留在现实生活之中。如果要在中原地区找到类似的例子，那必须回到远古时代去。

　　不管山有多么高，水有多么深，也不管吐蕃的保守分子有多么顽固，要想遮住文明的传播是不可能的。在7世纪中叶，高度发展的大唐的封建文明的浪涛终于从中原地区经过青海草原，冲击到西藏高原的边缘，而飞溅出它的浪花，这在吐蕃保守分子看来，简直是一种可怕的危险，因而必须加以抵抗。为了抗拒文明，他们不惜发动战争，贞观十二年（638）对松州的进攻，就是向文明世界挑战。但是他们失败了，他们遇到了大唐帝国的坚强抵抗，也遇到了吐蕃内部开明分子的反对。他们在这次战争中得到的胜利品不是什么别的东西，只是好战的吐蕃贵族的尸体。

　　显然，吐蕃的保守分子在松州的战役中受到了战争的批判。经过这次战争的批判，吐蕃的开明分子在政治上抬起头来了。跟着吐蕃的求婚使节禄东赞到了长安，跟着文成公主进入了逻娑。文成公主进入逻娑，是吐蕃人民的历史胜利，因为这个长安姑娘走进吐蕃赞普的帐幕，其意义就是吐蕃的最保守的大贵族或大奴主的失败。当然这不等于说文成公主和受到她的影响的吐蕃赞普就可以打开地下牢狱释放那些被囚禁的牧民和奴隶，就可以把抉目、劓鼻、刖足的刑具送进历史博物馆，就可以使吐蕃的大贵族大奴主放下他们手中的皮鞭，因为不管文成公主如何慈悲，也不管吐蕃赞普如何英明，他们都不能让历史上规定了要出现的制度在尚未达到崩溃的时候，就在他们的愿望和权力之前消灭。但是文成公主进入吐蕃，至少把吐蕃大贵族大奴主所筑的抵抗文明的堤坝打开了一个缺口，因而我们就可以这样说，当文成公主进入逻娑的时候，守卫着吐蕃大贵族大奴主的财富的"鄉羝之神"就从古老的神龛上跌到地下来了。

　　贯彻在话剧《文成公主》中的矛盾，就是这个矛盾。田汉同志提出了这个矛盾，揭露了这个矛盾，解决了这个矛盾，并且通过这个矛盾说明了他的主题。

<h1 style="text-align:center">三</h1>

昆曲《文成公主》除了贯串着唐蕃矛盾以外，作者虚构了一个吐谷浑的保守分子，让他和吐蕃的保守分子相互勾结，阴谋刺杀文成公主，企图以此挑起吐蕃与吐谷浑之间的战争，并从而破坏大唐与吐谷浑和吐蕃的友好关系。最后阴谋被揭发，分裂主义者失败。在一个有大唐、吐蕃、吐谷浑三族人民参加的歌舞大会中结束了这出戏。

昆曲的虚构，也是合乎逻辑的。和吐蕃一样，吐谷浑也有保守分子，吐谷浑的保守分子和吐蕃的保守分子虽然属于不同的种族，但他们是一个阶级的儿子，他们都靠落后吃饭，因而对文明有着共同的反感。

但是吐谷浑的保守分子和吐蕃保守分子的处境是不同的。由于青海草原比较接近中原地区，又没有崇山峻岭作为屏障，因而当文成公主出嫁吐蕃以前，生活在青海草原中的操着各种语言的游牧人都已集结在大唐的王笏之下。吐谷浑的可汗诺曷钵就是大唐王朝把他安置在吐谷浑的王座上的。在弘化公主进入诺曷钵的帐幕以后，吐谷浑和大唐王朝的关系日益密切。以后大唐王朝又以交州大都督会稽王道恩的女儿金城县主嫁给弘化公主的长子苏度摸末（即慕容忠），更后又以金明县主嫁给弘化公主的次子闼卢摸末，大唐与吐谷浑的关系就更加密切了。（弘化公主，金城县主及慕容忠等的墓志均已在武威发现）因此吐谷浑的保守分子如果要反抗大唐王朝，就必须和吐蕃的保守分子勾结。而吐蕃的保守分子也欢迎这种勾结，因为他们正想把吐谷浑从青海草原驱逐出去。

历史告诉我们，弘化公主出嫁吐谷浑的次年（641），亦即文成公主经过吐谷浑的那年，吐谷浑的丞相宣王曾经阴谋发动武装叛乱，袭击弘化公主，劫持诺曷钵可汗投奔吐蕃。诺曷钵可汗与弘化公主被迫逃往当时的鄯州今日的乐都，后来得到唐朝的帮助，才平定叛乱，回到自己的部落。

当文成公主路经河源的时候，吐谷浑的叛乱已经平息。敦煌千佛洞发现的唐写本西藏古文书中曾经记载文成公主路经河源时受到吐谷浑的欢迎。古文书中记载诺曷钵可汗和他的母亲、丞相、贵族、百官、头人、骑兵队长和他们的妻子等都来欢迎文成公主，并且举行了盛大的宴会。

唐高宗龙朔三年（663）又有一个吐谷浑大臣素知贵叛降吐蕃，引导吐蕃进攻自己的部落。把青海草原交给全身盔甲的吐蕃士兵去掠夺，而让自己的部落的名字，从历史上消灭。

昆曲《文成公主》中的另外一个矛盾就是这种矛盾。其实这种矛盾就是大唐和吐蕃的矛盾。因为大唐帝国在青海草原的每一步进展和加强，在吐蕃的保守分子看来都是对他们的威胁。反之，吐蕃对吐谷浑的每一个进攻，在大唐帝国看来都是对自己的侵犯。可惜昆曲的作者提出了吐谷浑与吐蕃的矛盾但没有很好地利用这个矛盾去说明唐蕃的矛盾，而唐蕃的矛盾是这出戏中的主要矛盾。

四

话剧和昆曲的演出，都很成功，至少给了我这样一种印象，即出现在舞台上的场面，看起来是真实的历史，又是朴素的牧歌，也是一幅一幅色彩鲜明、含义丰富的画面。

当话剧中的文成公主出现在华贵的珠帘后面的时候，侍女轻盈地站在两边，坐在我后面的一位观众说："这简直是一幅敦煌壁画。"

在人物塑造方面导演同志发挥了他们的天才，演员同志也能细致而生动地体现出他们所扮演的人物的身份、性格和感情。

出现在这两出戏中的文成公主，都表现出是一个具有坚强性格的女性，同时也在不损害她的坚强性格的限度内，表现出一个年青的贵族姑娘的精神面貌。应该让文成公主坚强一些，否则观众就会担心她不能担负起大唐王朝交给她的政治使命。

为了要把文成公主塑造成为一个性格坚强的女性，话剧的导演金山同志出色地完成了他的任务。甚至当文成公主万里远嫁，辞别她的父亲，离开长安的时候，金山同志也要她堵住泪腺，而要她把长安就要流出来的眼泪带到青海草原才让她流出来，只有这一点我觉得有些勉强。如果流了眼泪就损害了坚强性，那么长安不流河源流，坚强性还是被损害了。当然我不是说要让文成公主哭哭啼啼地离开长安，只是说要给她以留恋家乡的权利。关于这一点，昆曲的导演金紫光同志比金山同志要慷慨一些，他给了文成公主这个权利。

话剧中的文成公主在河源哭了一场，是不是损害了坚强性呢？我以为没有损害。应该想到，当文成公主出嫁吐蕃的时候，她还是一个年青的姑娘，而且是生长在重重帷幕之中的一个贵族姑娘，在高墙圈禁着，卫士警戒着，身份限制着的宫廷生活环境中，她不可能广泛地接触当时的社会，她没有机会从现实生活中去接受锻炼。像这样一个年青的贵族姑娘一旦被政治的风浪把她从金碧辉煌的宫殿中带到荒旷的原野，她触起思乡之念，不是很自然吗？

扮演文成公主的郑振瑶同志很能体会金山同志对她的要求，她很快就抹去了眼泪，甩掉田汉同志最心爱的日月宝镜，从神奇的日月山去吸取力量，准备走向更遥远的世界。从此以后文成公主就投入了大自然的怀抱，唱起牧歌来了，表示她的心情之无限的舒展。到了怒江北岸，她的心灵已经飞过了雪山。

金山同志一直把文成公主的坚强性保持到戏剧的终结，在她和赞普邂逅怒江北岸的时候，还是一位手持宝剑的猎人。

昆曲中扮演文成公主的李淑君同志也随时在提醒自己要表现得坚强些，而她也的确表现得很坚强，只有在和赞普初次见面的时候，才从她喜悦的脸上表现出不可克制的羞涩，但这并不算软弱，而是很自然地体现了一个汉族姑娘的民族特征。

两出戏的导演同志都努力把松赞干布塑造成为一个英俊、沉着而又有热情的英雄。为了要在形象上肯定他，没有让他披上他应该披的毡裘。松赞干布的确是一个英雄。我说他是一个英雄，不仅是因为他统一了西藏高原诸部落，更重要的是他大胆地打开了西藏高原的大门来欢迎先进的中原文化。他不用保卫落后来巩固他的权力，而是用他们的权力来消灭落后。

两出戏的导演同志都注意让唐太宗的气魄大一些，这也是对的。因为当时的唐太宗，不仅掌握大唐帝国几千万人民的命运，而且已经把他自己提升到亚洲各国君主的首位，很多邻近国家的国王和部落首领，都集结在他的阶陛之下，他是名副其实的天可汗。

五

一千三百年的时间很快就过去了，现在西藏的人民已经进入了历史上的新时代，他们在中国共产党领导之下，已经消灭了野蛮的农奴制度，开始社会主义改革和社会主义建设的伟大的历史事业。假如文成公主进入逻娑，就让我们看到一个太古的巨人倒在喜马拉雅山的脚下，那么现在，我们又可以看到一个更伟大的巨人——革命的无产阶级在西藏高原站起来了。假如我们"唤起已死的人物，其目的是在于赞美新的斗争"，那么歌颂文成公主就不仅仅是歌颂一个历史人物，而是历史地歌颂西藏人民的新的革命斗争，歌颂汉藏两族人民在新的历史基础上的团结。因此，我再重复一句：我欢迎这两出历史剧的演出。

（《光明日报》1960年5月6日）

从西汉的和亲政策说到昭君出塞

一

看了《文成公主》以后，想谈谈王昭君。

王昭君在过去的史学家眼中是一个渺小人物，在现在的史学家眼中还是一个渺小人物；然而在这个渺小人物身上，却反映出西汉末叶中国历史的一个重要侧面，民族关系的这个侧面。从她的身上，我们可以看出公元前一世纪下半期汉与匈奴之间的关系的全部历史。

比起历史上的大人物来，王昭君确实是一个渺小人物，她在当时不过是汉元帝掖庭中的一个宫女。但是历史上往往有一些渺小人物，扮演着重要角色，王昭君正是一个扮演重要角色的渺小人物。

作为汉元帝掖庭中的一个宫女，王昭君不过是封建专制皇帝脚下践踏的一粒沙子；但作为一个被汉王朝选定的前往匈奴和亲的姑娘，她就象征地代表了一个王朝、一个帝国、一个民族，并且承担了这个王朝、帝国、民族寄托在她身上的政治使命。

不管王昭君自己意识得到或意识不到，落到她身上的政治使命是重大的。根据历史记载，自从汉高帝接受娄敬的建议与匈奴冒顿单于缔结和亲以后，他的继承人惠帝、文帝、景帝一贯地奉行这种和亲政策，先后与匈奴冒顿单于及其子孙老上单于、军臣单于结为婚姻。在汉初70余年间，汉王朝与匈奴部落联盟统治集团之间，始终保持亲戚关系。但是到了汉武帝元光二年（前133）由于马邑地方的边境冲突，这种世代的亲戚关系，便宣告中断。从汉武帝元光二年到汉元帝竟宁元年（前33）昭君出塞之年，其间整整一百年，汉王朝与匈奴部落联盟统治集团之间，长期处于战争状态之中，而这种由双方统治阶级发动的相互掠夺的战争，不论谁胜谁负，对于两族人民来说，都是灾难。昭君出塞之年，正是匈奴绝和亲一百周年，很明白寄托在她身上的政治使命是恢复中断了一百年的汉与匈奴之间的友好关系。

在一个多民族国家的历史中，两个兄弟民族的和解，不能说不是一个具有重大意义的历史事件，而王昭君在这个事件中扮演的角色，不能说不是一个重要角色。

二

当然，汉元帝的政府不会把它的全部匈奴使命交给这个年青的、没有实际政治经验的姑娘，他们知道，在这个姑娘后面，还有一条万里长城。但是不能因此就认为昭君出塞是汉王朝用真人真事表演的一出滑稽剧，以此作为战争中的插曲。应该指出，昭君出塞这件事，对于汉王朝来说，是一个政策的转变，即从战争政策回到和亲政策。

和亲政策，在今天看来已经是一种陈旧的过时的民族政策，但在古代封建社会时期却是维持民族友好关系的一种最好的办法。在当时的历史条件下，要维持民族友好关系，主要地是通过两种办法，或者是质之以盟誓，或者是申之以婚姻，后者就是和亲。西汉王朝对匈奴的政策主要的是和亲政策，只有在这种政策不能产生效果的时候，才采取战争政策。因此，他们对昭君出塞是非常重视的。史载汉元帝为了纪念这次和亲而改元竟宁，就是最好的证明。应该指出，为了和亲而改元，在西汉王朝的历史上，这是最初的一次，也是最后的一次。

另外的资料也证明汉王朝对这次和亲的重视。1954年在包头附近麻池乡汉墓中发现了印有"单于和亲"，"千秋万岁"，"长乐未央"等文字的瓦当残片，据考古工作者判断，这些瓦当是属于西汉末叶的。[①]还有传世的单于和亲砖，上面也印有"单于和亲千秋万岁长乐未央"等文字，[②]这些单于和亲砖，虽然没有制作年代，但和瓦当上的文字几乎完全相同，很可能是属于同一时代的。如果对这些遗物的年代判断不错，那么，这些印有"单于和亲"的砖瓦，只能认为是为了纪念昭君出塞而制作的，因为在西汉末只有这一次和亲，而王昭君则是最后出塞的一个姑娘。

事实的发展是符合于汉王朝的期望的，昭君出塞以后，汉与匈奴之间有50年左右没有战争。一直到王莽执政时期，由于王莽的政府推行一种分化匈奴人的政策（大分匈奴为十五单于），又要把大汉文明强加于匈奴人（如强制匈奴单于改用汉式单名），特别是为了确立他的政府对匈奴的政治从属关系而更换"匈奴单于玺"为"新匈奴单于章"等等不愉快的事，汉与匈奴之间的友好关系才受到损害。

①　《文物参考资料》1955年第十期。

②　邵适庐：《专门名家》，第二集，《广仓砖录》，原物的一部分存历史博物馆。

50年的和平，在历史上不是一件小事，而这50年的和平是与昭君出塞有密切关系的。当然这种和平的出现，不完全是王昭君个人的作用。作为一个个人，不论王昭君生得如何美貌，也不论她具有多大的政治才能，都不能转移作为一个部落联盟的匈奴统治集团的政治方向，至多只能从匈奴单于获得对她个人的宠爱和信任。西汉初的历史充分地证明了这一点。在西汉初，尽管汉王朝不断地与匈奴单于和亲，但并没有因此而免于匈奴部落贵族的侵袭，只是没有使这种侵袭发展成为真正的战争而已。

汉与匈奴之间的友好关系的恢复，是中国历史发展到公元前一世纪所形成的客观形势的必然趋势。当时的客观形势是：一方面匈奴已经由于部落贵族之间的分裂而趋于衰落；另一方面，汉王朝也进入了它的全盛时代的末期。在这种形势下，双方都无力发动侵略对方的战争，特别是双方的人民，都迫切地想望和平。甚至一部分匈奴贵族也由于内部矛盾的尖锐化而感到必须与汉王朝和解才能稳定自己在匈奴部落中的统治地位。匈奴呼韩邪单于之决定款塞入朝，和汉王朝恢复友好关系，就是接受以匈奴贵族左伊秩訾王为首的主和派的意见。

和平是历史的必然趋势，但不能就得出班固所说的"和亲无益"的结论。不可想象，假如当时的汉王朝拒绝与匈奴和亲，单靠历史的必然性，就可以自动地发展出50年的和平。

史实证明，在昭君出塞以前，这种形势是存在的，但并没有因此而导致和平，甚至在呼韩邪单于两度入朝以后，汉王朝还不得不在它的西北边境线上保持相当的军事戒备。这种情形，从居延汉简的遗文中可以得到证明。居延汉简中有一简云："塞外诸节谷呼韩单于"。①又一简

①　《居延汉简甲编》，一八〇〇条。

云："就屠与呼韩单于諆"。①另一简云："郅支其名未知其变"。②这些残缺不全的简牍遗文，虽然看不出完整的意思，但可以肯定的是这些简牍都是当时汉王朝的边防驻军留下来的有关匈奴的军事情报或记录。

和亲以后，情形就不同了。史载汉元帝以王昭君赐呼韩邪单于，单于欢喜，"上书愿保塞上谷以西至敦煌，传之无穷，请罢边备塞吏卒，以休天子人民。"（见《汉书·匈奴传》）虽然汉王朝没有接受呼韩邪单于的建议，但从此以后，双方都从思想上撤销了仇恨的堡垒。燃烧了一个世纪的烽火熄灭了，出现在西北边境线上的是和平居民的炊烟。

一直到王莽执政时期，汉与匈奴双方还在利用王昭君的关系来缓和民族之间的矛盾。史载汉平帝时（公元前1—6），王莽曾邀请王昭君长女须卜居次云访问长安。天凤五年（18）匈奴单于又派遣须卜居次云及其婿须卜当、儿子须卜奢，还有王昭君次女当于居次的儿子醯椟王（醯椟王中途回去了）再度出使长安。王莽并把他的庶女陆逯公主王捷嫁给须卜奢。在汉王朝方面，也曾于天凤元年（14）派遣王昭君的侄儿和亲侯王歙、歙弟骑都尉展德侯王飒出使匈奴，贺单于初立。天凤二年，王歙又再度奉命出使匈奴。所有这些活动都是通过王昭君个人的关系进行的。

很明白，昭君出塞这个历史事件是标志着汉与匈奴之间友好关系的恢复，而王昭君在友好关系的恢复中起了很大的作用，然而这个标志着民族友好的历史事件，却被过去的诗人、戏剧家宣布为民族国家的屈辱，而王昭君则被描写成一个抱着琵琶而恸哭的悲剧人物。这在今天看来是很不妥当的。

---

① 《居延汉简甲编》，二三六一条。
② 同上书，一八〇四条。

三

把昭君出塞宣布为民族国家的屈辱，已经很久了。大概在王昭君死后不久，就有很多的诗人把昭君出塞当作一个屈辱事件写成了诗歌。保留到现在的最早的一首以王昭君为题材的诗歌是西晋诗人石崇的《王昭君辞》，在这首歌词中，作者就是把王昭君当作被历史风暴摧残了的一枝含有诗意的花朵，向她倾泄了同情之泪。从此以后，一直到明清，历代的诗人，包括著名的诗人李白、杜甫、白居易在内，写出了无数的诗歌来抚慰这个被他们认为是屈辱的灵魂。根据不完全的统计，咏王昭君的诗，唐以前有二十多首，^①唐有六十多首，^②宋元明清愈来愈多。^③这些诗人在被称为青冢的昭君墓前，树立了一块抒情的堕泪碑，一千多年来，在这块堕泪碑前，洒遍了诗人的眼泪，题满了诗人的挽歌。

诗人们之所以对昭君出塞这个事件感到如此悲哀，当然不完全是为了王昭君个人的不幸，有些诗人是借王昭君的眼睛，流出自己的眼泪。但是隐藏在诗人眼泪背后的除了诗人们个人的感伤之外，还有贯通一切时代的共同的东西，这就是大民族主义情感和封建道德观念。这种感情和这种观念就是王昭君这个人物引起诗人共鸣的真正的思想基础。

在过去的诗人看来，只要是一个汉族姑娘出嫁比较落后的邻近部族或种族，就是伤害他们的民族尊严。如果这个姑娘是以王朝的名义出嫁，那就被认为是替民族国家带来了屈辱。因此诗人们无条件地反对和亲政策，好像一个民族的尊严就在于严格地保持婚姻的种族封锁。例如唐代的和亲，一般都不是在民族抑压，而是在民族友好的情况下进行

---

① 《乐府诗集》。

② 《全唐诗》。

③ 清胡凤丹编《青冢志》。

的，但是敦煌发现的唐人所写的《昭君出塞》变文，却把昭君出塞联系到突厥。如云："传闻突厥本同威，每唤昭君作贵妃，"又云"假使边庭突厥宠，终归不及汉王怜。"①大家都知道，汉代尚无突厥，变文把匈奴说成突厥，显然是影射唐与突厥的和亲。

最大多数的诗人也没有忘记在道德上把王昭君理想化。他们根据封建道德的原则，向王昭君提出了贞操的要求，而且这种要求愈到后来愈严格。西晋的诗人石崇认为不能容忍的只是违反伦理主义的匈奴人的落后习俗——父死妻其后母。即使如此，石崇也没有要求王昭君为了抗议"父子见凌辱"而自杀，还是让她留在匈奴单于的帐幕中"默默以苟生"。《琴操》的作者就要求王昭君为了拒绝再嫁呼韩邪单于的儿子而饮药自杀。到了后来，诗人们便不允许这个曾经属于大汉掖庭的宫女踏上匈奴人的土地。为了保卫贞操，保卫大汉族的尊严，诗人们一定要看到王昭君死在大汉帝国的边疆，才感到愉快，而且还要看到她的坟墓上生出青草，看到她的圣洁的灵魂，带着原来的环乱，回到她的"亲爱的"皇帝陛下的身边，才算心满意足。

如果说这些咏王昭君的诗歌，其中有些也表现了一定的积极意义，那就是通过昭君出塞反对妥协投降政策和不抵抗主义。的确，在有些诗歌中，王昭君的名字，已经变成了一面反对屈辱的旗帜。但正是在这个带有现实意义的问题上，诗人们就不敢面对历史的真实，他们很小心地避开了应该反对的以皇帝为首的当权的封建统治阶级，向着遇不到危险的地方去舒展他们的爱国主义的热情。他们和《西京杂记》的作者一样不但不敢反对皇帝，也不敢反对皇帝的近侍，真正的贪污犯石显（他贪污了一万万），硬要无中生有，把一个与昭君出塞毫无关系的画师毛延寿拉扯进来，替他扣上一顶贪污的帽子，作为替

---

① 《敦煌掇琐》十三，二五五三。

罪的羔羊。自梁以来，许许多多的诗人都在这个倒霉的艺术家身上发泄了他们"高尚的义愤"。

四

王昭君这个人物，不但引起了诗人的共鸣，也打动了戏剧家的心弦。到了13世纪，戏剧家便让王昭君披着诗的美装，并且让她踏着诗人替她铺设的轨道走上舞台。当然，把诗人的情调塑造成为一个悲剧人物的形象而在王昭君这个人物身上打上封建道德和大民族主义的烙印，戏剧家们在艺术的创造方面发挥了最大的智慧，而且在思想感情方面和写作的动机方面都贯彻着自己的时代精神和个人意图。保存到现在的最早的一个以昭君出塞为题材的剧本是元代戏剧家马致远的《汉宫秋》，在这个剧本中的王昭君就是为汉元帝流着眼泪的一个姑娘。在此以后，明清两代的戏剧家也写了王昭君的戏。在明代，有陈与郊的《昭君出塞》，①无名氏的《和戎记》，②还有另外一个无名氏的《青冢记》。③在清代，有周文泉的《琵琶语》，还有京剧中的《汉明妃》。④所有这些戏剧中的王昭君就都是流着眼泪的。

在这些戏剧中，应该提出来说一说的是马致远的《汉宫秋》。作为13世纪的戏剧家所写的一个剧本，《汉宫秋》未可厚非，因为在这个剧本中，作者反对了妥协投降和不抵抗主义，谴责了那些在外来侵略面前被吓倒的满朝文武，甚至也讽刺了皇帝。但是马致远究竟是13世纪的一个戏剧家，而且生活在民族矛盾最尖锐的时代，他不可能没有大民族主

---

① 《盛明杂剧》第一集。

② 《古本戏剧丛刊》第二集。

③ 全剧散失，《缀白裘》中保存了《送昭》、《出塞》两幕。

④ 毛世来藏本，见北京市戏曲编导委员会编的《京剧汇编》。

义情感和封建贞操观念。

在《汉宫秋》这个剧本中，作者把匈奴呼韩邪单于放在敌人的地位，让他以一个好战的粗野的酋长的形象以压倒的威力和汉王朝对立，并通过匈奴人的战争威胁，替整个的戏剧投下了民族仇恨的阴影。然后把王昭君连同她的皇帝陛下和整个汉王朝放在战争威胁的前面，或者说，放在民族屈辱的面前，迫使汉王朝不得不让王昭君出塞和亲承担这个民族屈辱。作者的民族情感是浓厚的，他甚至不允许王昭君穿着汉家的衣服走到匈奴去。只是由于作者生活在蒙古王朝的统治下，他才不得不违背他的民族情感，让这个戏剧以匈奴人的胜利而结束。

在反对妥协投降和不抵抗主义的问题上，作者也和诗人一样从小路溜走了。在《汉宫秋》这个剧本中，作者把画师毛延寿刻画成为一个贪污、卑鄙、奸佞和背叛民族国家的败类。宣称这个画师是造成灾难的祸首，把一切责任都归到他的身上，而把汉元帝说成是一个"愁花病酒"的多情的皇帝。作者就用这样的虚构，把昭君出塞这个历史事件的责任，从皇帝身上转移到画师身上。皇帝得到了宽恕，而画师却问了斩刑。

由于把问题转向贪污，作者就把悲剧的冲突降低到一个宫廷画师的阴谋和背叛，好像历史就是按照一个画师的贪欲而进行的。这样就抽出了昭君出塞这个事件的政治内容和历史意义。

在肯定昭君出塞是民族国家的屈辱的前提之下，出现在《汉宫秋》这个剧本中的王昭君，只能是一个悲剧人物。从王昭君个人的遭遇来说，她的确是一个悲剧人物，但是使她成为悲剧人物的不是和亲，而是封建专制主义的迫害。封建专制主义把她从温暖的家庭带到冷酷的宫廷，又从冷酷的宫廷，把她带到沙漠的边缘，最后死在匈奴人的帐幕。可以说，王昭君是一个被封建专制主义磨成粉碎的姑娘。如果要把王昭君写成一个悲剧人物，那就应该把汉元帝写成她的敌人，并且通过对汉元帝的控诉来揭露封建专制主义的野蛮。然而由于时代和阶级性的限制，作者不但没有把汉元帝写成她的敌人，反而把汉元帝写成她的情人，并且用粉红色的幕布掩盖封建专制主义对于人身的野蛮凌辱和迫害。在作者看来，好像把成千少女禁闭在与世隔绝的高墙之中，让她们望着"无风竹影""有月窗纱"而流出眼泪，然后从她们饱受精神折磨的痛苦心灵中去吸收快乐，这是一个封建专制皇帝的"温情"，作者就用这样的"温情"磨掉了一个民间少女性格上的尖锐棱角，让她驯服地接受封建专制主义的蹂躏，让她把这种蹂躏当作皇帝的"恩宠"来欢迎，并且让她向着她的敌人"迎头儿称妾身，满口儿呼陛下"。

作者也没有忘记保卫封建道德是他的责任。在剧情的发展中，我们可以看到王昭君怀着对汉元帝割不断的恩爱，对画师毛延寿刻骨的仇恨和对匈奴人最大的敌意，走上一去不复返的征途，就在征途上，在作者认为不可逾越的道德防线上，用自杀结束了她的生命。"今生已矣，尚待来生也"，这就是她给汉朝皇帝的遗嘱。实际上还没有等到来生，作者就迫使王昭君这个从门口赶出去的姑娘，又从窗户里飞回来，来安慰这个在成千宫女环绕之中而感到寂寞的皇帝。

皇帝是情种，画师是败类，王昭君是封建专制主义最驯服的奴才，匈奴人是汉王朝最凶恶的敌人，而昭君出塞则是中国历史上涂不掉的屈辱的印记，这就是《汉宫秋》的全部内容。也是明清两代戏剧家所写的以昭君出塞为题材的剧本的蓝本。如果说明清两代戏剧家所写的昭君出塞的剧本也有一些新的创造，那就是用更多的虚构来填补皇帝的遗恨。

在清人所写的《琵琶语》中，作者甚至乞灵于圣母，由圣母派遣东方朔和青鸟使者运用陈平秘计把王昭君从匈奴人手中抢救出来，然后让她白日飞升。显然，《琵琶语》的作者已经翱翔于云雾之中，但是当戏剧家从空中跌到地下的时候，就会发现王昭君还是留在人间，留在匈奴人的帐幕中。

五

应该让王昭君从天国回到人间，从道德领域回到历史领域，昭君出塞这个历史事件才能得到正确的说明。

只要把昭君出塞这个事件放在历史领域之内就会发现把昭君出塞说成是民族国家的屈辱是不符合历史真实的。根据历史的记载，在公元前2世纪，匈奴人的确曾经一度成为汉王朝的威胁，但是就在这个世纪最后30年的一连串战争中，匈奴人遭受了汉武帝的沉重的反击，已经一蹶不振。跟着汉王朝有计划地建立了沿长城的要塞体系，特别是在河西走廊地带巩固地占领了阵地以后，匈奴人就再不成为汉王朝的威胁了。

早在公元前一世纪上半期，这个曾经号令蒙古草原的匈奴人便进入了他历史上严重的危机时代。频繁的战争与普遍的灾荒使匈奴人的社会经济陷于破产。这时的匈奴已经丧失了发动大规模侵略战争的物质条件，以致使汉王朝可以放心大胆撤退他驻扎在长城以外第一线的要塞驻军。

战争与灾荒不久就导致匈奴部落贵族之间的矛盾尖锐化，到汉宣帝五凤元年（前57），五单于争立，匈奴分裂为南北。为了对抗以郅支单于为首的北匈奴，以呼韩邪单于为首的南匈奴倒向汉朝。甘露元年（前51）呼韩邪单于首次入朝，黄龙元年（前49）二次入朝，竟宁元年（前33）三次入朝。王昭君就是呼韩邪单于三次入朝时随同呼韩邪单于出塞的。这时距匈奴的衰落已经有半个世纪，距匈奴的分裂也有25年，距呼韩邪单于首次入朝已经有18年，距呼韩邪单于二次入朝也有16年了。

从呼韩邪单于首次入朝以后，匈奴已经变成了汉王朝的藩属，一直到呼韩邪二次入朝时，守卫着他的帐幕的还是汉王朝的军队。到呼韩邪单于三次入朝时，以郅支单于为首的北匈奴也被汉王朝消灭了。这时汉王朝的势力已经跨过阴山，横绝大漠，远远地伸出了万里长城之外。王昭君就是在这样的历史形势下出塞和亲的。在这种历史形势下，匈奴人还有什么力量威胁汉王朝，使汉王朝接受屈辱呢？

固然，写历史剧不像写历史教科书，每一件事都要力求准确；但既然是历史剧，在主要的问题上，或者说在总的历史形势、历史倾向上，应该符合于历史真实。昭君出塞是不是民族国家的屈辱，这个问题，攸关着戏剧家对待历史上民族关系的态度，不能说不是一个主要问题，对于这样的问题，我以为最好符合于历史的真实。

六

把王昭君和汉元帝写成一对情人，这是用不调和的色彩构成的一幅历史漫画。当然戏剧家有权把历史漫画化，但可惜在这幅漫画中被丑化的不是封建专制皇帝，而是被封建专制皇帝迫害的一个宫女。

根据历史的记载，王昭君入宫数岁，并没有见到汉元帝，也没有取得妃嫔最起码的称号（当时的妃嫔分十四等），只是以待诏掖庭的名义等待皇帝的召见。一直到汉元帝为呼韩邪单于饯别而举行的一次盛大的宫廷宴会中，她才第一次，也是最后一次见到她的皇帝陛下。不可想象，世界上会有那样廉价的爱情，像戏剧中所说的王昭君会为了她见了一面的皇帝而流出眼泪。更不可想象，一个生活在公元前一世纪的姑娘就有后来诗人、戏剧家那样浓厚的封建贞操观念，觉得她必须为了见了一面的皇帝而死在什么黑龙江、乌江和其他什么江。

至于汉元帝是不是一个多情的皇帝，历史上没有说到这件事。历史上只说他是一个多才多艺的皇帝。他喜好音乐，而且具有音乐的天才。他会弹琴鼓瑟，击鼓吹箫，也会唱歌，而且都能合乎严格的节奏。作为一个业余的音乐家，他的音乐天才，使他的御用乐人为之惊叹。在音乐方面，只有他的儿子定陶王刘康赶得上他。但是作为一个皇帝，他不过是庸人之王而已。史载元帝蔽疾，不亲政事。他的御史大夫韦玄成也说他："日撞亡秦之钟，听郑卫之乐"，大概是事实。

像这样一个皇帝，当他看到王昭君"丰容靓饰"出现在宴会中的时候，也许因为王昭君的美貌而使他感到过去没有发现这个宫女是他的疏忽，但也只有在这个时候，即当他看到一个已经属于他的掖庭的宫女要属于匈奴单于的帐幕时，他才流露出嫉妒而悔恨的心情。正像清代史学家刘继庄咏王昭君的诗中所说的"宫中多少如花女，不嫁单于君不知"。但是一个拥有成千的宫女的皇帝失去一个宫女，甚至像《后汉书》作者范晔所说的不是一个而是五个宫女，对于他来说，并不像过去诗人、戏剧家所想象的那样严重，好像失去了一个宫女就像从他的皇冠上摘下了一颗珍珠，甚至就像夺去了他的灵魂。虽然如此，我并不反对在昭君出塞这出戏中把汉元帝写成正面人物，因为在批准昭君出塞这件事情上，他是正确的。

昭君出塞是自愿的还是被迫的，谁也不知道。《后汉书》的作者范晔说王昭君自己"向掖庭令请行"，我以为这是合乎情理的。只要看一看《汉书·外戚传》记载的妃嫔生活就会觉得一个宫女自愿请行去和亲是可以理解的。因为当时的掖庭，对于一个宫女来说简直就是一座人间地狱。一个宫女被送入掖庭以后，不能指望在活着的时候会能得到人身的自由。而且从汉武帝以后，当皇帝死后，宫女们还要被送到皇帝的陵园去陪伴骸髅。因此尽管过去的诗人、戏剧家用怎样美丽的词藻美化宫廷生活，说什么"月楼花院"、"绮窗朱户"，但在宫女们看来，用黄金铸成的牢狱，也是牢狱，谁会因为黄金而留恋牢狱呢？"向掖庭令请行"正是一个被迫害的女性向封建贞操观念提出的辛辣讽刺，对封建专制主义的野蛮的人身凌辱和迫害提出的严重抗议。

王昭君当然也知道，在她离开汉元帝的掖庭以后，她会走到一个比较落后的游牧人的社会，但她对匈奴人的社会并没有过去的诗人戏剧家想象的那样可怕，好像一旦越过了北部边境线就要进入一个蒙昧时代的世界，一个原始人的社会，因而就必须把自己埋葬在文明世界的边缘。

实际上当时的匈奴人，并不如过去的诗人戏剧家所想的那样落后，他们是一些牧人部落，但这些牧人已经知道制作铜器和铁器。靠近长城一带的匈奴人还知道种植庄稼。当然他们需要的大部分手工业品特别是匈奴部落贵族享用的奢侈品大半是从与汉人交换或者通过汉王朝的赠送形式获得的。只要看一看汉王朝送给匈奴呼韩邪单于和他的儿子的礼物单，就知道当时的匈奴贵族并不缺乏汉人的文明。昭君出塞的时候带去的礼物，其中就有锦绣绮縠杂帛一万八千匹、絮一万六千斤。8年以后，呼韩邪单于的儿子复株累若鞮单于入朝时，汉王朝又赠送他锦绣绮帛二万匹，絮二万斤。此外还有粮食、酒曲、各种工艺品，还有笙竽箜篌等乐器。如果东汉时赠送匈奴的礼物是按照西汉的例子，那么还有大宫御食酱及橘、龙眼和荔枝等水果。由此看来，王昭君到了匈奴以后是不会变成野蛮人的。

当然，王昭君也知道她到了匈奴以后，会要进入呼韩邪单于的帐幕，但她知道呼韩邪单于并不是汉王朝的敌人，而是第一个派遣侍子居在长安的匈奴单于，是第一个亲自款塞入朝的匈奴单于，是一个和汉王朝缔结"汉与匈奴，合为一家，世世毋相攻诈"的友好盟约的匈奴单于，也是第一个带着蒙古草原这一大片土地加入大汉帝国的匈奴单于。她还没有后来诗人、戏剧家那样妄自尊大的大民族主义思想，觉得出嫁这样一个匈奴单于，就替民族国家带来了屈辱。

七

文学的感染力是很大的，特别是戏剧。一个戏剧家在历史剧中的虚构可以从人们的头脑中挤掉历史的真实。我对于王昭君的印象，就不是《汉书》、《后汉书》给我的印象，而是戏剧家给我的印象。只是提到王昭君，我就想到三十多年前在长沙看过的一出《昭君出塞》。到现在，我还记得那个扮演王昭君的姑娘的一副愁眉苦脸，特别是她的一双为汉元帝流泪的眼睛，虽然浸透在沉重的痛苦之中，仍然闪出青春的光亮。我当时觉得，现在还是觉得，用这样一双眼睛为一个死了将近两千年的皇帝流泪，实在太可惜了。然而更可惜的是一直到现在，王昭君还是为汉元帝流着眼泪。

　　已经有一千多年了，昭君出塞一直被当作民族国家的屈辱，王昭君一直为着这种屈辱而向她的皇帝陛下流着眼泪。过去的诗人、戏剧家用大民族主义的态度对待昭君出塞这个事件，用封建道德观念要求王昭君这个人物，这是他们的古为今用，是他们的艺术实践，是他们的时代精神和阶级意识在民族关系问题上的集中表现。现在如果再把昭君出塞说成是民族国家的屈辱，再让王昭君为一个封建皇帝流着眼泪并通过她的眼泪去宣传民族仇恨和封建道德，那就太不合时宜了。应该替王昭君擦掉眼泪，让她以一个积极人物出现于舞台，为我们的时代服务。

（《光明日报》1961年2月5日）

民族同化与民族融合的问题

　　在民族同化和民族融合的问题上，也有些不同的意见。最一般的情况是在论述历史上的民族关系时，人们总是尽量避免使用同化这个名词，而以融合代替同化。

　　例如有人把魏晋南北朝时期的民族同化说成是民族大融合，把辽金元时期的民族同化也说成是民族大融合。好像自古以来中国各族之间就只有相互融合，不曾有过落后部族或民族同化于先进民族的史实；然而他们所说的"民族大融合"，其结局又往往是某些比较落后的部族或民族消失本部族或民族的特点，融合于汉族的汪洋大海中。像这样的情况，如果照列宁的说法，就不能说是融合，只能说是同化。列宁曾经这样说过：关于"同化的问题，即丧失民族特性，变成另一个民族的问题"。^①很明白，凡丧失本民族的特性变成另一民族，列宁就称之为同化。上面所说的"古代的民族融合"，正是列宁所说的同化。

"任一种科学，每当有新解释提出时，总不免要在这个科学的术语上发生革命"^②。当马克思列宁对民族关系提出新解释时，同化和融合这两个科学术语，也就具有不同的含义。照马克思、列宁的说法，在阶级社会的历史时期，只有民族同化，没有、也不可能有民族融合。同化是大的、生产力高的民族使小的、生产力低的民族同化于自己。像滚雪球一样，大民族越滚越大，小民族就滚得没有了。这就是为什么在中国史上许多小的部族或民族陆续消失了，而汉族却越来越大的原因。至于严格意义的民族融合，那就不是以一个大的、生产力高的民族为主体而使其他的民族同化于它，而是在国际共产主义的基础之上的各民族的平等的融合和高度的统一。这种融合的结果，不是一个大民族在其他民族消失它们的民族特点的情况之下扩大自己，而是形成一个既非甲民族又非乙民族而是一个从来没有的新民族，但这要在共产主义在世界范围内取得胜利以后很长的时期内才有实现的可能。

民族融合能不能在阶级社会出现呢？照列宁的说法是不可能的。列宁在《社会主义革命和民族自决权》一文中说："正如人类只有经过被压迫阶级专政的过渡时期才能达到阶级的消灭一样，人类只有经过一切

---

① 列宁：《关于民族问题的批评意见》。《列宁全集》第二十卷，第9页。

关于同化与融合两个名词的外文含义，我曾经请教邵循正、张芝联两位同志。"同化"这一名词，英文、法文、德文均为assimilation，俄文为ассимиляторство，词根皆相同，都是从拉丁文similis演变而来。拉丁文是"像"或"相似"的意思，冠词as乃使之相似的意思。"融合"这个名词，英、法、德文一般皆作amalgamation，系从拉丁文amalgama变来，原意是一种金属和水的混合物。（至于amalgama一字的来源又有两说：一说谓系从阿拉伯文变来，原意是"婚姻的结合"；一说谓系从希腊文变为阿拉伯文，原意是"搓揉"。）俄文也有атальгамировать一字，系外来语。列宁在《关于民族问题的批评意见》一文中用similis，意即"混合"、"溶合"。

② 恩格斯：《资本论》英译本第一卷，编者序。

被压迫民族完全解放的过渡时期，即他们有分离自由的过渡时期，才能达到各民族的必然融合。"①

按照斯大林的说法，民族融合不但不能在阶级社会实现，就是社会主义在一个国家内胜利的时期，也不能实现。他在《民族问题和列宁主义》一文中说："列宁不是把民族差别消亡和民族融合的过程归入社会主义在一个国家内胜利的时期，而是仅仅归入无产阶级专政在全世界范围内实现以后的时期，就是说，归入社会主义在一切国家内胜利的时期即世界社会主义经济基础已经奠定的时期。"②

"民族融合为什么不能在阶级社会实现呢？因为实现民族融合的最主要的前提条件是消灭民族对民族的压迫剥削，而这在阶级社会是不可能的。

民族融合为什么在社会主义社会在一个国家内取得胜利的时期还不能完全实现呢？因为要实现民族融合不仅要消灭民族压迫和民族国家的壁垒，而且要消灭各民族在经济方面和生活方面的差别，形成各民族利害一致的经济中心，还要求消灭民族语言、文化等精神生活方面的差别，形成民族间的共同语言，照《共产党宣言》上说，还要许多民族的和地方的文学形成一个世界的文学。而这在社会主义在一个国家内胜利的时期只能提供一种可能性，并替这种可能性准备现实的条件，不可能完全实现"。关于这个问题，斯大林曾经作过说明。他说："在我们国家中，民族压迫早已消灭了，但是由此决不应该得出结论说：民族差别已经消失了，我国各民族已经消灭了。在我们这里，在我们国家中，民族国家壁垒如边防、关税早已取消了，但是由此决不应该得出结论说：各个民族已经融合起来了，各种民族语言已经消失了，这些民族语言已

---

① 《列宁全集》第二十二卷，第141页。
② 《斯大林全集》第十一卷，第298页。

经被我们一切民族的某种共同语言代替了。"①

"民族融合是历史发展的必然趋势，是进步的现象，我们应该欢迎它。但是，不能因为欢迎这种进步的现象就把它提前塞进历史，就把阶级社会的民族关系，一律说成是民族融合。"如果把阶级社会历史时期的民族关系，都说成是融合，那么就会掩盖阶级社会的民族关系的本质，也会模糊阶级社会和社会主义社会历史时期的民族关系的本质的差异，同时也不符合历史事实。中国史上常常有"归化"、"向化"和"化外"之民的纪录。这里所"归"的和所"向"的文化，当然是指汉族文化，而所谓"化外"之民，则是指的没有同化于汉族的人民。不仅在封建社会只能有民族同化的事，在资本主义社会也只能有民族同化。列宁说："资本主义社会的经济发展在全世界给我们提供了一些没有充分发展的民族运动的例子，提供了一些由若干小民族或损害某些小民族组成大民族的例子，提供了一些民族同化的例子。"②列宁的这段话指出了民族同化的根源，不仅仅是政治接触和文化往来的结果，而是一定的社会经济在民族关系方面的表现形式。只要把民族同化这个问题提到历史范畴以内，就可以看出从民族形成经过民族同化到民族融合是民族关系发展的历史过程，而民族融合实际上就是民族消亡。

同化是不是不可以用呢？我看是可以用的。马克思、恩格斯、列宁也常常使用民族同化这个名词。例如马克思在论印度时说："相继征服过印度的那些阿拉伯人、土耳其人、鞑靼人和莫卧儿人，总是不久就被印度人同化了。"③恩格斯在论暴力的作用时也说，文明较低的征服者"为被征服的本地人民所同化"④，列宁在说到资本主义时代的民族关系

---

① 《斯大林全集》第十一卷，第294页。

② 《列宁全集》第二十卷，第18页。

③ 马克思：《不列颠在印度统治的未来结果》。《马克思恩格斯文选》两卷集，第一卷，第330页。

④ 恩格斯：《反杜林论》，第229页。

时也是说"民族同化"。①由此看来，同化这个名词是用不着回避的。

同化基本上是带有强制性的，自愿的是例外。在阶级社会历史时期存在着这样的现象是不足为奇的。按照马克思主义的观点来说，阶级社会的国家是各民族人民的大牢狱，只有社会主义的国家才成为各民族人民的大家庭。在民族牢狱中，大民族强制小民族同化于自己，难道还有什么奇怪。

由于封建社会的闭塞性，居住在中原地区和边陲地区的民族之间的自然联系不够密切，再加上落后民族的保守性，就使得民族之间的自然同化不很容易。具体的历史事实指出，当中国的封建主义在中原地区取得了支配地位以后，那些交通阻塞的边陲地区就成了落后的氏族制、奴隶制、农奴制的避乱所，居住在那里的落后部族和民族，他们依靠崇山峻岭，依靠沙漠作为屏障，坚持与文明世界的隔绝，而以保存祖传下来的原始生活方式感到自豪。这些落后部族或民族的头脑，正像恩格斯所说的瑞士山民的头脑一样，简直是"花岗石堡垒，要想开化他们，那是千难万难的事。"②因此强制就成了必要。当然，这里所谓强制，并不是说一个民族用暴力去消灭另一个民族的特点，只是说用各种强制的手段，来创造有利于同化的条件。

封建主义的文明，通过商业的交换和文化的影响向边陲地区的伸展，无疑地会加速少数民族被同化的过程，因为它创造了一种条件使落后地区的部族或民族更容易接触较高的经济和文化。落后的部族或民族通过征服或和平的迁徙而移居中原地区，也无异把自己转移到更容易被同化的环境之中，但这种条件的创造，大半是通过带有强制性手段，有时是通过战争。

在中国史上，强制移民的史实是不胜枚举的。或者把中原地区的

---

① 列宁：《关于民族问题的批评意见》。《列宁全集》第二十卷，第12页。

② 恩格斯：《瑞士的内战》。《马克思恩格斯全集》第四卷，第388页。

汉人移到落后的边陲，例如秦始皇徙五十万人于当时的南越，汉武帝徙七十余万人于当时的河南地；或者把边陲地区的落后的部族或民族移到文化较高的中原，例如汉武帝先后徙东瓯、闽粤于江淮之间，汉武帝、和帝先后徙廪君于江夏。不论是哪一种移民，其结果都是加速同化的过程，但移民也是带有强制性的。

　　还有直接用命令推行同化政策的。例如王莽强制匈奴单于改用汉式单名，金世宗强制汉人学女真文，清世祖强制汉人剃发易服等等，都是属于这一类的。宋代著名的诗人陆游有一首诗提到在女真人统治下的汉人同化于女真人的情况。诗云："上源驿中捶画鼓，汉使作客胡作主，舞女不记宣和装，庐儿尽能女真语。"①

　　在几个民族杂居地区或者接壤的地区，也有自然同化，但自然同化也是受到生活条件的强制，例如《颜氏家训》上说到一位北齐的士大夫要他十七岁的儿子学鲜卑语及弹琵琶，看起来是自愿的，实际上是生活条件的强制，因为生活在鲜卑人统治区域的汉人，学会了鲜卑语及弹琵琶就可以"以此伏事公卿，无不宠爱"。当然，不学鲜卑语及弹琵琶也有自由，颜之推就向他的儿子说过："若由此业自致卿相，亦不愿汝曹为之。"北魏孝文帝命令鲜卑人学汉人语言，看起来也是鲜卑统治者自愿的，实际上也是由于生活方式的改变迫使他们不得不学习汉人的语言，因为当时的鲜卑人已经由游牧生活转向定住的农耕，而鲜卑语可能没有足够的农业方面的语汇。由于自己的生活条件和工作条件而需要学会其他民族的言语，虽然不是强制的，但条件就是一根棍子。

　　即使有了同化的条件，但要使一个部族或民族同化于另一个民族还是不容易的。例如相继征服过汉族的那些游牧民族，当他踏入黄河南北开阔的原野时，虽然很快就受到繁华的城市生活的诱惑，受到封建文

---

① 陆游：《得韩无咎书寄使虏时宴东都驿中所作小阕》。《剑南诗稿》卷四。

化的熏陶，受到那些没有骆驼却有鸡犬之声相闻的村落的习俗的传染，但由于落后的民族主义的偏见，闭关主义的思想根深蒂固，他们还是想挣脱文明的诱惑并力图保存那些对于他们的生活已经没有什么实际价值的民族特点。例如女真统治者屡次下令禁止女真人用汉姓，禁止女真人学汉人的装束。清朝的统治者，也屡次下令禁止满洲人学汉人装束，禁止满洲人和汉人通婚，禁止各省的八旗驻军和汉人杂居，禁止满洲人经营商业和农业，甚至封锁东三省不准汉人去开垦。这种种的措施，简直是对文明的抗拒。用恩格斯的话说，这是"对历史发展潮流的反抗"，"是愚昧对教养、野蛮对文明的反抗"①。当然，要在文明的世界中保存落后的东西是不可能的，只要这些落后的民族走进黄河流域这个汉族文化的摇篮，用列宁的话说，走进这"一个碾碎民族差别的大磨坊"②，任何具有"花岗石堡垒"的头脑的部族或民族，结局还是被碾成粉碎。

同化虽然大半带有程度不同的强制性，但仍然是一种进步的历史现象。因为所谓同化，实际上就是落后民族加入了先进民族的经济和文化体系，就是落后民族文明化。列宁对同化的积极作用估价是很高的。他说：同化"还有没有什么实际的东西呢？""当然是有的，还有资本主义所具有的世界历史意义的打破民族壁垒，消除民族差别，使各民族同化的趋势，这种趋势每过十年就显得更加强大有力，并且是使资本主义转变为社会主义的最大的动力之一。"③因此列宁认为"谁没有陷入民族主义偏见的泥坑，谁就不能不看到资本主义同化民族的这一过程包含着极大的历史进步作用。"④又说："那些大骂其他民族的马克思主义者赞成'同化'的冒牌马克思主义者，实际上只是表明他们自己是民族主义

---

① 恩格斯：《瑞士的内战》。《马克思恩格斯全集》第四卷，第387页。
② 列宁：《关于民族问题的批评意见》。《列宁全集》第二十卷，第12页。
③ 同上书，第11，12，18页。
④ 同上。

市侩而已。"很明白，封建主义时代的民族同化替资本主义时代的民族和民族国家的形成创造了条件，资本主义时代的民族同化，又替社会主义和共产主义时代的民族融合创造了条件，而民族融合则是民族运动的最高形式。所以列宁说我们"欢迎民族的任何同化，只要它不是借助于暴力或特权进行的。"①但是欢迎同化，不等于欢迎同化政策。"同化政策是马克思列宁主义的武库中绝对不容许有的，因为它是反人民、反革命的政策，是有害的政策。"②因为这种政策是用强迫的办法，用命令来消灭另一民族的特征。

（摘自翦伯赞著：《关于处理中国史上的民族关系问题》，载古籍整理出版情况简报1962年第8号）

---

① 列宁：《关于民族问题的批评意见》。《列宁全集》第二十卷，第11，12，18页。
② 斯大林：《民族问题和列宁主义》。《斯大林全集》第十一卷，第299页。

论中华民族与民族主义

——读顾颉刚《续论中华民族是一个》以后

一

在目前，中华民族正以其伟大无比的活力，开创着自己的历史以及世界史之新的纪元。两年又八个月的革命战争，已经把自己变成世界史巨大变革过程中的一个主动的和决定的力量。新的历史条件给予中华民族和世界革命的前锋任务，而中华民族之主观的斗争，又正在把新的历史条件的可能性转化为现实性。历史的发展是社会经济的客观趋向与行动的人类的主观斗争之统一，假如从目前正在变革的世界中抽出了中华民族或中华民族的革命斗争，则世界革命的形势必然不能表现为今日之高涨。因此，我们如果要理解现在的中国，理解现在的世界，对于这一正在行动中的中华民族之理解，是一个必要的关键。

关于这一问题，在一年前已由顾颉刚先生提出并且曾经引起热烈的讨论。可惜我对于这些讨论的文章，始终没有看见，一直到最近我才读到顾先生《续论中华民族是一个》一文的续稿，（见去年5月29日《益世报》"边疆"附刊）这虽然只是顾先生大作的一部分，但因为是他的结论，所以能使我们充分地看出他对于民族一般乃至中华民族的整个见解。

顾先生把中华民族当作一个问题而提出，我认为在今日是非常重要的。可惜当时的论争，大半关于抽象的形式问题如名词的讨论。把论争的焦点转向问题的侧面，而不曾把中华民族与其现实的斗争关联起来，作统一的生动的研究，以至问题并不曾得到正确的解决。当着新的帝国主义战争与世界革命交织的今日，民族主义，一方面成为弱小民族革命的旗帜；另一方面，又成为法西斯匪徒侵略的假借。在列宁斯大林的民族政策之下，固然彻底地解放了全俄罗斯所有的被压迫的诸少数民族，在中山先生的民族主义之下，固然展开了中华民族的解放战争；然而在另一方面，希特勒的种族学说却使东欧诸民族走向奴隶与灭亡的前途。正因为革命的民族主义，在今日被反动的法西斯匪徒所篡窃，用以为辩护其反对有文化的民族之敌对行为，用以为辩护其对他民族之侵略奴役与剿灭的行为，用以为辩护其一切非道德与反人性的无耻的行为，所以我们对于民族问题的理解，必须不要放松这一些站在我们民族解放斗争对面的敌人的理论，更不要使我们的理论有被敌人利用的可能。中华民族在今日，是一个在历史中行动的民族，是一个在革命战斗中的民族，只有从行动中，从革命战斗中，才能理解这个民族的伟大。自然，我们不是用一些谎言与夸大，把自己的民族描写为一种天生的"神圣华胄"，而是要依据具体的客观事实，科学地去理解这个民族。因此我想在这里提出几点意见和顾先生商榷。

二

首先，我想谈到顾先生的命题——中华民族是一个。因为这是他对中华民族认识的出发点，也是他最后的结论。我以为问题这样的提出似乎就太不正确，因而对问题不能得到正确的答复，是很自然的事情。因为这一命题，就包含着否定国内少数民族之存在的意义，然而这与客观的事实是相背离的。显然顾先生曾经声明，他"并不是摆了大民族的架子，想来压倒他们（中国国内诸少数民族）。"但是诚如顾先生所云："或者要使人听了，以为这又是大汉族主义的表现，想消灭边民的文化了。"

顾先生为甚么要把问题这样提出？据他自己说："在上一次信里，我说明了我所以有这种主张的原因。我就中国目下的社会与环境的压迫需要上着想，我不忍不这样说。"顾先生上一次信的内容，我们不知其详，但自此我们大体上可以知道其所以主张"中华民族是一个"，倒不是认定在客观的事实上真真如此，而只是他主观上"不忍不这样说"。换言之，他认为"中国目下的社会与环境的压迫"，须要这样说。其实假如顾先生想到主观的意愿并不能改变客观的真实，则大可以不必无中生有。因为这不是主观上"忍不忍"的问题，而是客观上"存在不存在"的问题，所以"这样说"与"不这样说"，对于客观的事实是丝毫不相干的。假如在客观上中国存在着许多少数民族，用顾先生的话存在着许多"边民"或"中华民族之后进者"，则顾先生在主观上虽不忍说出来，他们依然是存在的。反之如果在客观事实上中国并没有诸少数民族之存在，则任何挑拨离间者也不能用主观的恶意把一个民族分化为几个民族。

不错，"中国目下的社会与环境压迫"是需要国内各民族的统一与团结，但我们所需要的统一与团结，是现实的而不是幻想的。并且要实现这种现实的统一与团结，也不仅就如顾先生所云："我们应当用了团结的理论来唤起他们的民族情绪，使他们知道世界上最爱他们的，莫过于和他们同居数千年的汉人。"而是要"和他们同居数千年的汉人"给他们以经济上政治上和文化上的独立与自由之发展，建立民族间的伟大而深厚的友谊；换言之，用现实的共同的利益代替空洞的"团结的理论"，以唤起他们的"民族情绪"，而且也只有这样，"民族情绪"才能唤起。

"团结"不是"消灭"，"团结"是某些具有一定特征的民族之自由平等的结合。因此"团结"不但不应否定其他民族之存在，并且应该扶助他们的独立自由之发展。只有法西斯的"种族学说"，才鼓吹一种妄自尊大的民族偏狭性，把自己的民族，当作"天生的"优等民族，而把其他民族都当作天生的"奴种"，因此他们有权奴役其他的民族，在"团结"的美名之下，用了经济的、政治的、文化的，乃至暴力的方法，去遂其消灭其他民族的无人道的企图。希特勒就在日耳曼人的大团结的口号之下，进行对东欧诸民族之剿灭化。日本法西斯也正在利用"同文同种"的口号，进行对中华民族之消灭。我们是被压迫的民族，我们对于这种作为民族抑压的工具之理论，应该加以无情的打击，我们绝不应该把这一套反动的理论翻译到中国来。中山先生的民族主义指示我们，我们的民族革命，是对外，求中华民族之解放，对内，使各少数民族都能得独立自由之发展。因为站在国内，汉族固然是统治的民族，而站在国际，则汉族与中国其他的少数民族同为被压迫的民族。我们所怕的，不是各民族的独立自由之发展，而是不能在同一历史任务之下，统一团结起来。因此我们民族学者的任务，也不在于回忆过去大汉族主义的光荣，不在于制造一些欺蒙的理论，而在于以最大的真诚，以兄弟的友爱，以现实的利害，用革命与战斗在中山先生的民族主义旗帜之下的把国内各民族真真的团结起来，反对日本法西斯侵略，争取中华民族的自由，犹之俄罗斯诸民族在列宁斯大林的民族政策之下团结起来，反对资本主义制度，创造社会主义社会一样。

三

关于甚么是民族？顾先生认为中山先生在民族主义第一讲中，把造成民族的力量分为血统生活、语言、宗教、风俗、习惯五项是采用欧美学者的旧说。现在欧美流行的新说，则为Anthur N.holcomb及Emile Dnkheim二人关于民族所下的定义。前者认为，"民族是具有共同民族意识和情绪的人群"；后者认为，"一个有团结情绪的人群，能同安乐，共患难的就是一个民族。"顾先生是反对旧说赞成新说的。所以他说：

> 民族是由政治现象（国家的组织强邻的压迫）所造成的心理现象（团结的情绪），他和语言，文化及体质固然可以发生关系……但民族的基础，决不建筑在言语文化及体质上，因为这些东西都是顺了自然演进的，而民族则是凭了人们的意识而造成的。
>
> 所以"语言、文化及体质"都不是构成民族的条件，构成民族的主要条件只是一个"团结的情绪"。民族的构成是精神的非物质的，是主观的非客观的。个人的社会地位、宗教信仰、经济利益、皮肤颜色，这样那样，尽管不同，彼此间的冲突也尽管不免，但他们对于自己的民族俱抱同样爱护之情，一旦遇到外侮，大家便放下了私争，而准备公斗，这便是民族意识的表现。

从这两段话中，我们可以看出顾先生对于民族的理解，犯了一些极幼稚的错误，而且这些错误，对于中国目前正在坚决执行中的民族解放斗争，是可能引起有害的影响的。

第一，他把"民族"与"民族意识"混同起来，并且把"民族意识"当作"民族"。所以他认为民族是一种"心理现象"或"团结的情绪"，"是精神的，非物质的；是主观的，非客观的。"一言以蔽之，"是凭了人们的意识而造成的。"他与一切具体的客观的条件都不相干，民族的本身也不是具体的东西。这样他把活生生的行动的人类集团，抽象为一种"情绪""精神"或"意识"。把有血有肉的具体的人类集团，舍去他的具体性，舍去他的客观实在性，而只剩下一种"心理现象"或"人类的幽灵"。于是他所谓民族，不但不是一种活的行动的人类集团，而且也不是一种客观上存在着的具体的人类集团，而是一种主观上幻想的视而不见的抽象的概念，一种神秘的，不可捉摸的，和死气沉沉的东西了。一言以蔽之，顾先生的所谓民族，既没有他的物质基础，也没有他的客观存在，只是一种主观的意识。然而我们知道："所谓民族，这首先他是个人们的集团，一定的人们的集团。……民族是历史上结合而成的一个有共同言语，有共同领土，有共同经济联系，以及有表现于共同文化的共同心理状态的固定集团……只有一切特征完全具备的时候，才算是一个民族。"顾先生否定一切构成民族的特征，并且否定民族之客观的存在或具体性，只承认是一种"团结的情绪"，而且这样的团结的情绪"与'言语''文化'经济利益""皮肤颜色""宗教信仰"等都不相干，也不被制限于"共同领土"。这样的理论如果是正确的，则德意日，应该是一个民族，因为虽然他们没有共同的领土，虽然他们的言语、文化、经济利益，皮肤颜色，宗教信仰都不相同，但他们有一种"团结的情绪"——侵略的情绪。同样的理由，一切弱小民族，也应该简化为一个民族，因为他们也有一种"团结的情绪"——求解放的情绪。反之在同一民族中，却不见得情绪完全一致，比如中国目前大大小小的汉奸，如汪精卫等，他们要与日本法西斯"团结"，难道汪精卫等汉奸，就不属于中华民族吗？但是我们只能说他们是中华民族的"叛徒"，而不能说他们不是中华民族。而且这样的理论，最容易并且实际上已被法西斯匪徒所利用，他们正要把那些生长在不同领土中的不同言语、文化、体质与经济利益的民族，归并到自己的民族，因为照顾先生的说法并不妨碍同为一种民族？自然顾先生之所以如此主张，他是想把中国国内的一切不同言语、文化与体质的少数民族，消解于一个抽象的"团结的情绪"的概念之下，而观念地造成一个中华民族，但无论如何这样的中华民族也只是"一种观念的"中华民族。

其次，顾先生把"民族意识"再度升华，而认为只是一种没有一切规定性的"团结的情绪"。这种"团结的情绪"既没有他所从发生的物质基础，也没有他所藉以表现的具体形式。照顾先生的意思，民族意识就是从民族意识中发生，而且用他自己表现自己。然而照我们所知道的，民族意识首先是必须要有"一定的人类集团"做他的基础；其次，必须是这"一定的人类集团"在其生存与发展上，有其共同的经济联系，然后才能产生出一定的民族意识。不是人们的意识造成民族，而是一定的民族造成民族意识。日本法西斯何尝不想把中华民族同化于"大和民族"，然而这只是一种幻想，因为中华民族有其自己民族之物质基础，只要这种物质基础存在，则由这物质基础上反映出来的民族意识，也是存在的。并且当这种意识形成以后，他就自己变成一个相当独立的东西，即使物质基础一时消灭，他也不致即刻消灭。因此民族意识决不是自己发生的东西，必须有共同的领土，共同的经济联系他才能表现为共同的利害关系，从而表现为民族意识。

顾先生把民族意识，解释为一种单纯的"团结的情绪"，并且以为这种情绪，不表现为任何具体的东西，而只是表现于情绪的自身，这就无异说表现于不表现。然而照我们所知道的，所谓民族意识，只是集体的人类之集体的思维。这种思维之形成，团结与具体的表现，必须要借助于某些具体的东西如言语与文化，他必须体化于这些具体的东西，然后才能表达出来，然后才能彼此传达成为一种团结的工具。假如我们否认这一些表达民族意识的具体的形式，而只认为是一种空洞团结的情绪，则这样的情绪，是非常渺茫的。我们知道顾先生之所以把民族抽象为民族意识，再把民族意识抽象到最高度的单纯的顶点，为的是要去掉中国国内各民族的特征与民族间的差异，从体质到言语文化的差异，而使一切民族在这一最高度的最单纯的抽象范畴上，达到同一，从而证明"中华民族是一个"的命题之正确。然而假如用这样的逻辑推论下去，则我们大可以说"世界只有一个民族"，因为他们都是人类，都有人类的意识。然而可惜在现实的世界上却存在着有无数的民族。

第二，他把民族与国家混同起来，他以为民族与国家是同时发生的。所以他把"国家的组织"作为造成民族的因素之一，但是我们知道，国家的发生，早在几千年以前，国家发展之历史过程，有古代国家，封建国家及近代资本主义国家，而民族的形成，在狭义上言，则"是一个一定时代的即向上发展的资本主义时代的历史范畴，封建制度消灭与资本主义发展的过程，同时也是人们结合而为一个民族过程"。顾先生把民族与国家当作同时出现的东西，同时把国家的组织，当作民族与民族意识形成的条件，这是非常可笑的。古代希腊罗马的国家，并没有把他们征服的旧民族部落转化为一个民族，中世纪日耳曼人在西欧所建的封建国家，也没有把其他野蛮种族转化为一个日耳曼民族。只有当资本主义向上发展的时代民族才被形成。同样在中国历史上也是从封建国家出现一直到资本主义侵入以前，中国没有民族主义，而只有种族主义——大汉族主义。任何其他的种族都被当作"夷狄"而排斥之。民族主义在中国之第一次提出是孙中山先生。实际上，中华民族在中山先生的历史时代也才有形成的可能。至于顾先生认为在秦以前，中华民族就已形成，这是非常错误的。他说："秦始皇所混一的只是几个国家；所打倒的只是几个国家里的特殊阶级。"至于几个国家里的人民，"早就同化为一个民族，早就自己统一起来了"，这是不对的。因为很明显的秦的国家，只是一个种族的国家，而不是民族的国家，秦代虽然建立了统一的国家，并没形成统一的民族，其他的种族只能说是当作一种被征服的种族，甚至说氏族放在秦代的统治之下。

至于顾先生说："倘使有统一的国家，而没有统一的民族，那么秦亡之后，中国何难复分为战国时的七雄，也何难复分为春秋时的百二十国，也何难复分为商周之际的八百国，也何难复分为传说中黄帝尧舜时的万国？时代愈后，国家愈并愈少，这就足以看出中华民族演进的经历来，自从秦汉以后虽有外患，决不分裂，外患解除，立即合并"。

所以他决然肯定"中国自秦皇统一之后，朝代虽有变更，种族虽有进退，但'一个民族'总是一个民族。任凭外面的压力有多大，总不能把他破裂，新加入的分子，无论怎样多，也总能容受，如雪球一样，越滚越大，遂得成为世界上独一无二的大民族。"这就是说，必须有统一的民族才能建立统一的国家；反之，必须有统一的国家，才能形成统一的民族，然而他另一方面却又说在秦皇统一之前，中国早已有了统一的民族。这样岂不是自相矛盾吗？而且诚如顾先生所云："地理上的中国时常不只有一个政府"，如五胡十六国及五代十国之类。顾先生对这一类的历史事实是这样解释的，他以为，这"多半为外力侵略的结果，小部分则是军阀的割据。然正因为中华民族早达到充足的Nationhood，政治的力量甚大，所以阻碍统一的武力稍稍衰微时，人民即来打倒这分化的不自然的局面。假使不然，可以长久分立又有其安定性，则中国早就分离破碎而不成为一个民族了"。在这里可知顾先生认为中国历史上的分裂，是外族侵入或军阀割据，这并不妨碍中华民族之仍为统一的民族。反之，你如果"永久分立，又有其安定性"，则统一民族就必然破裂。因而照顾先生的意思，国家的统一与分裂，就是民族的统一与分裂。所以他说："中国的'国'和中华民族的'民族'才是恰恰相当的"。这样的理论如果是正确的，则统一的大英帝国，则早已形成一个统一的大英民族，而这一民族是应该包括各种言语不同，文化不同，与体质不同的民族。假如印度人民要进行解放运动，他们便是民族的叛徒了。反之如果中国东四省及华北的人民，在日本统治之下长久的安定下去，他们也就会有变成大和民族的前途了。因此我以为这样的理论，对于中国民族斗争是非常有害的。

　　第三，顾先生把民族混合与民族消灭混为一谈。他以为在中国历史上，只有外族加入汉族，而没有汉族加入外族的。所以在各民族的混合的历史过程中，汉族就"如像雪球这样，越滚越大，遂成为世界上独一无二的大民族"。反之其他各民族，则在混合的过程中消逝了。实际上，民族的混合，不是片面的，而是相互的。在混合过程中，外族固然有加入汉族的，同时汉族也有加入外族的。不是所有的外族，一与汉族接触他便消灭了，他便被同化于汉族了。即便汉族的文化在中国乃至在东方都是领导的文化，但是他只能给予各民族以影响。正如印度文化深入中国、日本乃至东方各国，他并没有把中国人、日本人和其他的东方国人变为印度人是一样的。在中国历史上，有不断的外族侵入，如五胡的匈奴、羯、氐、羌、鲜卑，南北朝的拓跋，宋代的辽、金，蒙古人在中国所建立的大元帝国，女真族在中国所建立的大清帝国。同时也有不断的向外扩张，如汉武之北击匈奴，唐代与西域诸国乃至中亚及印度之交通。随着元代之大征服，中国人也有远征到东欧的；明代与南洋的交通，中国人的足迹所至，已达到今日之苏门答腊、爪哇等三十余国。这些中国人当然也有被同化于外族的。总而言之，所谓民族的混合不是片面的，而是相互的。所以一直到今日，在中国的境内除汉族之外还存在

着满蒙回藏苗等少数民族，这是一个不可否认的事实，

第四，顾先生对种族与民族的解释也犯了一些错误。他以为种族与民族的区别，就在前者为"纯合的血统"，后者则为"混合的血统"。他依据这样的理由认定汉族是一民族，而满蒙回藏苗……则是一些种族。他说：

> 我现在要问，汉人能成为民族，在血统上有根据吗？如果有根据可以证明他不是一个纯粹的血统，而是已含满蒙回藏苗的血液的，那么他就是一个民族，而不是种族。他是中华民族之先进者。现存的满蒙回藏苗……便是中华民族之后进者。他们既是中华民族之后进者，那么在他们和外边隔绝的时候，就是能称之为种族，而不能称之为民族。

但是在具体的历史事实中不但没有纯粹血统的"民族"，而且也没有纯粹的血统。"种族"，只有在希特勒法西斯的"种族学说"中，才有纯粹血统的日耳曼种族。这是一种"高贵的"种族，是一种有权侵略奴役和剿灭其他民族的种族。实际上，这种种族学说只是法西斯匪徒的妄自尊大，与科学的人种学是毫不相干的。在历史发展中由于战争、交换等使各种族的血液早已混合了。中国的汉族，实际上还不仅合着满蒙回藏苗……的血液，而且在长远的历史过程中，不知混合了若干种族的血液。顾先生认为汉族不是纯粹的血液，这是对的；但如果认为"非纯粹的血液"便不是种族而是民族，这是不对的。因为民族是种族的变质，而是各种种族之结合，从种族到民族不是一种生物学的原理，而是社会学的原理。并且即使如顾先生所云："非纯粹的血液"就是民族，而不是种族，则满蒙回藏苗等也不是"纯粹的血液"，因为如果汉族已经混合着他们的血液，同时也就是他们混合着汉族的血液，他们既混合

着汉族的血液，则他们也是"非纯粹的血液"，为甚么同样为"非纯粹的血液"，而汉族则为民族，他们则为种族呢？

关于这一点顾先生有一个直截了当的解释，他说："因为他们尚没有达到一个nationhood，就不能称为一个nationhood，他们如果要取消nation的资格，惟有参加在中华民族之内。既参加在中华民族之内，则中华民族还只有一个。"我们读到这几句话，便不觉得想起顾先生在同著中另一地方的几句话来，他曾经说，"日本人在国联中扬言中国不成立其nationhood，所以中国不是一个近代有组织的国家。"我们觉得这两段话，似乎没有很多的分别。

同时，顾先生还有另外一个理由，即"边疆各地列于中国版图，最早已有二千余年（如满蒙西域），最近的亦已五百年（如西藏），历史上既有深切的关系，文化早已交流，血液早已混合，……"在这里顾先生为了说明"一家人总是一家人"，又把他所不要的"文化"与"体质"拿来应用了。

第五，顾先生认为民族的形成，不是内在的经济联系，而认为是外在的政治推动，即"强邻的压迫"。这里，他只看见现象而忽略了本质。假如顾先生再进一步追求为甚么强邻压迫便可以使民族内部团结，则即刻就可以知道是妨碍了他们共同的经济利益。比如日本法西斯侵略中国的战争一开始，中国的各民族便能更巩固的团结起来，这主要的还是大家有着共同的经济利害，这种共同的经济利害，便表现为政治的一致。假如没有共同的经济利害，即使有强邻的压迫，也不一定能形成一个民族。因此，要使一个民族趋于巩固，不是完全依靠"强邻压迫"，而是要加强经济联系。如果专门鼓吹"强邻压迫"是民族形成的原因，则这样的理论，正是帝国主义所需要的，然而在帝国主义压迫之下，不是许多民族之形成，而是许多民族被剿灭。照顾先生的说法，没有"强邻的压迫"，民族便不能形成，这也许是不正确的罢？

四

最后，顾先生在结论上，也似乎承认在客观上中国存在着诸少数民族，而且民族与民族间，还存在着有一些隔膜。但是他以为"现在所以闹出种种问题，并不是真正的种族问题，而只是一个交通问题。因为交通太难了，外面的人去不了，里面的人出不来，教育推行不到，他们看见的东西太少，容易养成狭隘的心理，……加以怀了恶心肠的人在旁挑拨离间，自然事情愈扩愈大，以至不可收拾而后已。"又说："西北丛山峻岭，交通太难，心胸不广，以致演出自杀的惨剧，岂不可痛。"在这里顾先生把一切民族间所发生的不幸事件，都归咎于交通不便，因而把民族问题当作交通问题，这是有意回避现实。我以为一个真正具有"爱国情绪"的人应该不要逃避现实问题。在中国历来汉族与各少数民族间的隔膜甚至冲突，是经常有的。一直到抗战以后，这种情形，才渐渐减少。我们必须承认这些不幸的现象之存在。我们的任务是要用正确的民族政策，去解决这些民族间的问题，而不是把问题隐蔽起来。民族问题决不是简单的交通发达所能解决的。欧洲的交通总算发达，然而民族间的问题依然严重。美国的交通总算发达，但他们并不能把印第安人的心胸扩大，把他们同化为一个民族。因此我们以为问题并不在于"交通便不便"，也不在于"现代化不现代化"。主要的是要承认各民族之生存乃至独立与自由发展的权利，在民族与民族间建立经济的政治的乃至文化的平等关系，以兄弟的友谊相互结合，则"自杀的惨剧"自然可以消灭，真实的民族大团结也才能实现。我们这样研究是完全遵从三民主义。在中山先生的民族主义与讲演里，有数十处是这样教训我们的：民族主义是打民族之不平，即对内要求各民族之平等，对外要求民族之解放。在第一次代表大会宣言里的民族政策，是对内实行各民族的平等联合，对外要求政治的平等。这不是"旧说"，而是新的进步的学说。中华民族若离开经济的政治的平等概念，就否定了民族主义的革命意义，而与三民主义相违背的。

（重庆《中苏文化》6卷1期，1940年4月5日）

关于处理中国历史上的民族关系问题

民族平等与汉族在历史上起主导作用问题

各民族一律平等，这是马克思列宁主义对待民族问题的基本原则。这种原则，适用于处理当前的民族问题，也适用于处理历史上的民族问题。

应用这种原则不是一件容易事情，很多史学家在这个问题面前遇到了困难。为了避开困难，当讲到历史上的民族关系时，人们总是尽量回避那些不平等的历史事件，个别的人甚至歪曲历史事实以适应民族平等的原则。用这样的办法处理历史上的民族关系，很容易给人一种错觉，好像中国史上的民族关系从古以来就是平等的。

照我的理解，用民族平等的原则来处理历史上的民族关系，并不是用一种简单的方法把不平等的民族关系从历史上删去，或者从那些不平等的民族关系中挑选一些类似平等而实际上是不平等的史实来证实这个原则在古代中国已经实现，更不是把历史上的不平等的民族关系说成是平等的；而是揭露历史上的不平等的民族关系，用历史唯物主义的观点，批判的态度，指出那些不平等的民族关系的历史根源和历史实质。

在漫长的阶级社会历史时期中，民族之间的关系是不平等的，这种事实，充满了世界史，也充满了中国史。这些不平等的民族关系出现在阶级社会是不足为奇的，因为它是阶级社会的历史产物。只要人剥削人的制度没有消灭，民族对民族的剥削，也就不能消灭。只要有剥削民族和被剥削民族存在，就不可能有民族平等。因此对于历史上的不平等的民族关系是用不着隐讳和粉饰的。

一直到现在，在民族史的讨论中，还有人提出中国史上的民族的国籍问题。有人主张，凡活动于今日中国境内的古代民族都算中国人。也有人主张，决定一个历史上的民族是不是中国人，应当以当时的，主要以汉族为首的王朝政治统治所及的范围为准。他们主张当匈奴、契丹、女真、蒙古等族尚未纳入汉族王朝的政治统治的范围之内的时候，均不得视之为中国人，而应目之为外国人。我以为第二种说法是值得商量的，因为在阶级社会历史时期，要把一个民族纳入另一个民族政治统治所及的范围之内，主要的是经过征服，按照这种说法，中国史上的民族是不是中国人，岂不要以这个民族曾否被汉族王朝征服为准？被征服过的，才算中国人，否则不算。这样说来，一个少数民族岂不只能以被征服者的资格参加祖国，不能以独立的地位加入祖国？这种主张者显然把中国和汉族在中国土地上建立的王朝等同起来，因而认为只有汉族王朝势力所及之地，才算中国的领土。然而汉族王朝的统治范围并不等于中国。在中国这块土地上除了汉族以外，还有很多民族。这些民族有些在历史上消失了，有些到现在还是构成多民族中国的一个民族，这些民族和汉族王朝发生从属关系，有先有后，但他们的祖先自古以来就生活在中国这块土地上，怎么能说它们和汉族王朝发生从属关系以前不算中国人呢？由于中国这个多民族国家，有时是统一的，有时是分裂的。在统一时期，这些民族就被纳入汉族或其他统治民族的统治范围之内；在不统一的时候，它们就摆脱了汉族王朝或其他支配民族所建立的王朝的统治，形成许多独立的王国，甚至一个民族还分裂为几个独立的王国。怎么能说它们和汉族王朝脱离从属关系以后不算中国人呢？在我看来，出现在中国史上的一些民族，作为一个民族，他们和汉族是属于不同的民族，但作为多民族国家的一个成员，不管在分裂时期或统一时期，也不管是纳入或未纳入汉族王朝统治范围之内，应该承认他们都是中国人。

在民族史的讨论中，又有人为了描绘一幅统一的多民族国家的历史画图，主张把历史上的少数民族在边陲地区所建立的王朝或汗国，一律称为"地方政权"或"地方性王国"，而把中原地区的王朝称为"皇朝"。还有人主张把历史上的少数民族建立的割据王朝，加上括弧。这些主张我以为也是值得商量的。

根据具体的历史事实，先后出现在中国史上的少数民族在边陲地区建立的部落国家，它们和中原王朝的关系是各种各样的，有些在很早的历史时期就变成了中原王朝的郡县，有些和中原王朝只是有过政治上的从属关系，即藩属关系，有些只有在朝贡形式之下进行的商业交换关系。而且这些各种各样的关系又不是固定的，而是经常变动的，有些在前一王朝时期和中原王朝是藩属关系，到后一王朝变成了中原王朝的郡县。甚至在同一王朝时期，也有变动。总之，民族之间的历史关系是极其复杂的。如果把它们一律说成是中原王朝直辖的"地方政权"或隶属于中原王朝的"地方性王国"，就把复杂的民族关系简单化了。至于少数民族在中原地区建立的割据王朝，例如十六国中的匈奴、羯、氐、羌、鲜卑所建立的短期王朝，后来的北魏、北齐、北周、辽、金等，大抵和同一时期的中原王朝处于匹敌的地位，它们建号称尊，自同王者，也没有理由把它们的王朝加上括弧。在处理这样攸关少数民族历史地位的问题时，我以为应该采取实事求是的态度，是独立的王国、汗国就称他们为独立的王国、汗国，是地方政权就称它们为地方政权，最好不要随便加上形容词，或者打上括弧。

在民族史的讨论中，也有人认为要贯彻民族平等的原则就不能说汉族在中国史上起了主导作用，如果说汉族起了主导作用就会显得其他的民族处于从属的地位，因而在有些中国史讲稿中把中国史上的各民族和汉族不分轻重平行叙述，好像中国的历史就是由许多民族组成的一幅百衲被。我以为这样的顾虑也是多余的。因为我们说民族平等是指各民族享有的权利，不是指的各民族在历史上所起的作用，权利应该是平等的，作用是不可能平等的。

由于我国疆域辽阔，各民族的历史发展是不均衡的，出现在同一个历史时期的部族或民族，往往处于不同的历史发展阶段，其中有先进的，也有落后的。先进的部族或民族在历史上起的作用大，落后的起的作用小。一直到解放前夕，有些民族还处于农奴制阶段，有些还处于奴隶制阶段，有些还处于原始公社制阶段，只有汉族一贯地处于先进的地位。不论在经济开发和文化艺术创造中，或者在反对国外敌人的斗争中，汉族人民都起着卓越的主导作用，这是历史事实。承认这种事实，对少数民族的权利没有丝毫影响，因为决定汉族起主导作用的，不是它的特权，而是它的先进的生产方式，是它的愈来愈发展的封建经济和文化。

也有人提出这样的问题，即当汉族被其他民族征服而丧失政权的历史时期，汉族是不是还起主导作用呢？要回答这个问题，那就要看征服汉族的那些民族是不是在征服汉族以后改变了汉族原来的生产方式。

照马克思的说法，"在一切征服中可以有三种情况。征服民族或者把它自己的生产方式强加于被征服民族（例如本世纪的英国人在爱尔兰和部分地在印度所做的）；或者让原来的生产方式维持下去，满足于征收贡纳（例如土耳其人及罗马人）；或者由于互相影响，产生一种新的、综合的制度（日耳曼人的征服中有一部分就是如此）"。[1]由此看来，征服者可以改变，也可以不改变被征服民族的生产方式，还可以产生一种新的、综合的制度。

在另一个地方，马克思又说："依据历史的永恒规律，野蛮的征服者自己总是被那些受他们征服的民族的较高文明所征服的，"[2]恩格斯也说："在长时期的征服中间，文明较低的征服者，在最绝大多数的场合上，也不得不和那个国度被征服以后所保有的较高的'经济情况'相适应：他们为被征服的人民所同化，而且大部分甚至还采用了他们的言语。"[3]由此看来，文明较低的民族征服文明较高的民族以后，大半是让原来的生产方式维持下去。

在中国史上，相继征服过汉族的那些鲜卑人、契丹人、女真人、蒙古人和满洲人，比起当时被他们征服的汉人来，都是处于文明较低的历史阶段。他们在进到中原地区以后所碰到的都是高于他们本族的生产方式，因而他们不能不服从"历史的永恒规律"，让原来的生产方式维持下去，而满足于征收贡纳。只有蒙古人曾经企图把他们的游牧生活方式强加于被征服的汉人，但当蒙古的军事贵族认识了农业在封建经济中的重要性以后，他们还是放弃了那种开倒车的想法。当然，在辽金元统治时期，特别是在征服战争的过程中，曾经使汉族人民的生产遭受暂时的破坏，而在后来也在汉族原来的封建经济结构中渗入了一些奴役制，但

---

① 马克思：《〈政治经济学批判〉导言》。《政治经济学批判》，人民出版社，1955年，第160页。

② 马克思：《不列颠在印度统治的未来结果》。《马克思恩格斯文选》（两卷集）第一卷，人民出版社，1958年，第330页。

③ 恩格斯：《反杜林论》，人民出版社，1956年，第189页。

基本上并没有改变汉族原来的生产方式。因此，我以为即使在鲜卑人、契丹人、女真人统治半个中国的时期，在蒙古人、满洲人统治整个中国的时期，汉人仍然在中国史上起着主导作用。这样说，并不违背民族平等的原则。

民族同化与民族融合的问题

在民族同化和民族融合的问题上，也有些不同的意见。最一般的情况是在论述历史上的民族关系时，人们总是尽量避免使用同化这个名词，而以融合代替同化。

例如有人把魏晋南北朝时期的民族同化说成是民族大融合，把辽金元时期的民族同化也说成是民族大融合。好像自古以来中国各族之间就只有相互融合，不曾有过落后部族或民族同化于先进民族的史实；然而他们所说的"民族大融合"，其结局又往往是某些比较落后的部族或民族消失本部族或民族的特点，融合于汉族的汪洋大海中。像这样的情况，如果照列宁的说法，就不能说是融合，只能说是同化。列宁曾经这样说过：关于"同化的问题，即丧失民族特性，变成另一个民族的问题。"①很明白，凡丧失本民族的特性变成另一民族，列宁就称之为同化。上面所说的"古代的民族融合"，正是列宁所说的同化。

"任何一种科学，每当有新解释提出时，总不免要在这个科学的术

① 《列宁全集》第二卷，第9页。

关于同化与融合两个名词的外文含义，我曾经请教邵循正、张芝联两位同志。"同化"这一名词，英文、法文、德文均为assimilation，俄文为ассцилятороство，词根皆相同，都是从拉丁文similis演变而来。拉丁文是"像"或"相似"的意思，冠词as乃使之相似的意思。"融合"这个名词，英、法、德文一般皆作amalgamation，系从拉丁文amalgama变来，原意是一种金属和水的混合物，（至于amalgama一字的来源又有两说：一说谓系从阿拉伯文变来，原意是"婚姻的结合"；一说谓系从希腊文变为阿拉伯文，原意是"搓揉"。）俄文也有аталbгамировать一字，系外来语。列宁在《关于民族问题的批评意见》一文中用similis，意即"混合"、"溶合"。

语上发生革命。"①当马克思列宁对民族关系提出新解释时，同化和融合
这两个科学术语，也就具有不同的含义。照马克思、列宁的说法，在阶
级社会的历史时期，只有民族同化，没有、也不可能有民族融合。同化
是大的、生产力高的民族使小的、生产力低的民族同化于自己。像滚雪
球一样，大民族越滚越大，小民族就滚得没有了。这就是为什么在中国
史上许多小的部族或民族陆续消失了，而汉族却越来越大的原因。至于
严格意义的民族融合，那就不是以一个大的、生产力高的民族为主体而
使其他的民族同化于它，而是在国际共产主义的基础之上的各民族的平
等的融合和高度的统一。这种融合的结果，不是一个大民族在其他民族
消失它们的民族特点的情况之下扩大自己，而是形成一个既非甲民族又
非乙民族而是一个从来没有的新民族，但这要在共产主义在世界范围内
取得胜利以后很长的时期内才有实现的可能。

　　民族融合能不能在阶级社会出现呢？照列宁的说法是不可能的。列
宁在《关于民族问题的批评意见》一文中说："正如人类只有经过被压
迫阶级专政的过渡时期才能达到阶级的消灭一样，人类只有经过一切被
压迫民族完全解放的过渡时期，即他们有分离自由的过渡时期，才能达
到各民族的必然融合。"②

　　按照斯大林的说法，民族融合不但不能在阶级社会实现，就是社
会主义在一个国家的胜利的时期，也不能实现。他在《民族问题和列宁
主义》一文中说："列宁不是把民族差别消亡和民族融合的过程归入社
会主义在一个国家内胜利的时期，而是仅仅归入无产阶级专政在全世界
范围内实现以后的时期，就是说，归入社会主义在一切国家内胜利的时
期，即世界社会主义经济基础已经奠定的时期。"③

---

　　①　恩格斯：《资本论》英译文第一卷编者序。

　　②　《列宁全集》第二二卷，第141页。

　　③　《斯大林全集》第一一卷，第298页。

民族融合为什么不能在阶级社会实现呢？因为实现民族融合的最主要的前提条件是消灭民族对民族的压迫剥削，而这在阶级社会是不可能的。

民族融合为什么在社会主义在一个国家内取得胜利的时期还不能完全实现呢？因为要实现民族融合不仅要消灭民族压迫和民族国家的壁垒，而且要消灭各民族在经济方面和生活方面的差别，形成各民族利害一致的经济中心，还要求消灭民族语言、文化等精神生活方面的差别，形成民族间的共同语言，照《共产党宣言》上说，还要许多民族的和地方的文学形成一个世界的文学。而这在社会主义在一个国家内胜利的时期只能提供一种可能性，并替这种可能性准备现实的条件，不可能完全实现。关于这个问题，斯大林曾经作过说明。他说："在我们国家中，民族压迫早已消灭了，但是由此决不应该得出结论说：民族差别已经消失了，我国各民族已经消灭了。在我们这里，在我们国家中，民族国家壁垒如边防、关税早已取消了，但是由此决不应该得出结论说：各民族已经融合起来了，各种民族语言已经消失了，这些民族语言已经被我们一切民族的某种共同语言代替了。"①

民族融合是历史发展的必然趋势，是进步的现象，我们应该欢迎它。但是，不能因为欢迎这种进步的现象就把它提前塞进历史，就把阶级社会的民族关系，一律说成是民族融合。如果把阶级社会历史时期的民族关系，都说成是融合，那么就会掩盖阶级社会的民族关系的本质，也会模糊阶级社会和社会主义社会历史时期的民族关系的本质的差异，同时也不符合历史事实。中国史上常常有"归化"、"向化"和"化外"之民的纪录。这里所"归"的和所"向"的文化，当然是指汉族文化，而所谓"化外"之民，则是指的没有同化于汉族的人民。不仅在封建社会只能有民族同化的事，在资本主义社会也只能有民族同化。列宁

---

① 《斯大林全集》第一一卷，第294页。

说："资本主义社会的经济发展在全世界给我们提供了一些没有充分发展的民族运动的例子，提供了一些由若干小民族或损害某些小民族组成大民族的例子，提供了一些民族同化的例子。"①列宁的这段话指出了民族同化的根源，不仅仅是政治接触和文化往来的结果，而是一定的社会经济在民族关系方面的表现形式。只要把民族同化这个问题提到历史范畴以内，就可以看出从民族形成经过民族同化到民族融合是民族关系发展的历史过程，而民族融合实际上就是民族消亡。

同化是不是不可以用呢？我看是可以用的。马克思、恩格斯、列宁也常常使用民族同化这个名词。例如马克思在论印度时说："相继征服过印度的那些阿拉伯人、土耳其人、鞑靼人和莫卧儿人，总是不久就被印度人同化了。"②恩格斯在论暴力的作用时也说，文明较低的征服者"为被征服的本地人民所同化"。③列宁在说到资本主义时代的民族关系时也是说"民族同化"。④由此看来，同化这个名词是用不着回避的。

同化基本上是带有强制性的，自愿的是例外。在阶级社会历史时期存在着这样的现象是不足为奇的。按照马克思主义的观点来说，阶级社会的国家是各民族人民的大牢狱，只有社会主义的国家才成为各民族人民的大家庭。在民族牢狱中，大民族强制小民族同化于自己，难道还有什么奇怪。

由于封建社会的闭塞性，居住在中原地区和边陲地区的民族之间的自然联系不够密切，再加上落后民族的保守性，就使得民族之间的自然同化不很容易。具体的历史事实指出，当中国的封建主义在中原地区取得了支配地位以后，那些交通阻塞的边陲地区就成了落后的氏族制、奴

---

① 《列宁全集》第二〇卷，第18页。

② 马克思：《不列颠在印度统治的未来结果》。《马克思恩格斯文选》（两卷集），第一卷，人民出版社，1961年，第330页。

③ 恩格斯：《反杜林论》，人民出版社，1956年，第189页。

④ 《列宁全集》第二〇卷，第12页。

隶制、农奴制的避乱所，居住在那里的落后部族和民族，他们依靠崇山峻岭，依靠沙漠作为屏障，坚持与文明世界的隔绝，而以保存祖传下来的原始生活方式感到自豪。这些落后部族或民族的头脑，正像恩格斯所说的瑞士山民的头脑一样，简直是"花岗石堡垒，要想开化他们，那是千难万难的事"，[①]因此强制就成了必要。当然，这里所谓强制，并不是说一个民族用暴力去消灭另一个民族的特点，只是说用各种强制的手段，来创造有利于同化的条件。

封建主义的文明，通过商业的交换和文化的影响向边陲地区的伸展，无疑地会加速少数民族被同化的过程，因为它创造了一种条件使落后地区的部族或民族更容易接触较高的经济和文化。落后的部族或民族通过征服或和平的迁徙而移居中原地区，也无异把自己转移到更容易被同化的环境之中，但这种条件的创造，大半是通过带有强制性手段，有时是通过战争。

在中国史上，强制移民的史实是不胜枚举的。或者把中原地区的汉人移到落后的边陲，例如秦始皇徙五十万人于当时的南越，汉武帝徙七十余万人于当时的河南地；或者把边陲地区的落后部族或民族移到文化较高的中原，例如汉武帝先后徙东瓯、粤越于江淮之间，汉武帝、和帝先后徙廪君于江夏。不论是哪一种移民，其结果都是加速同化的过程，但移民也是带有强制性的。

还有直接用命令推行同化政策的。例如王莽强制匈奴单于改用汉式单名，金世宗强制汉人学女真文，清世祖强制汉人剃发易服等等，都是属于这一类的。宋代著名的诗人陆游有一首诗提到在女真人统治下的汉人同化于女真人的情况。诗云："上源驿中捶画鼓，汉使作客胡作主，舞女不记宣和装，庐儿尽能女真语。"[②]

---

① 恩格斯：《瑞士的内战》。《马克思恩格斯全集》第四卷，第388页。
② 陆游：《得韩无咎书寄使虏时宴东都驿中所作小阕》。《剑南诗稿》卷四。

在几个民族杂居地区或者接壤的地区，也有自然同化，但自然同化也是受到生活条件的强制，例如《颜氏家训》上说到一位北齐的士大夫要他十七岁的儿子学鲜卑语及弹琵琶，看起来是自愿的，实际上是生活条件的强制，因为生活在鲜卑人统治区域的汉人，学会了鲜卑语及弹琵琶就可以"以此伏事公卿，无不宠爱"。当然，不学鲜卑语及弹琵琶也有自由，颜之推就向他的儿子说过："若由此业自致卿相，亦不愿汝曹为之"。北魏孝文帝命令鲜卑人学汉人语言，看起来也是鲜卑统治者自愿的，实际上也是由于生活方式的改变迫使他们不得不学习汉人的语言，因为当时的鲜卑人已经由游牧生活转向定住的农耕，而鲜卑语可能没有足够的农业方面的词汇。由于自己的生活条件和工作条件而需要学会其他民族的言语，虽然不是强制的，但条件就是一根棍子。

即使有了同化的条件，但要使一个部族或民族同化于另一个民族还是不容易的。例如相继征服过汉族的那些游牧民族，当他踏入黄河南北开阔的原野时，虽然很快就受到繁华的城市生活的诱惑，受到封建文化的熏陶，受到那些没有骆驼却有鸡犬之声相闻的村落的习俗的传染，但由于落后的民族主义的偏见、闭关主义的思想根深蒂固，他们还是想挣脱文明的诱惑并力图保存那些对于他们的生活已经没有什么实际价值的民族特点。例如女真统治者屡次下令禁止女真人用汉姓，禁止女真人学汉人的装束。清朝的统治者，也屡次下令禁止满洲人学汉人装束，禁止满洲人和汉人通婚，禁止各省的八旗驻军和汉人杂居，禁止满洲人经营商业和农业，甚至封锁东三省不准汉人去开垦。这种种的措施，简直是对文明的抗拒。用恩格斯的话说，这是"对历史发展潮流的反抗"，"是愚昧对教养、野蛮对文明的反抗"。[①]当然，要在文明的世界中保存落后的东西是不可能的。只要这些落后的民族，具有"花岗石堡垒"的

①　恩格斯：《瑞士的内战》。《马克思恩格斯全集》第四卷，第387页。

头脑的民族，走进黄河流域这个汉族文化的摇篮，用列宁的话说，走进这"一个碾碎民族差别的大磨坊"，①民族差别还是被碾成粉碎。

同化虽然大半带有程度不同的强制性，但仍然是一种进步的历史现象。因为所谓同化，实际上就是落后民族加入了先进民族的经济和文化体系，就是落后民族文明化。列宁对同化的积极作用估价是很高的。他说：同化"还有没有什么实际的东西呢？""当然是有的，还有资本主义所具有的世界历史意义的打破民族壁垒，消除民族差别，使各民族同化的趋势，这种趋势，每过十年就显得更强大有力，并且是使资本主义转变为社会主义的最大动力之一。"②因此列宁认为"谁没有陷入民族主义偏见的泥坑，谁就不能不看到资本主义同化民族这一过程，包含着极大的历史进步作用。"③又说："那些大骂其他民族的马克思主义者赞成'同化'的冒牌马克思主义者，实际上只是表明他们自己是民族主义的市侩而已。"④很明白，封建主义时代的民族同化，替资本主义时代的民族和民族国家的形成创造了条件，资本主义时代的民族同化，又替社会主义和共产主义时代的民族融合创造了条件，而民族融合则是民族运动的最高的形式。所以列宁说我们"欢迎民族的任何同化，只要它不是借助于暴力或特权进行的"。⑤但是欢迎同化，不等于欢迎同化政策。"同化政策是马克思列宁主义的武库中绝对不容许有的，因为它是反人民、反革命的政策，是有害的政策。"⑥因为这种政策是用强迫的办法，用命令来消灭另一民族的特征。

---

① 《列宁全集》第二〇卷，第12页。
② 同上书，第11页。
③ 同上书，第12页。
④ 同上书，第11页。
⑤ 同上书，第18页。
⑥ 《斯大林全集》第一〇卷，第299页。

民族之间的战争与和平的问题

在研究历史上的民族关系时，必然会碰到战争问题，怎样处理历史上的民族间的战争，也是民族史研究中的一个经常碰到的问题。

过去的史学家在论述民族间的关系时，一般都把战争作为主题，甚至只有讲到战争的时候才提到民族关系。这是不对的。因为民族之间的正常的和主导的关系应该是和平相处。只有在民族矛盾发展到和平相处的关系不能继续维持下去的时候才爆发战争。

过去的史学家强调战争，是因为他们生活在阶级社会，具有狭隘的种族主义或民族主义的思想，这种思想使得他们只看见民族之间的冲突，看不见民族之间的友好往来。但解放以后，还有人强调民族间的战争，并过高地估计这种战争的作用。例如在有些解放后出版的中国史中，仍然把历史上某些游牧民族说成是好战成性、劫掠为生的民族，并且说这是一个从氏族制进入奴隶制阶段的部族的历史特性。

马克思说过："有一种流传下来的看法，以为人在某些时期完全靠劫掠生活。但是要能够劫掠就要有可供劫掠的东西，就要有生产。而劫掠的方式本身又是由生产方式决定的。"[①]由此看来，全靠劫掠生活的说法，从理论上说是不能成立的。这样的民族在现实的历史上也是不存在的。根据历史的记载，那些征服过和侵袭过汉人的民族并不完全靠打劫汉人生活，主要的是靠游牧生活，或者是靠半农半牧生活。

好战和劫掠也不是一个从氏族制进入奴隶制阶段的种族所独有的特性，而是处于阶级社会历史阶段的部族或民族的共性。封建主义时代的、特别是资本主义时代的统治阶级，它们的好战和劫掠，比起奴隶制

---

① 马克思：《〈政治经济学批判〉导言》。《政治经济学批判》，人民出版社，1955年，第160页。

时代的部族或种族更要野蛮。马克思在说到资本主义曙光时代的资产阶级的劫掠时曾引用威廉·霍维特的话说："世界各地所谓基督教人种对于他们所能征服的一切种族所加的野蛮的行动和残酷的暴行，是世界史上任何一个时代，任何一个凶猛的无教育的无情的无耻的人种都不能比拟的"。①例如青年时代的英国资产阶级对印度人的剥削和压迫，在马克思看来，就"比萨尔塞特庙里使我们一看就吃惊的神怪还要可怕"。②今天美国资产阶级对印第安人的剿灭，对黑人的奴役的罪恶行为，如果和古代奴隶主相比，谁都不能否认孙子比祖父更为高明。

一切都是后来居上，劫掠也是一样。应该把劫掠的锦标送给剥削阶级的最后一代。

和上面的情况相反，解放后又有人为了避免引起各族人民之间不愉快的回忆，主张少讲或不讲战争，只讲各族人民之间的和平共处友好往来。不强调战争是对的，我们没有必要把历史上所有的疮疤都揭露出来，但如果认为所有的战争都可以不讲，那就是因噎废食。主要的战争是要讲的，因为战争不是历史的偶然爆炸，而是民族之间的矛盾长期发展的结果，并且是民族矛盾最集中的表现。毛主席说："战争——从有私有财产和有阶级以来就开始了的，用以解决阶级和阶级，民族和民族，国家和国家，政治集团和政治集团之间在一定发展阶段上的矛盾的一种最高的斗争形式。"③因此，如果从历史上抽出民族之间的战争，就等于抽出了民族矛盾，而民族矛盾是阶级社会历史中的一个重要方面。

在中国史上，充满了民族之间的战争纪录。例如秦汉与匈奴的战争，晋与匈奴、羯、氐、羌、鲜卑的战争，北魏与柔然的战争，隋唐与

① 马克思：《资本论》第一卷，人民出版社，1953年，第949页。

② 马克思：《不列颠在印度的统治》。《马克思恩格斯文选》（两卷集）第一卷，人民出版社，1958年，第323页。

③ 《毛泽东选集》第一卷，人民出版社，1952年第二版，第164页。

突厥的战争，宋与契丹、女真、西夏、蒙古的战争，明与瓦剌的战争，清与准格尔的战争等等。这些战争都不是一些孤立的突发的历史事件，他们和当时的有关的民族、有关的阶级在战前实行的政策是密切攸关的，如果从中国史上抽出了这些战争，那是不可想象的。

重要的战争是应该讲的，问题在于怎样讲。

过去的史学家说到汉族和少数民族之间的战争时，总是把少数民族说成是对汉族的侵犯、背叛；反之，把汉族对少数民族的战争说成是招携荒服，是对野蛮人的膺惩，这当然是不对的。解放后，不少史学家却把情况反过来了。他们在讲到民族之间的战争时，总是尽可能地把汉族说成是侵略，把少数民族说成是革命。用这样一种简单的翻案方式处理极其复杂的民族战争，是很危险的。

要判断一个战争的性质，不是根据民族的大小，也不是根据民族的先进与落后，而是根据构成这个战争的具体历史情况。要弄清战争性质，必须弄清楚这个"战争是由什么样的历史条件造成的，是由哪些阶级进行的，是为了什么而进行的"。[①]不弄清楚这些，就无法对这个战争的性质做出判断。

构成战争的原因是各种各样的。一般说来，历史上的少数民族发动的战争大半是为了反抗汉族或其他统治民族的压迫和奴役，但也有例外。有些落后部族或民族发动的战争，看起来好像是为了保卫他们的部族或民族，但实际上并不如此，而是为了保卫少数统治者剥削和奴役本族人民的特权。为了保卫这种特权，有些落后民族的统治者不惜把自己的民族地区封闭起来，使本族人民和文明世界隔绝，以便利他们的剥削。像为了这样的目的而进行的战争，当然不是什么革命，而是反动的战争。

---

① 《列宁全集》第二四卷，第368页。

　　由于中国的少数民族大半都分布在边陲地带，和外国壤地相接，所以在历史上，特别是近代史上，往往有某些少数民族的野心家因为受到外国统治者的挑拨离间，不惜勾结外国势力进行分裂祖国的活动，甚至发动战争进攻祖国。像这样的战争，更不是什么革命，而是背叛祖国的叛乱行为。

　　当然，在论述历代以来汉族和其他支配民族的统治者对少数民族进行掠夺战争时，揭露那些专制王朝、专制君主的民族压迫政策，乃是万分重要的工作。

　　列宁说："民族压迫政策是专制制度和君主制度的遗产。"[①]这种专制制度和君主制度的遗产，在中国一直到国民党统治时期还被继承，而且变本加厉。毛主席在党的第七次全国代表大会上的政治报告中指出："国民党反人民集团否认中国有多民族存在，而把汉族以外的各少数民族称之为'宗族'。他们对于各少数民族，完全继承满清政府和北洋军阀政府的反动政策，压迫剥削，无所不至。1943年对于伊克昭盟蒙族人民的屠杀事件，1944年直至现在对于新疆少数民族的武力镇压事件，以及近几年对于甘肃回民的屠杀事件，就是证明。这是大汉族主义的错误的民族思想和错误的民族政策。"[②]对于封建统治者和国民党反动集团所发动的这种屠杀少数民族的战争，我们必须加以揭露和反对，不揭露和反对这种战争，那就不是马克思主义者。

　　由专制王朝、专制君主发动的民族战争，其动机当然是为了掠夺和奴役别的民族，而且在战争的过程中，总是要替另一民族带来种种的惨祸、暴行、灾难和痛苦。但是即使如此，有些战争在客观上还是起了进步作用。列宁在《论社会主义与战争》一文中说："历史上常常有这样的战争，它们虽然像一切战争一样不可避免地带来种种惨祸、暴行、灾

[①]　《列宁全集》第二四卷，第269页。
[②]　《毛泽东选集》第三卷，人民出版社，1953年第二版，第1084页。

难和痛苦，但是它们仍然是进步的战争，也就是说，它们促进了人类的发展，加速地破坏极端有害的和反动的制度（如专制制度或农奴制），破坏欧洲最野蛮的专制政体（土耳其的和俄国的）。"①由此看来，只要这个战争在客观上曾帮助破坏那种特别有害和反动的制度，即使带来一些灾难，终究还是进步的，因为它带来的灾难比起它摧毁的反动的制度来，就算不了什么了。

因此，在说到历史上的民族之间的战争时，既要指出这些战争的主观目的，也要指出这些战争的客观效果无论如何是跟专制王朝、专制君主的主观目的不能完全符合的，有时甚至是相反的。例如汉武帝征服西域，当然不是为西域人民的利益，但因此而使西域诸国摆脱了匈奴人的更野蛮的奴役并摧毁了西域地区的封锁，打通了西域人民通向汉族封建文明的道路，则是起了一定的积极作用的。虽然如此，我们还是要着重的指出这种积极作用的发生和实现，不是由于和西域人民的合作，而是在汉族统治者对西域各族人民的压迫和奴役的程序上进行的。

在民族间战争的问题上，有一种新的意见，即有人提出对于历史上民族间的战争，应该照家务事处理。既然是一家人，就不能说谁侵犯谁。因此，主张清兵入关不是满族侵犯汉族，只是换朝换代而已。最近我接到一封读者来信，提出了这样一种意见，他认为在阶级社会内甲民族上台，乙民族下野，正像资本主义国家内的资产阶级在野党与执政党一样，这里不存在谁侵犯谁的问题。准此而论，则不但民族之间没有是非可言，中国史上也根本没有民族间的战争了。

我不同意这样的说法。我以为民族矛盾虽然在本质上是阶级矛盾在民族关系中的表现形式，但民族矛盾不等于阶级矛盾。把民族矛盾作为国内问题处理，也不等于是非不分，更不等于把民族矛盾说成是同一民

---

① 《列宁全集》第二一卷，第279页。

族中两个阶级之间的矛盾，从而把民族之间的战争说成是阶级之间的战争，甚至说成是同一阶级的两个政党轮流执政。如果这样，就无异否定了阶级社会中有民族矛盾的存在，也否定了民族矛盾的阶级内容。

提出这种说法的人，可能是看到清兵入关之初，曾经同吴三桂联兵打过李自成的农民军，因而就把他们当作地主阶级。但是，清朝的统治者在打败了李自成的农民军以后，又打过明末三王，覆灭了弘光、隆武、永历三个南明政府，而这三个南明政府却是明代地主阶级的残余势力，这又怎样解释呢？而且努尔哈赤以"七大恨"誓师伐明，这"七大恨"是阶级仇恨还是民族仇恨呢？又如在扬州、嘉定和其他战役中，死于战争中的汉族人民是什么阶级的人都有的，这又怎样解释呢？另一方面，抵抗清军的汉人，有地主，也有农民军，这又怎样解释呢？应该承认，在封建社会中，有种族矛盾或民族矛盾的存在，而且在种族征服或民族征服的战争中，这种矛盾往往上升到主要的地位。

只有在征服战争结束以后，征服民族为了巩固它在被征服民族中的政治统治而必须转向生产的时候，他们才会触动被征服民族的生产关系或者说阶级关系。到这时，它才逐渐和被征服民族中的剥削阶级在经济利害上取得阶级的一致性，只有在这样的时候，被征服民族的剥削阶级才为了他们的阶级利益而牺牲民族自由和整个的民族国家，变成征服民族统治者压迫自己民族的工具。

被征服民族的农民什么时候才能把他们的斗争从保卫自己的民族自由和民族国家转向阶级斗争，也要看征服民族的高压手段的性质，如果高压手段触到农民的土地利益，使农民感到阶级的压迫超过了民族压迫，他们才能站到阶级斗争的前线。至于被征服民族和征服民族的劳动人民的结合，也要在经济的利害上取得阶级的一致性，然而这需要一个比较长的过程。因此，即使阶级矛盾上升到首要的地位，也不是说就没有民族矛盾了，只能说民族矛盾降到了次要的和服从的地位。

　　也是为了把民族矛盾说成是阶级矛盾，近年来又有一种"民族联合政府"的说法。有些史学家把历史上的少数民族所建立的王朝，说成是征服民族的军事贵族和被征服民族的地主阶级的联合政府。例如他们说，元朝是蒙古军事贵族和汉族地主阶级组成的联合政府，清朝是满洲军事贵族和汉族地主阶级组成的联合政府。这样的说法，我以为是值得商量的。

　　所谓"民族联合政府"顾名思义是要在民族平等的基础上才能组成，然而在阶级社会历史时期，是不会有民族平等的。我国自古以来就是一个多民族国家，但这个多民族国家，不是建筑在各民族平等的结合上面，而是建筑在一个民族，更确切些说，是建筑在该民族的统治阶级对其余民族的统治上面。在这样的国家里的被统治的民族，它们在政治上，乃至在经济上都要服从统治民族。在这样的国家里，统治民族的劳动人民和被统治民族的劳动人民的利害也不是完全一致的，前者只有阶级压迫，而后者则除了阶级压迫以外，还有民族压迫。蒙古统治者曾经把他们统治下的各族人民分为四等，满洲统治者也是推行过满汉区别对待的民族政策，就是证明。在元朝和清朝的政府中有汉族地主阶级参加，这是事实，但这些汉族地主并不是以民族代表，而是以个人的资格去参加的，虽然他们有意无意也反映一些本民族的愿望，但只有这种愿望在不损害统治民族的利益时，才能被统治民族接受。由于汉族地主阶级以个人的资格参加，而不是以民族代表参加，他们就不能在政府中取得与蒙古、满洲统治者平等的民族地位，他们就不能参加决定民族政策和其他政策的权力机关，只能以政治使用人的资格替统治民族的统治阶级执行既定政策，在执行不力的时候，还可以随时被撤换。如果是一个"民族联合政府"，那汉族地主阶级就必须以本民族代表的资格参加到决定政策的权力机关，为本民族的利益说话，然而不论在元朝或清朝的政府中，汉族的地主阶级都没有取得这种地位和权力，怎么能说是"民族联合政府"呢？

历史上各族劳动人民的友好往来问题

在论述历史上的民族关系时，强调各族劳动人民之间的友好往来，把各族劳动人民和各族统治者分开，是完全应该的，因为这正是从阶级观点出发来对待这个问题。但论述这种关系的时候，必须给予这种关系以具体的历史内容。

列宁告诉我们："在分析任何一个社会问题时，马克思主义理论的绝对要求，就是要把问题提到一定的历史范围之内。"[①]说到历史上各族劳动人民和劳动人民之间的友好往来时，也应当把它们提到一定的历史范围之内，否则甲族的劳动人民与乙族无别，前代的劳动人民与后代无别，就会使我们对问题的研究带有抽象的性质。大家都知道，同样的劳动人民，他们是以不同的身份出现在不同的历史时代，在奴隶社会是奴隶、在封建社会是农奴或农民、在资本主义社会是雇佣劳动者。由于历史发展的不均衡，在同一历史时代，各族的劳动人民也处于不同的社会地位。在汉族是农民，在某些少数民族则是农奴、奴隶。当我们说到各族劳动人民时，如果不把他们放在一定的历史范围之内，则劳动人民云云，就是一句空话。

古代的劳动人民之间的往来是要受到程度不同的限制的。在奴隶主统治下的奴隶和封建地主阶级统治下的农奴或农民，他们首先要受到奴隶主和封建地主加于他们的人身隶属关系的限制，还有地理条件的隔绝，交通不发达，生活方式不同，宗教信仰不同，甚至言语不同，他们怎样突破这些限制，克服这些困难，这是论述历史上劳动人民友好往来应该研究的一些问题。不研究这些问题，则劳动人民友好往来云云，又是一句空话。

①　《列宁全集》第二〇卷，第401页。

在说到历史上的劳动人民时，也不能忘记这样一个事实，即阶级社会的各族统治阶级为了便利他们的战争动员，经常挑拨种族之间的仇恨，制造种族之间的不和，在统治阶级长期的挑拨之下，各族的人民不能不受到影响，因而他们不可能没有偏狭的种族主义或民族主义思想。这种狭隘的种族主义或民族主义思想就在一定程度上阻碍了各族劳动人民打破种族的界限和他们邻居的劳动人民联合起来，共同反对驱使他们相互仇杀的各族统治阶级。

关于民族偏见，马克思在《致迈尔与弗格特》的信上曾经说过。他说：普通英国工人"在与爱尔兰人的关系上，他感到自己是统治民族的一分子，……他们对爱尔兰工人抱着宗教的社会的和民族的成见。他们对爱尔兰人的态度，和美国过去蓄奴的诸州的'贫穷白人'对待黑人的态度完全相同。爱尔兰工人也同样看不起英国工人，他们认为英国工人是英国对爱尔兰统治的同谋者和愚蠢的工具。"①

资本主义社会的工人阶级尚有民族偏见，封建社会的农民，当然也有民族偏见。因为封建统治阶级和资产阶级一样，他们往往在劳动人民的背后，相互勾结，相互支持，共同镇压各族劳动人民的反抗。但也往往用大民族主义或狭隘的地方民族主义的口号离间劳动人民。因此，民族偏见，以及由于这种偏见而产生的民族隔阂，在阶级社会的劳动人民中也是存在的，这就是为什么在全国解放以后我们还要进行反对大民族主义和狭隘的地方民族主义的教育。当然，在一定的情况之下，如在外来侵略严重的时候，国内各民族就会联合起来反对外来的侵略。毛主席指出，在抗日战争时期，"少数民族，特别是内蒙民族，在日本帝国主义的直接威胁之下，正在起来斗争。其前途，将和华北人民的斗争和红军在西北的活动，汇合在一起"②。又如当着阶级矛盾超越民族矛盾，上

---

① 马克思恩格斯：《关于殖民地及民族问题的论著》，人民出版社，1956年，第267页。
② 《毛泽东选集》第一卷，人民出版社，1952年第二版，第146页。

升为主要矛盾，阶级压迫超越民族压迫，成为各族劳动人民共同的压迫的时候，各族劳动人民的联合起义在历史上也是数见不鲜的。

民族英雄问题

最后想谈谈民族英雄问题。有人认为阶级社会的民族英雄，既代表本民族广大人民的利益，又不损害其他各族人民的利益。我以为这样的民族英雄在阶级社会的历史中是没有的，也是不可能有的。

在阶级社会的历史条件下，民族英雄要受到阶级性和时代性的限制，他们不可能没有偏狭的种族主义或民族主义的思想。具体的历史告诉我们，封建社会的民族英雄一般都是在保卫自己的民族国家的战争中产生出来的。例如岳飞是一个民族英雄，但他也有种族主义思想。他在他的《满江红》中写道："壮志饥餐胡虏肉，笑谈渴饮匈奴血"。这里所说的"胡虏"、"匈奴"是意味着一个民族，并没有分别出这个民族中的统治者和人民，而是把整个民族当作对象的。实际上如果要求岳飞在抵抗女真侵犯时，既要打退女真统治者的进攻，又要不损害女真人民的利益，那是很难的。然而我们仍然说岳飞是一个民族英雄，就是因为他虽然在主观上是为了保卫宋朝皇帝的江山，或者说地主阶级的统治，但在客观上却保卫了长江以南的汉族人民和其他各族人民免于女真统治者的蹂躏。换言之，就在于他在一定程度上突破了阶级性的限制，使他的活动不仅有利于地主阶级，而且在客观上被提高到种族的或民族的意义上。至于各族人民共同承认的英雄，那要在社会主义社会的历史条件下才能出现。

（1960年初稿　1962年6月5日修订）